U0011217

RAFFAELLO PANTUCCI
拉菲羅・龐圖奇

不經意創造的
中亞帝國

ALEXANDROS PETERSEN
亞力山卓司・皮德森

中國斯坦

SINOSTAN

CHINA'S INADVERTENT EMPIRE

高紫文——譯

目錄

導讀　現代中華帝國的形成與內涵

侍建宇（臺灣國防安全研究院國安所副研究員）

這本書是兩位作者十多年前就開始的研究計畫，但是過程中一位作者不幸在阿富汗遇難，拖延至今才能問世。兩位作者想要透過描繪中國如何與中亞各國的交往過程，釐清當前中亞國際關係的走勢。

學界對中亞的理解非常「離地」，非常欠缺即時與務實在地的理解。在二〇一一年，美國曾經意圖一勞永逸地解決阿富汗問題，當時的國務卿希拉蕊公開提出「新絲路倡議」。想要經由阿富汗，連結中亞與南亞，透過基礎建設與貿易來繁榮此區域，根除貧窮與恐怖主義亂源。但是面對阿富汗塔利班的騷擾攻擊，最後無法落實而放棄。*中國版的「一帶一路倡議」與美國的「新

* 侍建宇，〈半途而廢的美國「新絲路倡議」及其啟示〉，《歐亞研究》第十一期，中興大學國際政治研究所，二〇二〇年四月，https://gioip.nchu.edu.tw/File/Userfiles/0000000001/files/B3-%E6%81%83%E5%BB%BA%E5%AE%87.pdf。

絲路倡議」有著異曲同工之妙；中國想要確保新疆的安全與發展，所以路線規劃不同，中國的兩條陸路「絲綢之路經濟帶」，一條從中國新疆往西北進入中亞，經俄羅斯進入歐洲。另一條也從新疆出發，往西南進入巴基斯坦，再出印度洋；唯獨繞過阿富汗。美軍在二〇二一年完全撤出阿富汗後，中國也開始必須面對此問題。出版這本書另一個目的當然也在提醒美國與世界其他強權，不要輕忽歐亞大陸中間地帶的重要性。

地緣戰略學者麥金德（Sir Halford John Mackinder）在百年前就提出歐亞大陸是一塊「世界島」，而「心臟地帶」就是現在中國意圖染指並掌控的中亞。麥金德當時指出，掌控心臟地帶的的人，就掌控了整個世界島，稱霸世界。* 習近平二〇一三年提出「一帶一路倡議」，可說只是一個架構，內容多是拼湊與匯集正在、或意圖進行的各種對外投資與基礎建設項目。不可諱言，在俄羅斯還以為中亞是自己的「勢力範圍」之際，北京嘗試在不直接觸怒莫斯科的經貿先行方式下，蠶食中亞。從蘇聯三十年前瓦解以來，不能否認中國的確用心經營中亞，但是作者實地考察一圈後，可能還是看不清楚中國擴張的具體戰略計畫。本書作者用「不經意創造的帝國」（inadvertent empire）來形容中國在中亞地區的擴張，但是北京真的是如此無心與被動嗎？

新疆與中亞

《中國斯坦》在書中第一章與第二章介紹中國歷史上與中亞的關係與新疆背景的描述。沒有直接討論傳統中華帝國起伏變化的內涵，只是勾勒過去中原政權與中亞地區的互動。書中認為大清帝國擊退準噶爾，征服新疆，最初目的是要牽制遊牧民族的威脅，而不是擴張領土。†百年後中國治理新疆的主調現在變成是加快新疆經濟發展，同時憂心忡忡「疆獨」（或稱東突厥斯坦獨立運動／東突）。作者藉以導出後面章節的論點主軸，認為中國與中亞發展關係的基點其實是新疆的領土主權與治理，

中國官方在一九九〇年代多使用「疆獨」來稱謂「東突厥斯坦獨立運動」，可能是因為類比

---

* 麥金德的《歷史的地理樞紐》一書重印版，可參見網路檔案版Halford John Mackinder, The Geographical Pivot of History (Washington, DC: National Defence University Press, 1996) https://web.archive.org/web/20090305174521/http://www.ndu.edu/inss/books/Books%20-%201979%20and%20earlier/Democratic%20Ideals%20and%20Reality%20-%201942/DIR.pdf。

† 這樣的傳統歷史史觀詮釋最近二十年出現爭議，大清帝國的天下觀與治術是否與前朝斷裂，日本與美國學界都有不同的論點出現。有人稱這些討論為「新清史」，也有人批評是一種史為今用「修正史觀」，一般簡單的介紹，例如可參見James A. Millward, "The Qing Conception of Strategic Space," National Bureau of Asia Research, August 23, 2023. https://strategicspace.nbr.org/the-qing-conception-of-strategic-space/。

藏獨、台獨、蒙獨的稱呼而來。事實上新疆不像西藏、蒙古，不是一個族稱；更不同於台獨，台灣有著日本殖民史與獨特的政治認同建立過程。新疆的主體民族被中共定義是維吾爾，追求的應該是「維吾爾斯坦」的獨立運動。但是新疆一半人口是中國在不同時期因為不同理由從其他省份遷入，而且由於二十世紀蘇聯與中共的意識形態與民族識別過程，蘇聯的中地區亞與中國新疆識別出多個跨界民族，如果維吾爾捨用「東突厥斯坦」這個歷史探險家給予的稱謂，很可能新疆／「維吾爾斯坦」因為民族認同差異將會四分五裂。維吾爾人過去多聚居新疆南部塔克拉瑪干沙漠周邊的綠洲城市，十九世紀開始逐漸往新疆北部遷徙。

習近平時期更強調新疆「安全」議題，擔心中國邊疆被「外部勢力」利用，或以恐怖主義的形式襲擊，進而挑戰中國主權。二〇一二年開始，媒體披露新疆持續出現幾十起的「恐怖襲擊事件」，二〇一四年三月更發生昆明火車站屠殺、以及二〇一四年十月北京天安門金水橋撞車襲擊，直接觸動並衝擊中共以往首重「經貿」的新疆治理策略。《中國斯坦》的作者認為，中國對中亞外交政策的源頭在於鞏固中共在新疆的政權，照顧國內需要；國內利益大於外交利益。換句話說，中國對中亞政策是新疆治理策略的延伸。於是新疆的「安全」重於一切，經貿只是一個達到「安全」目標的手段。習近平要完全控制政治權力與意識形態，再確保經濟發展。按照作者的說法，中國在中亞於是成為一個「不經意創造的帝國」，隨著經貿連結漸趨牢固，中國在歐亞大陸的影響力難以忽視。

帝國與國際關係

當前政治與國際關係學者，總是掉入「國家」這個範疇，迴避國家其實可以嵌套在帝國概念中。事實上，帝國的政治常常與某些國家相關的概念連結，像是民族、聯邦／國協、政治聯盟、或說中國的「民族區域自治」、或「一國兩制」下的主權行使，息息相關。帝國因此不應僅是廣土眾民的「大」國家，帝國其實彰顯出一套特定價值與秩序，用以作為擴張或鞏固權力的正當性。於是，帝國是「帝國中心社會對其他從屬社會的有效控制」（無論是正式控制，還是非正式控制）構成的。*當然所謂「有效控制」推到極致就是掌控主權。「帝國主義」就是作為帝國建立、擴張與維持的意識形態與基本政治綱領。

帝國不是多民族、多盟邦屬國的大型國家而已，帝國傾向型塑並管理全球秩序，以利擴張與發展。國際關係在過去百年的假設都可能有失誤，國家並不平等，國際法的實踐只是一個理想。同時，國家的權力不應只強調軍事力量，否則國際關係的討論就偏向強權政治。至於霸權的概念又太過強調強國與弱國之間的強制影響，忽略這個影響過程其實已經將國界淡化到幾乎沒有實質意義。

---

* 最近十多年史學界熱衷於帝國研究，關切美國是否可以稱作帝國，又與過去傳統帝國有何不同，又應該有什麼啟發，像是Jane Burbank and Frederick Cooper及Niall Ferguson的著作。這裡限於篇幅，不檢討史學辯論的看法，採用的是政治學與國際關係學的討論，參見Michael Doyle, *Empires* (Ithaca: Cornell University Press, 1986)。

帝國不僅是一個政治體制，更是一套國際秩序與價值。換句話說，國際關係學科討論的國際無政府秩序、兩極秩序和多極秩序，其實應該都是帝國面對壓力，所理解並投射出來的世界觀；也就是該跟哪些對手，又應該怎麼競爭或平衡權力的問題。

過去帝國的發展模式可以歸結於現代工業大都會因為發展需要，而向外擴張「都會中心論」（metrocentric empire）。馬克思與列寧於是論證帝國主義是資本主義的最高階段。但是帝國發展還有「邊陲為重論」（pericentric empire），強調帝國擴張到周邊是理所當然，因為那些邊陲地區沒有清楚的政府掌控，或政權高度分裂、經濟型態單調不能自給自足、再加上當地社群沒有清晰的政治忠誠或認同分裂，這樣的邊陲社會情勢有利於帝國擴張。*

帝國擴張統治的過程中常有各式各樣的「地方中間人或代理人」，他們被賦予權力，不同的邊陲也與帝國中心有各種價值標準不同的契約關係；一旦這些中間人或代理人沒有辦法履行他們的承諾，或帝國中心改變策略，他們地位就會被取消，或轉嫁給他人承擔。帝國統治形式非常多樣，在「都會—邊陲」的基礎上，也可能變成是網狀結構。†帝國不見得都是「自上而下」，也可以非典型的平行交換，甚至「由下而上」。帝國的邊緣總是被爭奪競逐，也可能影響帝國間的政治，‡造成壓力，進而改變帝國發展的策略與內涵。美國的「新絲路倡議」與中國的「一帶一路倡議」就有著這樣的辯證關係。而全球伊斯蘭主義發展成恐怖主義，又影響到維吾爾的宗教與政治認同，也催生了中國更加極端的新疆再教育營政策。把原來的「民族幹部／中間人／代理人」標籤成沒有辦法幫忙以夷制夷的「兩面人」，更嘗試用類似集中營的強迫洗腦手法，嘗試一勞永逸地抹去維吾爾宗教與民族的認同。

至於今後是否有可能在新疆和中亞地區形成跨境的帝國間邊陲，對中國的帝國統治政策進行反噬，則有待觀察。值得注意的是帝國邊陲與底層的發展經驗，邊陲地區能否發展出自己的社會意識，在社會菁英與群眾智識上形成反帝國主義，進而駁斥帝國價值與秩序霸權的生活方式，攸關帝國命脈是否能夠維繫。當然帝國中樞的焦慮也來自底層，擔憂權力脆弱或不及的領域，甚至被其他帝國所利用。§

---

* David Lake, "Imperialism: Political Aspects" in Neil Smelser and Paul Baltes ed. *International Encyclopedia of Social and Behavioral Sciences* 1st Edition (Oxford: Pergamon, 2001), pp.7232-7234.

† 討論「地方中間人或代理人」在美國統領世界政治數十年的格局，可參見Daniel Nexon and Thomas Wright, "What's at Stake in the American Empire Debate," *American Political Science Review*, Vol. 101, No. 2, 2007, pp. 253-271。從歷史上來描述帝國內網狀結構的串連，可參見Tony Ballantyne, *Webs of Empire: Locating New Zealand's Colonial Past*. (Vancouver: UBC Press, 2014)。

‡ Sindre Gade Viksand, "Contentious colonies: The Positional Power of Imperial Peripheries," *Review of International Studies*, Vol. 46, No. 5, 2020, pp.632–651.

§ 這樣的研究越來越多，參見例如Adom Getachew, Worldmaking *After Empire: The Rise and Fall of Self-Determination* (Princeton: Princeton University Press, 2019)、Mark Condos, *The Insecurity State: Punjab and the Making of Colonial Power in British India* (Cambridge: Cambridge University Press, 2017)。

中華帝國的格局與打造的手段

帝國總是會逐漸發展出一套自己價值規範與行動綱領，這也是帝國的最高戰略指導原則。時至今日，無論中、美、俄羅斯帝國似乎都與自由主義結合，追求自由貿易，將商業利益極大化成為帝國的信念。同時開始劃分陣營，簡單來說還是以「文明」與「不文明」之分來詆毀可能被有效控制的對手，帝國運作的邏輯就是要誘導或強迫，去推動「文明」的價值與交往方式，進入改寫邊陲地區的商業行為、法律仲裁、改寫社會倫理所有的文化面向。對待「不文明」的野蠻群體或國家，可以發動戰爭，殖民地官員或代理人，也可以協助用特殊，甚至不符文明的方法去轉換當地社會結構與內涵。帝國與邊陲來往的經驗還可以納入國際組織，嘗試建立集體的價值與秩序。*

換句話說，隨著中國的國力上升，中國進行著帝國式的擴張，其實並非「不經意創造」。中國為了新疆與邊界安全、為了消化多餘的工業產能、為了持續並鞏固已有的經濟繁榮，同時又不要直接惹惱把中亞當成禁臠的俄羅斯，利用從鄧小平改革開放以來的資本，投資中亞天然資源，以「一帶一路倡議」全盤推動基礎建設，廣設孔子學院與攏絡中亞菁英，都非偶然。這些內容在《中國斯坦》一書的第三章到第五章多所描述。第六章討論上海合作組織的時候，作者提及中國學者浮誇地推銷「上海精神」，吹噓這是國際關係維繫的新態度。實際上，上海合作組織嚴重缺乏制度能力，當然很可能是因為另一個帝國俄羅斯的暗中阻撓。但是隨著時間過去，中俄兩個帝國的實力此長彼消，尤其在俄羅斯入侵烏克蘭戰爭發生後，上合組織反而可能成為中亞周邊區域包容最廣的國際組織。未來會否在中國的操弄下，逐漸擴大地緣政治影響力，還在未定之數。

國際關係是在歐陸帝國中建立，但現在大家迷惑於一個由主權國家組成的世界。國際關係學科原本是帝國研究，涉及各種殖民事務的管理、理解帝國內外關係、處置帝國內部多元民族與社會差異。[†]國際關係的討論源自殖民地獨立，與帝國爭取平等地位的過程，標誌分水嶺就是美國威爾遜總統在一戰後提出民族自決理論，表面上在強調民族有權自決建國，其實在於否定當時帝國治術。換句話說，第一次世界大戰之後的國際關係學科辯論不是理想主義和現實主義之爭；更準確的說，應該是國際主義和帝國主義之爭，國家與帝國誰是國際關係學科主體之爭，重新定義權力運作方式與倫理關係。二十世紀征戰不斷，兩次世界大戰，再加上冷戰時期，美蘇兩強間的代理人戰爭也在全球爆發，不曾間斷。如果國際主義未竟全功，國際法與國際合作只是緣木求魚，那麼國際關係還是必須回歸帝國研究。哪些行為者主導主流價值，有能力去定義國際秩序的

---

* Martin J. Bayly, *Taming the Imperial Imagination: Colonial Knowledge, International Relations, and the Anglo-Afghan Encounter* (Cambridge: Cambridge University Press, 2016)

† Robert Vitalis, White World Order, *Black Power Politics: The Birth of American International Relations* (Ithaca: Cornell University Press, 2017)

運作規約，要求其他行為者併入或跟隨。

《中國斯坦》一書指出中國已經透過貿易市場、修築道路與各種基礎設施、傳統與電子物流來連結中亞，所有的規格都指向以中國為準，而不是俄羅斯。儘管俄羅斯也在二〇一一年提出，並在二〇一五正式組建與運作類似歐盟結構的「歐亞經濟聯盟」。由俄羅斯、白俄羅斯、哈薩克、吉爾吉斯、亞美尼亞五個前蘇聯國家組建的關稅同盟。莫斯可想要在經貿上拉緊前蘇聯國家，但是成就有限，無法藉此限制住中國向中亞的經貿擴張。目前中亞各個國家從中國進口的貨物逐年增加，而且積欠給的中國的外債還在上升。

第七章描繪中國在中亞的安全足跡，儘管中國安全部隊與中亞鄰國合作的最終目的是要解決中國對新疆安全的顧慮，也就是維吾爾武裝分子的滲透，但是中國與中亞各國的軍事交流日益加強，則是不爭的事實，還在日益強化。* 如同作者所說，北京的策略是「只做不說」，緩慢改變當地情況，等到木已成舟成為公開的秘密後，改變已然發生，水到渠成也無法抗拒；這其實就是中華帝國擴張的邏輯。

《中國斯坦》在第八章指出中國對阿富汗的擔憂有四點：那就是，第一、伊斯蘭主義的暴力恐怖襲擊從阿富汗輸入到中國，當然指涉的就是維吾爾武裝分子。† 第二、阿富汗動盪威脅到中亞周邊地區，並影響中國在當地利益。第三、中國擔心毒品從阿富汗流入中國。第四、中國懼怕阿富汗成為美國的代理人，憂心美國或印度假手激進團體攻擊中國。中國的確還在摸索阿富汗，尋找一套風險管控的架構。阿富汗不只有塔利班政權，還有基地組織、伊斯蘭國呼羅珊分支（ＩＳＫＰ）、巴基斯坦塔利班，他們都可能利用懂得中文的維吾爾武裝分子，去鎖定並襲擊中巴經濟走廊的工程項目與人員。這些不同的伊斯蘭恐怖主義組織都想要向中亞擴散，維吾爾武裝分子更意圖回流攻擊新疆。阿富汗可能是目前中華帝國向中亞地區擴張的立即挑戰。

二十世紀初的國際關係學者爭論如何管理殖民地，如何防止戰爭，但是在傳統帝國的需要下，他們都認為國際事務的核心問題是種族／民族治理。一直到兩次世界大戰後，冷戰浮現之際，國際關係學者自我麻醉式地開始討論兩極國際體系、國際組織與國際政權、國際互賴，其實他們先驗思考與知識都源自從美國或歐洲看世界。但是《中國斯坦》讓國際關係學科再度回歸帝國研究，作者提供豐富的田野調查資料，讓我們有機會再度思考中華帝國的再崛起形式與內涵。

---

* 侍建宇，〈中國在中亞的軍事擴張與侷限〉，《國防情勢特刊：中國西進》，第十八期，國防安全研究院，二〇二二年八月，https://indsr.org.tw/respublicationcon?uid=13&resid=1911&pid=3396&typeid=3。

† 事實上，維吾爾武裝分子跟其他伊斯蘭主義團體相比，他們在阿富汗的勢力相對薄弱。參見聯合國安理會的報告 “Thirty-first report of the Analytical Support and Sanctions Monitoring Team submitted pursuant to resolution 2368 (2017) concerning ISIL (Da’esh), Al-Qaida and associated individuals and entities,” Security Council, United Nations, 13 February 2023. https://documents-dds-ny.un.org/doc/UNDOC/GEN/N23/038/91/PDF/N2303891.pdf?OpenElement。

獻給亞力山卓司和雅麗格，雅麗格一定很想見見亞力山卓司。

作者序

這本書最初由兩人合寫，最後僅一人完成。而我花了好長一段時間才完成，原因很多，此際，在本文開始之前，我覺得應該向讀者解釋理由及看法。

我們約莫在十年前著手這項寫作計畫，並展開冒險，而我們也都很篤定，接下來幾年的工作會十分有趣。我們一開始的見解可謂粗略，不若結束時那般大放厥詞，而坦白說，我們多認為這樣會耗大量時間縱橫歐亞大陸的心臟地帶。我們很享受造訪遙遠的中亞城市或偏僻的中國邊境哨站。我們搭乘共享計程車（也很清楚被敲竹槓了），行駛在偏遠的邊境道路上，在遍地塵土的邊境附近，走進昏暗的酒吧裡喝啤酒（或在阿亞的堅持下，喝店家賣的隨便一種威士忌），或隨意進入一處公共機構，見見有趣的歐亞大陸人。

我有數不清的故事（以及一些照片），足以聊聊我們走的這幾趟不同旅程。有一次，我們在新疆的沙漠中，停在一處老舊的遊牧民族界標附近，不知道打哪兒來的深色車隊突然出現，車隊倏地停了下來，一小群中國人接著走下車，個個短髮，戴著太陽眼鏡，詭異的討論起事情來，我們則試著讓自己在那片遼闊空曠的荒地中顯得渺小。在哈薩克的一次會面中，一名年紀較長的教授一見我們就心生好感，於是邀請我們到當地的仿蘇聯風格的餐廳吃午餐，還想辦法安排我們跟她一個比較年輕的同事見面。到馬利（Mary）後，在一家陰森的飯店酒吧裡，我們試著和酒後情緒亢奮的伊朗貨車司機攀談，他們卻只對勾搭土庫曼妓女感興趣。後來同樣在那趟旅程，在阿茲亞飯店（Hotel Aziya）的簡陋客房裡，我們強迫自己喝掉兩瓶土庫曼巴希白蘭地，因為我們發現酒會從封口外漏，根本沒辦法隨身帶上飛機，而且，白白浪費掉偉人的酒好像太羞辱人了。結果隔天我們在土庫曼首都阿什哈巴德（Ashgabat）一路顛簸，簡直吃盡苦頭。幸好，這次不像之前在杜尚別（Dushanbe）外郊那次恐怖的搭車經驗，那次我們擠在一輛共享計程車上，車內原本熱鬧烘烘的，直到廣播傳出不祥的樂音，整車瞬間鴉雀無聲，低沉的節拍和單調的聲音，仿佛祭拜儀式般地吟詠著，聽來恐怖至極。到了下一個加油站，我們開玩笑地說，搞不好會被抓去獻祭，而且禁不住自問，我們是否要繼續搭這輛車。而我們還是搭上車，也活了下來。

然而，遺憾的是，就在即將寫完這本書的初稿之際，阿亞在喀布爾慘遭殺害。前往當地美國大學任教前不久，他搬到喀布爾，事發當下他出外跟一名同事吃晚餐。我從一個喀布爾的共同友人口中得知消息，當時我正在加拿大忙著另一個研究案。

得知他遇害的噩耗後，我陷入兩難的困境，不知該如何是好。我們已經完成了足夠的初稿，是時候找出版社洽談了，只是那還不算是完稿，對於必須獨力完成一事，我感覺太不真實。同時，生活紛亂，令我分身乏術，新工作、買房等，忙得焦頭爛額。雖然因為一個接一個的研究案和工作而忙著，但我始終惦記著這份初稿。幸好，我的工作讓我得以繼續前往中亞、中國旅行，而且待在印度與巴基斯坦的時間也越來越多。阿亞去世後，我就不曾再回去阿富汗了。

這一切帶給我更多的素材、故事和經歷，也給我更多時間思考，把記述內容定位在更甚於我們初始預想的背景中。即便如此，核心概念依舊是我和阿亞一起構思出來的，因此，我認為我們應該以聯名的方式完成這本書的出版。

然而，這本書跟我們一開始構思的不同，就在我們的旅程持續進展之際，一帶一路出現，並開啟中亞和中國更廣泛的外交政策新連結。中國在習近平的統治下，也搖身一變，成為世界舞台上更好勇鬥狠、咄咄逼人的一股力量。當初構思這本書的想法是，想為華府提供政策建言，建議如何應對中國在中亞地區崛起。當時我們試著提出建言時，遭遇到的最大問題是，華府普遍對中亞地區興趣缺缺。

華府感興趣的程度沒有特別改變（反而可說是降低了），改變的是世界與中國的關係。阿亞對這點會提出什麼樣的結論，我沒辦法代他表述。他可能比較支持華府對北京的看法，也可能不像我那麼寬容。我記得，有一次在北京搭計程車時，我們陷入激烈的討論，只為了書名（而決定了之後，再也沒改了）。一開始我覺得《中國斯坦》（*Sinostan*）聽起來有點挑釁的意味，最後還是被說服了。就在那輛計程車發生事故之際，我們也確定了書名，於是，我們丟下車，改搭乘其他交通工具去吃晚餐。

著手撰寫這篇序言的時候，局勢變得十分兩極化，美國與中國之間的衝突看似有可能爆發。身為美國培訓出來的研究人員，阿亞跟華府有深入的個人及專業往來，他認為自己的使命，便是對華府提出建言，並獲得兩黨認同，加強對抗中國。只是我認為，他應該也不樂見冷戰辭令再度出現。他對別人的看法極度敏感又有同理心，而且我懷疑，他曾經闡述相當微妙的見解。他幾次討論過要到新疆的大學求職，他覺得到新疆，能更加了解新疆的實際情況。他向來以一體兩面的方式理解事實，善於分析、寫作，總是能清楚闡述觀點，這都是源於他很清楚事情的另一面——大多是透過個人接觸去了解。可惜，我們永遠無法得知，他對目前正在成形的這個世界有什麼看法，而我能做的，也只是希望自己能公正地說出他的看法，至少根據我的了解，表達我們對中亞正在發生的事的共同看法。

在撰寫這本書的最後階段，還發生了另一件大事，即喀布爾落入塔利班手裡，美國帶頭推動了二十年的試驗以期改造阿富汗，也就此告終。我確信，發生這種事，阿亞一定跟我一樣難過，並且憂心阿富汗的未來。這個改變在成書過程這麼後面的階段才發生，我也只能在書裡稍微提一下而已。然而，大體來說，這個改變並沒有影響到本書對於中國的角色和願景所進行的整體分析，不過當然了，北京現在比以前更加迫切需要在阿富汗有積極主動的作為。阿富汗將會被牽扯到日益主導國際事務的強權衝突架構裡，至於牽扯多深，則同樣有待觀察。倘若發生這樣的情況（有跡象顯示有可能會發生），整個中亞地區將因此遭殃。

我要感謝這幾年來幾位支持這項寫作計畫的人。首先且最重要的，是Allan Song和他在史密斯理查森基金會（Smith Richardson Foundation）的同仁，他們打從一開始便持續且堅定慷慨地支持這項寫作計畫。最重要的是，他們在當下就承擔起風險，並支持我們向前，接著又藉由敦促我完成這本書來提供協助。如今已廢止的「外交政策倡議」（Foreign Policy Initiative），以及十分活躍的「卡內基基金會」（Carnegie Endowment）則大力支持，提供補助金，幫助我們進行研究。還有為此長期的專案而聘任我的智庫，包括上海社會科學院、倫敦的皇家三軍聯合國防研究所（Royal United Services Institute for Defence and Security Studies），以及最後的新加坡拉惹勒南國際研究院（S. Rajaratnam School for International Studies）所屬政治暴力與恐怖主義研究國際中心（International Centre for Political Violence and Terrorism Research）。不論是撰寫這本書或其他工作，這些雇主無不耐心等待我完成的那一天。有數不清的同事、朋友和其他人，在過程中幫過我大大小小的忙，特別值得一提的是以前在皇家三軍聯合國防研究所的同事Sarag Lain，在後來的研究旅程和計畫中，我們一起探查了幾條中亞路線。她很清楚書中的一些故事，而我們在其他地方合作進行的研究計畫，也涵蓋在本書探索的諸多主題中。我深感抱歉，在此無法一一列出每個人，畢竟經過將近十年的研究，要感謝的名單著實多不勝數。

我要特別感謝阿亞的雙親Effie和Christian，他們忍受我拖延了那麼久，才完成本書。感謝Effie在最後的出版階段，扮演至關重要的角色。感謝家母Leslie Gardner擔任本書的代理人，並且在阿亞到倫敦時，招待永遠吃不飽的阿亞。最後，感謝美麗的內人Sue Anne，她始終支持我們，其中幾趟旅程甚至跟我們同行，擔任攝影師、捕捉阿亞在中亞市場裡的神祕模樣，以及協助擴建我們之前為了宣傳這本書而架設的網站。她在我們的探險中，經常是未被提及的第三人。能找到塔什干新疆商品展覽會，還有其他許多事，我們都得感謝她。她拍攝的照片始終是我們的旅程中最精采的回憶，有些已收錄在書裡，更多則發表在網路上。

最後，簡短說明寫作風格。我選擇用第一人稱複數撰寫這本書，由此，似乎最能表達這是我們兩人合力完成的，我也就此足以記述我們一起參加過的會談、只有他參與的會談以及有他人參與的一些會談，還有後續只有我參與的會談。之所以如此選擇的理由很簡單——為了簡化內文，以利閱讀，儘管我很明白，有些讀者可能會因此懷疑內文的準確度。

這本書理所當然是為了紀念阿亞。但我仍希望他能原諒我，因為我在一開始同時提到我可愛的女兒，但身為萬人迷，我想他一定不會提出異議。我知道小女如果見到他，一定也會很開心。讀者若有興趣閱讀更多亞力山卓司的事蹟或作品，或想了解（或捐助）倫敦國王學院為了紀念他而設立的獎學金計畫，請前往以下網站：https://www.kcl.ac.uk/warstudies/study-with-us/alexandros-petersen-scholarship

獨自走到這個階段，絕非意料之事。而我希望認識阿亞的人，都能感受到我忠實呈現了他的遺志。他性格獨特，是個很棒的朋友，更是優秀的旅者。哀傷之餘，我必須申明，本書若有任何謬誤或錯字，都是我的失誤。

拉菲羅・龐圖奇
二〇二一年九月

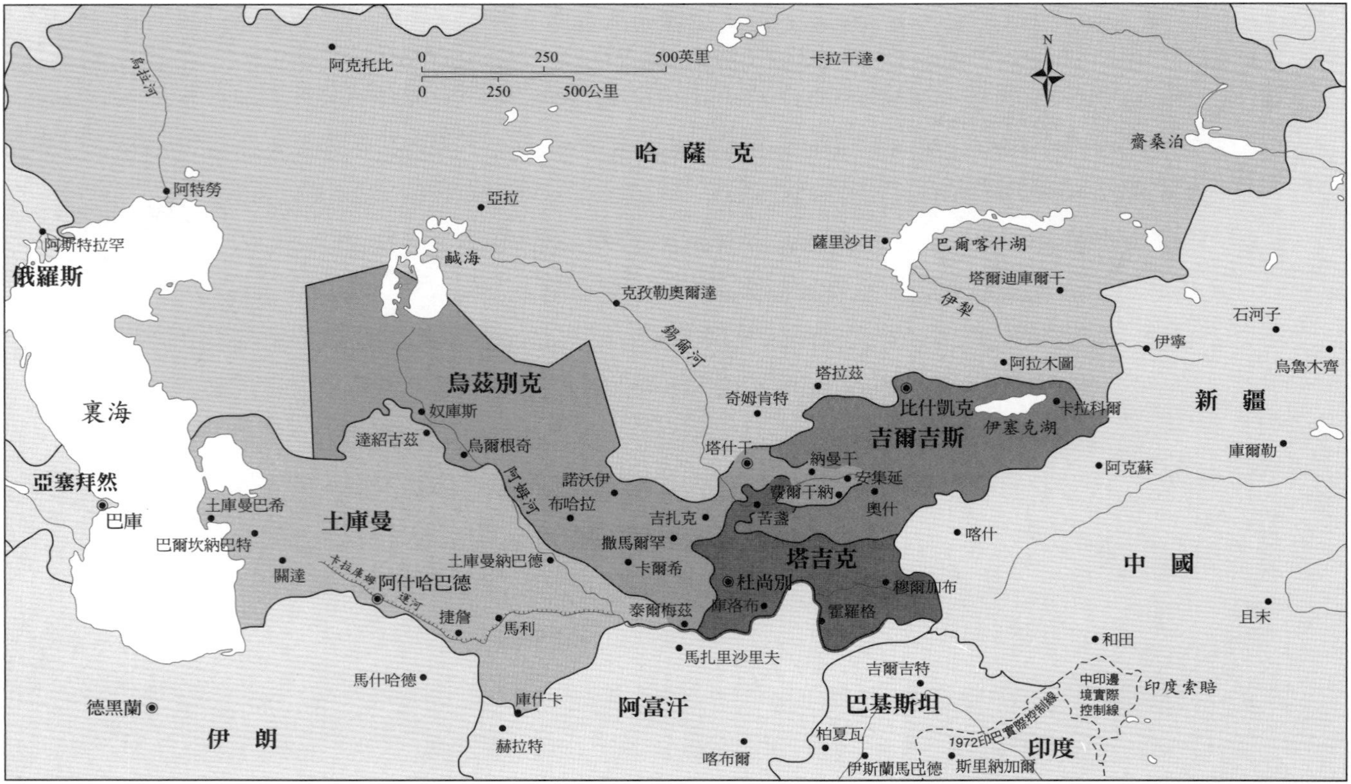
哈薩克
烏茲別克
吉爾吉斯
塔吉克
土庫曼
阿富汗
巴基斯坦
伊朗
中國
新疆
印度
俄羅斯
亞塞拜然
裏海
鹹海
巴爾喀什湖
伊塞克湖
齋桑泊
阿克托比
卡拉干達
0
250
500英里
0
250
500公里
烏拉河
阿特勞
阿斯特拉罕
亞拉
薩里沙甘
塔爾迪庫爾干
伊犁
克孜勒奧爾達
錫爾河
阿姆河
塔拉茲
奇姆肯特
塔什干
阿拉木圖
伊寧
石河子
烏魯木齊
比什凱克
卡拉科爾
納曼干
安集延
費爾干納
奧什
苦盞
杜尚別
庫洛布
霍羅格
穆爾加布
喀什
阿克蘇
庫爾勒
且末
和田
努庫斯
達紹古茲
烏爾根奇
諾沃伊
布哈拉
吉扎克
撒馬爾罕
卡爾希
泰爾梅茲
土庫曼納巴德
土庫曼巴希
巴爾坎納巴特
巴庫
闊達
卡拉庫姆運河
阿什哈巴德
捷詹
馬利
馬扎里沙里夫
馬什哈德
德黑蘭
庫什卡
赫拉特
喀布爾
吉爾吉特
柏夏瓦
伊斯蘭馬巴德
斯里納加爾
1972印巴實際控制線
中印邊境實際控制線
印度索賠

中亞

引言　西行之旅

我們搭乘的那輛現代汽車傷痕累累，吃力地橫越吉爾吉斯的阿萊河谷（Alay Valley）。時值秋季，蘇薩梅爾河（Susamyr River）沿岸的草正逐漸枯黃，巍巍然聳立的山峰閃著新雪的光芒。我們正在從奧什（Osh）到伊爾克什坦（Irkeshtam）的途中，奧什爾是吉爾吉斯南部的中心樞紐，位於充滿傳奇故事、氣氛緊張的費爾干納谷地（Ferghana Valley），伊爾克什坦則

商人陵墓，位於塔吉克的巴許岡巴茲村（Bash Gumbaz）（Raffaello Pantucci攝影）

是離中國最近的邊境哨站。

此時是二〇一一年年底，正值計畫的初期階段，我們的目的是追蹤中國在中亞草原上的足跡。我們讀過的報導說，以前通往邊境的道路滿地碎石、路況不穩，如今有一家中國企業正在進行路面整平、鋪柏油的工程。我們也在尋找貿易的原始指標：貨車。中國貨車或吉爾吉斯、塔吉克、烏茲別克的車輛，滿載近年來大批湧入中亞市集——以及全球諸多市場——的廉價中國商品，日趨改變中亞地區的地理與經濟走向。但是路上沒有很多車輛，此時吉爾吉斯正值選舉期間，上一次的選舉過程在革命和種族暴力中告終（在這個國家的歷史中，這並非第一次）。這些市場上的中國商人靠這條路上的車流供應商品，他們說，他們已經要求供應商在邊境等到選舉結束，也就是等市場穩定下來。有個中國商人告訴我們，在二〇一〇年動亂期間，局勢十分嚴峻，當地的中國使館特地安排了一輛巴士，撤離恐慌的中國人，以免捲入吉爾吉斯人和烏茲別克人的種族衝突。

不久後，我們就看到中國修路工人的營區，那是一處組合屋宿舍，雖然覆滿沙塵，仍不失驕傲地展示公司的名稱、商標，還有斗大的紅色漢字，寫著五花八門的標語。吉爾吉斯保全守衛在行軍床上酣睡。營區空蕩蕩的，只有一名來自四川的年輕工程師。他一邊納悶我們怎麼能用中文跟他溝通，一邊解釋說，他們一年裡頭，只有在雪未阻塞道路的那六個月能工作。明年，這條路就會完工，建築物前面有一塊大型標示牌證實了他的話，上頭注記著完工日期，工人們似乎也自信滿滿地認為將如期完工。他說，他朋友在非洲修築中國人所投資的道路，待遇比這裡好。

眼前不期然出現破損失修的路段，我們搭乘的現代汽車費力地爬出谷地，不只如此，我們還得閃避推土機和滿載泥土的貨車：我們看見築路工人，一眼就認得出是中國人，因為他們一身軍裝的綠色外套，上頭別著閃亮的金色鈕扣。他們正慢慢重新雕塑山脈，把斜坡弄得平整，這樣才能鋪路。

抵達山脊頂部後，我們這才意識到，重新雕塑的工程可能會無止境地進行下去。雄偉的帕米爾高原展現在我們面前，這是地球上最後一片還沒被繪製出地圖的高原，這片雄偉的天然屏障分隔開講突厥語的吉爾吉斯人和講波斯語的塔吉克人。高原的一端延伸到中國，另一端延伸到阿富汗。在這些令人望之生畏的山峰上，橫越下方結冰的荒山野嶺，我們禁不住感覺到，我們幾乎就要抵達世界的屋脊了。

在這些高峰之上的一處灰暗曠野裡，我們看見聲名狼藉的薩雷塔什（Sary Tash）：十九世紀大博奕時代的許多關鍵時刻都發生在此處，現在主要以走私巢穴聞名，走私來自阿富汗的海洛英和濃縮大麻脂。南倫敦的毒蟲知道自己的毒品來自如此風景如畫的地方嗎？這座灰撲撲的小村莊，沒有什麼值得推薦的，根本沒有理由住在這裡，卻隨處可見中國的痕跡。廢棄的中文報紙被風吹得飄散四處，破碎的「烏蘇啤酒」酒瓶散布路邊，那是新疆特有的啤酒：在在證明了中國位於中亞的領土，就在我們正要前往的那處邊界的另一頭。

我們繼續前往努拉（Nura），這座小村莊裡淨是一模一樣的全新白色貨櫃。舊努拉在二〇〇八年遭到地震摧毀。司機在這之前一直表現得對我們和周遭環境絲毫不感興趣，此時竟倏地取下免持聽筒，不說一聲地便停在兩百二十五名罹難者的紀念碑前禱告。前方不遠處，就是邊界前的檢查哨，那個檢查哨就像一個人那麼大的錫罐，表面漆著迷彩，以及一根隨便拼湊出來的煙囪。執勤的警衛看起來很年輕，肩上揹著的那把AK-47顯然沒有彈匣。

一會兒過後，我們發現了貨車，這條路正是為了這些貨車修築的：眼前上百輛的貨車。貨車全擠在邊界，由此便可看出，我們已經抵達伊爾克什坦，胡亂擺放的貨櫃，幾間看起來一副搖搖欲墜模樣的咖啡店和雜貨店，還有幾輛油電耗盡的車子，那是中亞的一處貨車停車站。我們在拍攝周遭環境的照片時，一群缺牙的孩童正在一間簡陋的商店前玩耍，並要我們為他們拍照。一名邊境守衛逮到我們其中一人正在拍照，便強迫我們刪掉照片。我們反而意外逮到機會，迅雷不及掩耳地偷拍到在刺絲網圍欄另一邊的中國海關建築，兩邊對照著實強烈：中國的邊境哨站是設備完善的新建築，猶如來自未來的太空船降落在破敗的伊爾克什坦。

一名頭戴棒球帽的中國籍維吾爾族貨車司機一副想找人聊的樣子。世界屋脊是他工作的地方，他得花上三天，把三十公噸的貨物從中國新疆省的喀什載到烏茲別克，其間必須通過兩道邊界、橫越吉爾吉斯。我們問他都載些什麼，他含糊其辭地說淨是些五花八門的中國貨物。而他更有興趣的，是當我們提及我們是從上海來的以及上海的經濟前景等，這座中國城市離他在喀什的家幾乎跟歐洲一樣遠。他和同行們不停往返這處邊界，每個星期載運大約一百批貨物橫越邊界，不過選舉或中國假期期間邊境關閉時例外。

我們禁不住想起了這趟旅程稍早的一次會面。我們坐在吉爾吉斯首都比什凱克（Bishkek）的一間教室裡，一名大學教授告訴我們，有些吉爾吉斯人懷疑中國正在鋪設山路，不只是為了貿易。他們說，柏油的厚度不僅能承受貨車，還能承受中國戰車。這個謠言甚囂塵上，不過根據實際情況來看，並沒有證據足以證明。多數觀察家會認同，對軍事侵略的恐懼，其實都是捕風捉影。然而，這可能是因為中國已經完全掌控中亞地區和吉爾吉斯的經濟。確實，在比什凱克，中國使館活像一座巨大堡壘，巍然矗立地傲視相鄰的美國使館（而且二〇一一年我們初次造訪時，聽說裡頭全是空蕩蕩的辦公室），由此可知，中國正在盤算長遠的計畫。

後來在比什凱克，一名吉爾吉斯的前閣員告訴我們，如果沒有中國，吉爾吉斯的經濟將會崩潰。他安坐在國際飯店的豪華沙發上，慷慨激昂、興奮莫名地告訴我們，萬一讓俄羅斯人得逞，南部市場會受到重創；而且又有一個關稅同盟（即下文所提俄羅斯主導的「歐亞經濟聯盟」），從白俄羅斯和烏克蘭延伸到中亞與中國的交界。根據他的說法，吉爾吉斯出現微小的榮景，是因為扮演轉口中心的角色，將中國貨物送往比較富裕的鄰國，也就是哈薩克、烏茲別克以及俄羅斯。吉爾吉斯加入歐亞經濟聯盟數年後，這項決定的影響仍混沌不明，根據報導，貨物貿易量先是減少，又再增加（而且持續著這種上上下下的模式）。現在焦點似乎在於關注從吉爾吉斯鬆懈的邊境哨站，走私進入聯盟的大量走私貨或未稅貨物。不過中國和俄羅斯之間的經濟角力，始終在比什凱克引發一股緊綳的氛圍。

地區性的大型市場，像是奧什外郊的卡拉蘇（Kara-Suu），以及比什凱克的多而多（Dordoi）等，舉目望去淨是成千上萬的貨櫃，滿是服飾、電子產品、玩具、工具、盥洗用品、包裝食品——甚至連穆斯林的禱告經書都有——這些都是在中國製造，再由貨車通過伊爾克什坦等偏遠的山隘送達。那些貨車需要路況良好的道路，因此我們迫不及待想親眼看看，好好了解中國在中亞地區鋪設的路線。

根據大部分的指標來看，吉爾吉斯並不是資源豐富的國家，但是中國採礦企業在吉爾吉斯廣闊的鄉野間積極活動，探勘並採礦，有時嚴重破壞環境。有些採礦行動遭到騎馬的匪徒攻擊——很可能是當地人，他們氣憤於高山遭到破壞，溪流被染黑，卻看不到直接的益處。比較憤世嫉俗的觀察家告訴我們，這個問題跟政治較為相關——單純是採礦公司沒有向當地官員行賄，那些氣憤的騎馬暴徒是雇來威嚇勒索中國企業的。確實，為這個問題所苦的不止中國企業，但是，不論阻礙是什麼，中國企業心意已決，他們繼續下去，而且他們需要路況良好的道路來運載貨物。

吉爾吉斯確實有一些石油，卻是直到近期才有能力煉油，並把原油提煉成燃料。吉爾吉斯司機依賴以前的殖民開拓者——俄羅斯——來提煉原油，提煉後再把成品運送回吉爾吉斯販售。但是未來即將出現新的局面，一家中國企業如今已經在吉爾吉斯北緣的卡拉巴爾塔（Kara-Balta）

興建煉油廠，這項工程案問題重重，包括貪腐、當地員工抱怨薪資過低、燃料難以進行加工處理，甚至有報導指出，煉油廠蓋在一片古墓地上頭，儘管如此，這項工程案依然展現了中國投資足以發揮其戰略影響力，改變中亞當地的遊戲規則。

在中亞國家中，依賴中國最明顯的莫過於吉爾吉斯，但是我們很難看出明確連貫的政治影響力。我們聽過一些逸聞趣事指出，中國公民或企業一旦惹上麻煩，中國使館便十分依賴吉爾吉斯政府協助。對中亞地區而言，吉爾吉斯領導人在公開論壇上對中國領導人表現得遵從，不過是司空見慣的事（在中亞，面子和敬意可是很重要的）。我們發現，吉爾吉斯領導階層對任何投資機會都表現得一副興致盎然的樣子，並沒有獨鍾於中國（不過特別引人注目的是，有些中國的倡議別人覺得不可行，吉爾吉斯卻是翹首以盼）。在許多方面，俄羅斯依然獨霸一方，吉爾吉斯領導人一遇到問題，仍習於求助莫斯科。在二〇二〇年的最近一次政治動亂期間，沒有人請求北京介入，協助解決亂局。但是，顯然風波過後，中國將具有舉足輕重的地位。不論在什麼樣的局面中，都很難完全斷定其影響力，而我們在中亞追蹤中國的足跡時，確實證明了中國的影響力是最難以捉摸的元素。

而我們卻目睹了中國工人在世界屋脊鋪路，我們也注意到，中國在中亞地區的經濟賭注取決於政治。選舉期間不穩定的局勢會造成貿易往來減少；政府之間有爭端，跨境的基礎設施就會變得相形複雜；地方上的關係緊繃，也會對工程案和工廠造成問題。中國提供援助的形式有很多，諸如贈送、提供雙邊貸款，或透過多邊組織（包括中國主導的和國際上的）提供援助。其所造成的結果，可能是仰賴中國的小國獲得能源安全，需要工作的國家也獲得就業機會。公眾輿論褒貶不一：有些人看見機會，學起了中文；也有許多人抱怨中國工人粗魯和環境遭到破壞。吉爾吉斯和大部分的中亞國家一樣，在某些方面得益於中國；問題是，中國要如何藉此投資獲利？還有，中國認為自己對中亞要負起什麼樣的長期責任？

＊＊＊

中國在中亞的所作所為，其所帶來的後續影響遠遠超過歐亞心臟地帶。二〇一一年和一二年，我們開始進行現地研究以探究這個問題，此前，我們已經觀察這個問題一段時間，並發現中國在中亞的影響力日趨擴大。令人訝異的是，我們竟然能夠清楚看見中國積極推動的外交政策在當地深根，而這段歷史大可回溯到冷戰結束（在許多方面又更提早了許多），在傳統上受到俄羅斯影響的區域內，北京慢慢的取代莫斯科。中國發展上海合作組織（簡稱「上合組織」），快速興建輸油管線，開放從中國進入中亞地區的基礎設施、道路、電力線、路線，雖然北京制訂的政策始終沒有明確闡明，但這一切完全展現出一種模式，即中國在中亞地區積極投入的活動，是精心布局過的。

接著在二〇一三年九月，習近平主席在哈薩克首都阿斯塔納（Astana）的納扎爾巴耶夫大學（Nazarbayev University）發表他的基本方針演說，宣布要興建絲綢之路經濟帶。[1]一個月後，習主席又在雅加達的印尼國會發表演說，宣布建設二十一世紀的海上絲綢之路。[2]這兩項計畫便構成了一帶一路。[3]

習主席選擇在阿斯塔納首次宣布這個外交政策理念，凸顯了這個理念是以中亞為中心，業已成為他治下外交政策向外推動的明確願景。中亞地區通常被視為俄羅斯控制的地盤，但是剛走馬上任、有著無比信心的中國領導人，正是在這裡宣布明確的外交政策理念。我們試圖了解的問題是，中亞、西方國家利益、以及更廣泛而言，中國的崛起，會受到什麼樣的影響。而我們的結論是，在中亞，人們可以看見中國未來外交政策的輪廓樣貌，並且一窺中國將如何處理現今遭遇的某些問題。

著手為這本書進行研究時，我們曾試圖解決的問題核心，正是中國這項政策可能會對美國和西方國家造成的影響。傳統上，美國和西方的政策制訂者咸認為，中亞地區的重要性屬次等，並視中亞為蘇維埃帝國殘存的一部分。我們在二〇一一年年底展開研究時，華府的亞洲政策由歐巴馬總統的「重返亞洲」主導，這似乎預示著，美國未來將重新聚焦關注亞洲太平洋，甚至於將損及其跨大西洋關係。重返亞洲政策尋求利用明確由亞洲創造出來的榮景，由此華盛頓試圖擺脫在紛擾的布希時代所捲入的中東戰爭。

重返亞洲政策的焦點在太平洋，關鍵對手是中國，不過一開始並不明確。歐巴馬總統初次上任時，自稱「美國首位太平洋總統」。二〇〇九年年底在東京發表演說時，他強調「環太平洋為我建構了世界觀」。他這麼說：「美國並沒有試圖遏制中國；跟中國加深關係，也不會削弱我們的雙邊同盟關係。反之，強盛、繁榮的中國崛起，將成為國際社會的力量來源。」他補充道，「所以在北京等地，我們將努力加深戰略和經濟對話（Strategic and Economic Dialogue），並且改善各國軍隊之間的溝通。」[4]

快轉幾年後，一切都變了樣。事實證明，中東不容忽視，俄羅斯的外交干預破壞了歐巴馬總統和俄國總統梅德維傑夫（Dmitry Medvedev）曾攜手推動的「重啟」，布希執政團隊遺留下來的諸多問題始終懸而未決，導致重返亞洲似乎失去了一些動力。這一切都發生在習主席在北京登上大位之後，他預示著中國將更有信心且熱切盼望成為全球領導，摒棄以往謹守的真言，不再拒絕介入國際事務。中國在南海有爭議的海域擴建島礁，推動速度更見其野心，而且中國海軍讓第一艘航空母艦下水了。除此之外，中國舌燦蓮花的「一帶一路」倡議，已經擴張成為無所不包的外交政策概念：很大一部分的中國官僚根據這個中央組織概念來擬定計畫。

歐巴馬執政團隊的回應對策是簽署「跨太平洋夥伴協定」（Trans-Pacific Partnership，簡稱TPP），這個充滿雄心的貿易協議在歐巴馬執政團隊之前就存在了，卻是歐巴馬執政期間大力倡議。在紐西蘭的奧克蘭簽署這項協定後，歐巴馬在演講時強調，「跨太平洋夥伴協定」讓美國

——而不是像中國那樣的國家——得以撰寫二十一世紀的行事規則，這反映出美國意圖把這項協定的焦點擺在對抗中國。[5]

川普執政團隊沿用了這套說法。川普總統或許推翻了「跨太平洋夥伴協定」，但是他持續強調中國的威脅，並在華府獲得兩黨的支持。五角大廈認為，中國和俄羅斯是世界舞台上主要的兩大敵對國，川普把對抗北京的關稅和經濟衝突升級為優先要務。華府處處都找得到證據，證明美國在阻撓一帶一路——成群的參議員呼籲執政團隊加強敵對立場，[6]反覆重申「債務陷阱」（debt traps），這是國務院高階官員提出的蔑視言論，批評中國對南亞的投資。[7]另外還有國務卿蓬佩奧（Pompeo）造訪中國在中亞的鄰國時，表現出急欲對抗中國的態度。[8]華府無法在資金方面和中國直接較量，於是推動「藍點計畫」（blue dots），宣傳海外私人投資公司（Overseas Private Investment Corporation），以提供一帶一路以外的投資選項。

這一切也都傳承給了拜登執政團隊，凸顯出在這個議題上，拜登總統似乎和前任總統川普所見略同。二〇二一年六月在英國康瓦爾（Cornwall）的七大工業國組織高峰會（G7），各國領袖同意推動「重建美好世界」（Build Back Better World，簡稱B3W），以做為一帶一路之外的積極選項。撰寫本書之際，對此我們所知甚少，但至少我們知道，這是仿效之前的諸多政策，試圖對抗中國的經濟願景。美國持續嘗試在經濟面提供一帶一路以外的選項，同時西方強權也推動其他的地緣戰略政策。執政團隊即將卸任期間，川普又推動另一項倡議，試圖振興美國、印度、日本、澳洲的「四方安全對話」（Quad），川普和拜登都在四方安全對話的所有會員國與中國陷入衝突時提出這個構想，好讓這個構想更加吸引人，讓會議的分量更甚於以往。印度和日本分別在各個不同的時間點，著手推動自己的替代策略，和一帶一路相抗衡。但是焦點仍在海上，美國海軍及其盟軍阻撓中國主宰，華府則加強與中國海上鄰國的關係。

只是，聚焦於中國的海上關係和勢力推演，其實是忽略了歷史。關於中國的地緣政治立場，其所伴隨而來的神話之一，便是中國的海上威望：然而，中國從來就不是海上強權。除了十五世紀初鄭和率領船隊下西洋之外，中華帝國傳統上都著重在陸權。即便是善於海上探險的鄭和，最終也因為一六一三年的海禁令而無法出海，也標誌著中華帝國就此退出海域。中華帝國王朝的焦點在於維護廣大國土的完整。在中國的軍事結構中，人民解放軍中的海軍總是被認為居次要，大部分的經費和制度規範一再投入極度貪腐卻無比強勢的陸軍。習主席掌權時，曾經試圖改善中國軍隊海陸力量失衡的問題，讓海軍軍力呈現指數型成長。可惜中國仍極度重視陸上關係，並認為陸上關係一旦失和，可能會導致中國不穩定的邊疆地區暴露於威脅之中。

然而，西方聚焦於中國的海上活動，大多忽視了過去幾十年至為重要的地緣政治改變。北京在中亞聲望日漸高漲，反映出中亞地區發生的改變，而西方國家大多未多加注意。如今西方已經重新注意到中國及其勢力，但是對於中國在歐亞大陸造成的影響，就沒有檢驗得那麼徹底。不過，從中亞正在發生的事中，我們就可以洞察到，中國可能會對全球產生什麼樣的影響。就地緣政治而言，中國的崛起發生在陸路、在歐亞大陸，那遠離美國太平洋艦隊與華府的邊緣地帶盟友的管轄範圍，甚至也遠離其他亞洲強權的影響範圍，如印度。中國的地緣政治在中亞崛起，西方政策制定者應該重新複習二十世紀初地理學家兼戰略家哈爾福德・麥金德爵士（Sir Halford Mackinder）的思想，而不是阿爾弗雷德・賽耶・馬漢海軍將軍（Admiral Alfred Thayer Mahan）。[9]

中國共產黨至今依舊固戀於領土主權，同時又固著於國內經濟成長，這主要是一種求生機制，目的在於證明共產黨的能力，進而證明共產黨能夠一直主宰下去；但是這也導致中國扭曲的外交政策，只以謀求國內利益為目的。這不全然令人意外。政府本來首先就應該憂心國內民眾的利益，其掌權或失勢便取於此。中國一心一意在國內事務，意味著政府多重視國內政策，外交政策不幸地只能淪為其次了；這很像美國的政治性週期，經常扭曲美國的外交政策焦點。當外交政策成為焦點時，大多用於協助推動國內政策。即便在中國與美國的關係裡（這是北京最擔心的外交關係，經常也是唯一擔心的），本質也在於加強領導階層對國內的掌控，不論是透過經濟或政治映象（political optics），與當前主導的超級強權對等對談。

從這個觀點來看，新疆是金絲線，把中國的國內外政策和中亞綁在一起，由於對中國而言，外交政策終究是國內政策的演繹，因此中亞可說是新疆政策的延伸。新疆是中國最西邊的省分，字面的意思是「新邊疆」，是中國在中亞的領土。新疆遠離中央，蘊藏豐富天然資源，可惜絕大部分的土地杳無人煙，漢族和當地維吾爾族存在些許緊張關係，不時衍生成暴力衝突，新疆長久以來就是中南海決策者的心頭憂患（中南海位於北京核心，是中國執政政府的所在地）。

這些種族緊張關係經常生是非，二〇〇九年七月在首都烏魯木齊令人措手不及的一起暴動，更是引發世界關注，並導致超過兩百人喪生。據報導指出，廣東的維吾爾工人遭到虐待，烏魯木齊城裡於是有人發動抗議，騷動演變成暴動，維吾爾族群眾遊走城內，無辜的漢人遭毆打致死。隔天，漢人群起對抗暴動，既氣憤維吾爾人，也惱怒主管當局沒有保護漢人，或解決新疆省存在已久的問題。中國國家主席胡錦濤獲報事態嚴重，原本在義大利拉奎拉（L'Aquila）參加八大工業國組織高峰會，也不得不尷尬離席，被迫處理這個局面。

暴動過後，北京認為是時候採用新措施了。幾名烏魯木齊安全部門高階領導人遭到解職，二〇一〇年四月，在位已久的當地共產黨領袖王樂泉也遭到免職。官方說法是，他升任北京政法委員會副書記，實際上那比較不像升官，而是平行調動。接替他的是前湖南省委書記張春賢，他曾因為帶動湖南省經濟發展而深獲賞識。這項振興新疆的對策，在二〇一〇年五月的新疆省工作會議達到巔峰，會後宣布了若干關鍵策略：在國內，相對富裕的省分必須負責新疆的部分區域；在新疆開採蘊藏豐富的碳氫化合物資源的國內能源公司，獲令必須上繳更多稅金給新疆省；在新疆南部首府喀什和通往哈薩克的跨境點霍爾果斯（Khorgos）兩地設立經濟特區。再者，為了強調國外貿易對新疆省發展的重要性，中國決定把年度烏魯木齊對外經濟貿易洽談會（Urumqi

Foreign Economic Relations and Trade Fair），升級為規模更大的中國亞歐博覽會（China Eurasia Expo），並指派當時的副總理李克強代表北京出席。

雖然中國認為經濟是中國的長期解決方案，但是就短期和中期而言，安全才是第一要務。二〇〇九年暴動之後，有一段時間，跟新疆地區有關的暴力事件逐漸增加——二〇一三年十月，憤怒的維吾爾人企圖殺害觀光客，接著在天安門廣場引爆炸彈，導致一群起激憤的畫面：在俯視廣場的毛澤東肖像下，一輛汽車熊熊燃燒。隔年三月，一群維吾爾人出手攻擊昆明火車站外的民眾，導致三十五人死亡。二〇一四年四月，習近平離開新疆地區後，兩名自殺炸彈客先在烏魯木齊市火車南站刺傷一名路人，再引爆炸彈自殺，新疆發生了一系列的暴力事件，這不過其中一樁。習主席才剛對黨幹部發表激勵演說，要求幹部採取更強硬的行動，鎮壓新疆地區的暴力和極端主義。他試圖平息日漸升溫的攻擊行動，數年後，中國更是大力鎮壓，增加新疆地區的維安範圍。人稱「嚴打」的脅迫式行動，強度更上一層樓，中國部署大量人員、硬體、技術，鎮壓中國認為是極端主義的行為。政府急欲根除問題，並認為要解決這個問題，必須在整個新疆採取大規模再教育行動。結果中國推出了再教育營系統，這是近代史上前所未見的，有可能關押了新疆地區極大比例的居民。還有一系列政策，觀察家紛紛指出，中國企圖滅絕境內的維吾爾族群。而這個作法看似不只企圖讓維吾爾族屈從，或許更想進一步根除他們的身分認同。

然而，雖然目前中國主要談論的焦點是維安鎮壓，但是北京認為，長期而言，經濟是維持新疆穩定的唯一解答。中國官方認為，要確保長期穩定，不只需要完全控制意識形態，還得提供經濟機會。要有效推動政策，發展像新疆這類內陸省分，緊鄰的周邊地區必須夠繁榮，足以進行貿易，而且不能是亂源，以免助長動亂。新疆毗鄰巴基斯坦、阿富汗、塔吉克、吉爾吉斯、哈薩克、俄羅斯、蒙古，處於充斥著潛在騷亂的地區，不僅激進的維吾爾族網絡對這些鄰國造成威脅，這些潛在動盪的區域，可能也會製造問題，並外溢進入中國，或打斷任何一條貿易走廊。這一切代表中亞——從蘇聯瓦解後的中亞五國延伸到阿富汗——的經濟與安全發展，對中國國內利益至關重要。如果要讓穩定新疆的策略有效發揮，中國必須確保新疆鄰近地區穩定，以利貿易。

中國尋求中亞合作，反映出對此的擔憂，並在中亞各地推動各種安全、經濟以及文化建設。有趣的是，鮮少證據可以證明，這些工作整合起來猶如一套經過深思熟慮的完整策略，一般看來，反而更像是一系列分別推動的工作，表現出北京政策制定者們的想法不過是一種概括性的綜合計畫，而非有意為之——甚或是有所理解。我們也不清楚，中國是否完全了解，中國重新改造中亞地區的行動，會產生什麼連帶影響；或是中亞五國勢必會對中國有何看法。中國的參與者一心在穩定新疆，以及從中亞取得他們所要的利益，我們不確定，他們是否曾經稍作暫緩，思考他們的作為會產生什麼連帶效應。由於俄羅斯對中亞地區的影響力愈來愈力不從心，加上中亞長久以來的觀念是，美國和歐洲總視中亞為次要問題，因此中亞才會對中國敞開大門。

結果就是，中國為自己開拓出一個「不經意創造的帝國」，而此帝國正逐步變成跟中國關係最密切的地區。中國聚焦國內事務，缺乏清楚的策略，跟世界上許多地方的中國參與者一樣，試圖保持低調，儘管如此，卻還是在轉瞬間變成中亞最重要的參與者。

了解這一切如何發生，了解當地的樣貌，並且分析對中亞與全球可能造成的長期後果，是本書的核心關鍵議題。中亞政策對於為新疆帶來安全和穩定至關重要，因此，北京認為，中亞政策只許成功。而中國也在中亞看見機會，足以詳盡檢驗未來在其他地方沿用發展的作法及想法。而且北京顯然充分了解地緣政治學家麥金德（Mackinder）的理論。二〇一五年，中國駐英國大使劉曉明在《金融時報》發表一篇文章，抱怨人們對中國一帶一路的負面聯想，他同時提到，這個想法可是麥金德提出來的。中國大使的說法是，「麥金德的理論令世世代代的地緣戰略學家著迷，認為歐亞大陸是『心臟地帶』，位處世界上人口最多、最重要的地區。然而，近來由此卻引發了不必要的懷疑態度，質疑中國的新絲綢之路倡議。」[10]這種辯護立場掩蓋了一項事實，那就是中國是將麥金德理論的「心臟地帶」置於中亞，並做為北京目前進軍全球的模式。了解中國現在如何、為何在中亞做什麼，本書會提出邏輯說明，讓各位了解中國可能會如何進軍全球。

＊＊＊

這本書的第一波研究在二〇一一年十二月進行，在那之後，我們曾多次行走於中亞地區（探訪中亞五國、印度、巴基斯坦、俄羅斯、伊朗、阿富汗以及世界上其他地方的中亞研究專家）與中國，四處和人談話，蒐集關於中國在中亞崛起的傳聞和資訊。在各個不同時間，我們不是住在中亞地區，就是在中國。而無論如何，我們總是會回到阿富汗這個關鍵話題，且這個話題最終對我們的共同計畫產生非常直接的影響。

二〇一一年和一二年，我們首次啟程，並刺探當時尚未有人探查過的中國和阿富汗的關係，同時發覺一切談話再再凸顯出一個明顯的問號：歐巴馬總統宣布美國將在二〇一四年自阿富汗撤軍，二〇一四年以後會發生什麼事？不論我們是在上合組織的區域反恐組織（**Regional Anti-Terrorism Structure**，縮寫為RATS，和討人厭的老鼠一樣）進行尷尬的會談[11]，或是在塔吉克首都杜尚別（**Dushanbe**）的薩加弗雷多咖啡廳（**Segafredo Café**）陽台喝咖啡閒聊，或是跟與人民解放軍有關係的北京中國智庫吃頓大餐，同時進行非正式討論，人人關注的焦點無非是二〇一四年之後會發生什麼事。

然而，二〇一四年則坐實了這不過是一場出爾反爾的戲碼。歐巴馬確實稍微減少了美軍人數，但是他並沒有像之前承諾過的全數撤軍。而事實上，在他的任期結束之際，駐紮阿富汗的美軍有八千四百人，超出預期將近三千人。歐巴馬面對的困境緊接著傳給了繼任者川普，儘管川普大放厥詞地說要停止美國繼續插手外國事務，卻是做出跟歐巴馬一樣的選擇。川普並沒有實現的承諾，反而是拜登，他看起來像是更有魄力地有意履行並貫徹川普執政團隊所提的計畫——與塔利班簽署協議。在撰寫本書期間，美國和盟國正迅速退場，完成撤軍，而塔利班的軍隊則已占領喀布爾，掌控阿富汗，華府扶植的政權垮台了。

就北京看來，阿富汗是西方丟在中國門口的燙手山芋。旅行期間，我們多次遇到中國的專家和戰略家，他們再再反駁西方期望中國應該在阿富汗有所作為的看法。但是一如我們在北京跟一整個房間的人民解放軍相關智庫學者所表明的：「西方或許打破了阿富汗的茶壺，但是顯然那只茶壺是放在中國那邊的桌子上。」這麼說的重點是，或許是北大西洋公約組織和美軍的干預，導致阿富汗面臨當前的局面，但是阿富汗終究位處中國邊境與中亞的心臟地帶。

雖然跟北京各部會的官員與專家們討論時，他們看起來都認可這個事實，但是需要或能夠做什麼，或者中國是否能提出明確的解決方案，解決目前的局勢，仍舊有待釐清。然而，我們最終清楚看見，原來中國一直很是嚴肅地看待阿富汗問題，儘管其主軸在於確保一旦阿富汗爆發潛在的暴力或動盪，不致延燒到北京。中國可以扮演決定性的角色，只是尚未採取行動。而中國目前採取的辦法是，試探性地朝各個方面推進：中國已經和阿富汗簽署雙邊協議，與塔利班達成交易，打開貿易路線，支援阿富汗的警察訓練任務，推動多國合作（如上合組織、「伊斯坦堡進程」，以及與美國、印度、巴基斯坦等國家合作），與美國、德國、印度進行聯合訓練計畫，提供援助，協助興建基礎設施，提供軍事支援，鼓勵並扶持中國國營企業投資阿富汗。中國同時投資在鞏固與阿富汗接壤的次要邊界——大量投注軍事援助到塔吉克的巴達赫尚（Badakhshan）和巴基斯坦的吉爾吉特—巴爾蒂斯坦（Gilgit-Baltistan）的邊境部隊。中國甚至在塔吉克駐軍，派兵到阿富汗參加訓練任務，以及在中國境內訓練阿富汗軍隊。雖然這些加總起來，遠遠超過先前的作為，但是我們仍摸不清，中國是否已制定明確的最終目標或計畫，並積極執行。而塔利班接管只會讓局勢變得更加複雜，讓中國更難推動計畫。

阿富汗尷尬地處於中國宏大的中亞願景中。中國的學術界向來缺乏專研阿富汗的專家：專家要不是說俄羅斯語的歐亞大陸專家，就是南亞的語言學家，專研印度或巴基斯坦，或者是海上關係。很少專家會說阿富汗的兩大官方語言達利語（Dari）或普什圖語（Pashto），或者遊歷過阿富汗。幾位知名的優秀專家例外——其中幾人很是熱心，撥冗接受我們訪談，可惜像他們這種核心專家少之又少。

相關的部會中也存在同樣的問題。以中國外交部來說，阿富汗由於地理位置的關係，管轄權交疊於數個部門。阿富汗由亞洲司負責，位於亞洲地理位置的邊緣，跟執掌印度和巴基斯坦的部門關係密切，但是跟中亞司或西亞司就沒有明顯的關聯。其實，仔細看看中國遠大的中亞經濟願景便一目了然，若要重建從中國到歐洲的舊絲綢之路，並不需要經過阿富汗。通往歐洲的道路可以穿越哈薩克、吉爾吉斯或烏茲別克，先抵達俄羅斯，再進入歐洲市場。在南方，巴基斯坦本身就是一條廊道，透過印度洋海域直接連接中國，潛藏龐大商機。

話雖如此，阿富汗卻更像是中國在中亞不經意建立的帝國裡的一分子：在許多方面，阿富汗為中國帶來的問題，構成這本書的一大關鍵主題。中國積極尋找天然資源，急於興建基礎設施以連接天然資源，建造更有效率的貿易路線，開放新疆與全球往來，這些措舉讓中國在阿富汗樹立起政治地位，並且了解中亞地區的地緣政治概況，不論這是不是北京想要的。倘若阿富汗再度變成中亞地區的亂源，中國在中亞、巴基斯坦努力推動的一切區域計畫，終將遭到破壞，這讓中國更是認定必須想辦法解決問題。一名中國的阿富汗專家在二〇一八年說道，就北京的觀點來看，中國關心阿富汗的安全，一開始是擔心潛在的亂源外溢到巴基斯坦及中亞，最後才是關心阿富汗本身的安全問題。這是當然，正如同某個中國外交部亞洲司的官員挑著眉、面露不滿，卻是一語中的地說：「我們跟阿富汗可是有共同的邊界。」

整個中亞都是如此。中國是鄰國，對中國的關係很重要，卻也並非國家政策核心。由此已降低了北京對中亞地區的關注，雖然一帶一路提出了宏觀的願景，任中國據以執行，但是除了在二〇四九年以前讓中國變得更繁榮穩定之外，北京仍缺乏清楚的戰略計畫和明確的最終目標。中國的參與者聚焦於中亞地區通盤投資計畫的個別項目，但是通盤計畫理應更勝於所有這些個別項目的總和。戰略思考的聲量日益高漲，知名的北京大學國際戰略研究院院長王緝思教授大聲急呼，他在二〇一一年撰寫了一篇舉足輕重的文章，呼籲中國「向西看」，並「向西進」。一開始撰寫這篇文章是要呼籲中國，重新權衡對華盛頓的執著，加強著重陸地邊境，並且試圖推動政策討論，不再只顧著回應重返亞洲，結果這篇文章最後為遠大的「一帶一路」開闢了新路。[12]從那時候起，在中國關於絲綢之路的研究及寫作便百花齊放了起來，不過中國在自己的鄰近地區裡，將成為什麼樣的國家，是否有任何研究著作特別回答這個問題，我們就不清楚了。

二〇一三年宣布興建絲綢之路經濟帶之前，沒有證據指出中國對中亞地區制定了任何策略。我們在中亞各地發現不少多邊合作計畫，都是以一種任意為之的方式整合在一起——當地憑己之力推動起經濟發展後，北京的政策制定者們再試著加以整合。我們在二〇一三年（在習近平阿斯塔納的演說之前）訪談過許多資深的思想家和專家，一再批評北京缺乏策略，似乎很少人抱持太大的希望，不認為上合組織會再度重拾舊志向，發展成國際競賽者。

隨著時間過去，北京持續漫無策略。但北京也不再擔心駐紮在阿富汗的美國發動包圍戰術。在中亞，北京發現，若要維持新疆地區穩定的計畫成功，就得日漸靠攏並依賴中亞。這在當地產生了一個結果：沒有其他外國參與者像中國一樣，那麼廣泛參與、積極投入，或者長期施恩惠於包含阿富汗在內的中亞六國。中亞政府和商業領導人對此心知肚明，也在無形中決定和中國患難與共。例如，吉爾吉斯經常覺得除此之外，別無選擇餘地。或是土庫曼，不顧許多其他國家獻殷情，明確選擇跟中國結盟，結果卻發現，只跟單一個盟國締結國際與經濟關係，將遭遇重重難題。中亞其他國家的遭遇，則介於這兩國的遭遇之間。北京是否有人制定出連貫一致的計畫，說明如何推動並執行複雜的必要政策，以確保中國在中亞地區達成期待的目標，也就無人可知了。

不過中國正在中亞地區打造的連結網路，將影響全球，這不單是麥金德理論的現代詮釋，而且足以改變中亞、改變中國一帶一路在全球產生的影響。「中亞絲綢之路經濟帶」具體實現了美國國務卿希拉蕊所闡明的「新絲綢之路」願景。假以時日，一帶一路日漸涵蓋亞洲開發銀行的中亞區域經濟合作工作計畫，以及中亞地區的其他開發願景。我們展開這項研究時，美國駐北京的外交官說，美國的新絲綢之路計畫遭拒，令他們感到困惑不解，儘管如此，他們還是注意到，中國確實將之納入策略之中。美國和眾家國際開發銀行所闡述的策略，不同於中國的關鍵是，對中國而言，這項計畫意味著國內策略的延伸。開發中亞時，中國著眼於協助新疆發展，促進繁榮，最終維持穩定。這對北京十分重要，因此中國將設法達成這個目標。這也表示，中國要用這項政策向世人示範中國對外國有何意圖，以及中國將運用哪些不同的手段來推動這項政策。

進入中亞的現實關鍵在於，北京是在隨機應變的環境中推動計畫，牽扯其中的各國都得在莫斯科與北京之間做選擇。像伊朗、印度或土耳其等中亞之外的國家，都曾經發揮（而且繼續發揮）令人捉摸不定的影響力，不過其實焦點仍在於中國與俄羅斯之間的角力。雖然莫斯科或許會擔心在中亞失去影響力，但是克里姆林宮和中南海終究都是專注在提升地緣戰略定位，聯手在國際舞台上對抗西方，因此不願為了中亞而彼此撕破臉。

上合組織能夠稍微減少北京和莫斯科之間的強權競爭，到目前為止，俄羅斯領導階層一直默許中國那不經意創造的帝國，儘管創立了歐亞經濟聯盟（the Eurasian Economic Union）或關稅協議，可能會對中國貨物設立關稅壁壘。北京欣然接受這些措施。一名商務部官員告訴我們，創立歐亞經濟聯盟，其實能促進中國與中亞地區的貿易——不僅未樹立起壁壘，反而創立了單一關稅區，減少中轉成本，簡化程序，中國貨物得以輕鬆從哈薩克邊境，運送到與歐洲接壤的白俄羅斯邊境。二〇一五年，習主席和普丁總統為了強調合作意願，簽署聯合聲明，宣布將串連兩國的計畫。儘管這項概念實際上並不合邏輯（歐亞經濟聯盟是一個組織，有執行機關和祕書處，一帶一路卻只是習主席所提出的外交政策概念），這份聯合聲明至多只凸顯出兩國渴望加強合作。

此舉在諸多方面也凸顯了上合組織的缺點。該組織雖然嚴重缺乏制度量能，卻有潛力成為中亞包容度最廣的國際組織，而且正逐步擴大其地緣政治影響力。近日該組織亦歡迎印度和巴基斯坦加入，成為正式會員國，伊朗目前也正準備加入，而且加入「觀察國」或「對話伙伴」名單的區域國家更是與日俱增。上合組織的真正考驗是，如何實際解決阿富汗的未來問題，也正是在這裡，中國在中亞的角色對美國當前政策造成最大的影響。然而前景黯淡——在二〇一三年定期年會期間，在場的我們意外聽到的說法是，「阿富汗是美國的錯誤和問題，應該由美國來解決。」每當有人認為，上合組織應該在阿富汗承擔責任或付出更多，總是會遭到反駁，理由是「阿富汗的問題太複雜，境外勢力是無法理解的」。在我們進行研究的整個過程中，該組織一再抱持這種態度。二〇二〇年三月，一名前駐烏茲別克中國大使幫北京某個重要智庫撰寫了一篇長文，標題約略可翻譯成「當之無愧的帝國墳場」，由此闡述美國政策在阿富汗多麼失敗。[13]

事實上，中國和上合組織都不可能對阿富汗負起「責任」。二〇一七年「四國軍隊反恐合作協調機制」（Quadrilateral Coordination and Cooperation Mechanism，簡稱QCCM（四國機制））成立，阿富汗、中國、巴基斯坦、塔吉克的軍隊參謀長由此齊聚開會，而上合組織或許扮演了有利的管道，得以邀請阿富汗加入，但是對此，中國也只是表達了有限度的樂觀。四國機制聚焦於四國之間的邊境安全，但是由該機制的成立便可看出，中國對上合組織深感挫敗。中國的投資、新疆的安全問題、北京與伊斯蘭馬巴德（巴斯斯坦首都）的密切關係，幾乎篤定將會導引中國未來十年的走向。

長期而言，中國在中亞的不經意創造的帝國將產生地緣政治重要性，減弱美國與西方的影響力——即麥金德所主張的，世界上最重要的地理區。倘若華府在對中國的政策上，一心專注亞太地區，不僅會忽視中國在全球展現出來更深遠的態度，也可能會很快發現，在中亞以及廣大的歐亞大陸心臟地帶，和各國培養長期的關係將會難上加難。這些國家無不渴望獲得西方國家的協助，但是他們發現，西方是反覆無常又漫不經心的夥伴。中國或許無意在中亞建立帝國，卻是唯一長期且積極全面投入的國家。倘若其他國家也不投入，那麼中國獨霸中亞、排擠其他國家，並非無心插柳，也是無可避免了。而且誠如麥金德所指出的，掌控這塊區域，便掌控整個歐亞大陸「世界島」（World Island）。[14]

本書同時採用從細節到總體以及從總體到細節的方法，說明中國在中亞地區的利益、權勢以及影響力，試圖描繪出中國在中亞的影響範圍。我們到寒冷的邊境哨站、區域首府、北京的權力殿堂進行訪談，試圖了解中國推進中亞的輪廓。在第一章，我們探討中國與中亞之間的歷史，以及中國在中亞地區的利益基礎。第二章探討新疆，以及對中亞地區的政策如何發展。第三章探討中國在中亞幾項最大型的投資，說明中國正逐步掌控天然資源。第四章則追隨我們遊歷各國的路線，我們在這塊中國的新領地上，經由公路與鐵路，前往眾多市場中的幾個走訪。第五章，我們拜會並訪問了許多教導中亞人學習漢語的中國教授、學生以及旅行家，根據這些訪談，來討論中國在中亞地區夢寐以求獲得的軟實力；另外，還有談論中國正在中亞地區運用的其他軟實力。第六章探究上海合作組織——這是「上海精神」臭名遠播的表現方式，中國政策制定者老是激動誇談，上海精神代表締結國際關係的新態度。第七章討論中國在中亞地區日漸擴大的維安足跡，強調北京已經鋪設好的長期基礎。第八章概述在阿富汗的經驗，試圖了解中國正在做的事、未來可能會做的事，以及這個決策如何影響中國正在中亞規畫並思考的諸多政策。第九章在一帶一路的架構中，討論中國的一切中亞政策。最後一章闡述我們對中國在中亞的不經意創造的帝國所抱持更進一步的觀點，並且說明為何中國是歐亞大陸未來的強權，隨著經濟連結漸趨牢固，中國的影響力只會日益增強。

這個將帶來長期影響的結論著實難以估量，而且不只會影響中亞，甚至會影響全球，因為其中凸顯了中國崛起，並成為世界強權。在為這本書進行研究期間，我們看見北京出現新的領導團隊，為中國提出自信滿滿的新願景，與胡錦濤執政團隊經濟爆發、政治停滯的那幾年截然不同。

習近平首次造訪的外國首都是莫斯科，彰顯出兩國關係的重要性（而且符合中國近代史）。習近平首次發表重要的外交政策演說，是在外交政策工作會議上，焦點是邊境外交。他在阿斯塔納提出了對於中國外交政策進展的觀點。若將這些事情一併觀之，輕易便能看出，北京目前相對重視緊鄰的周邊區域，而且從中亞展開。

或許還要經過許多年，中國才能夠或願意把焦點放在歐亞大陸，把歐亞大陸看得比中美關係還要重要，但是中國目前打下的根基，已經改變了中亞的區域動態。這個改變的長期迴響，象徵中國十年來爆炸性成長的永久性影響。人們不再說，中國是崛起中的強權，而是不折不扣的強權，而問題亦演變成，中國將成為什麼樣的全球競賽者，以及中國是否能扮演好「負責任的利害關係人」，前世界銀行（World Bank）總裁勞勃．佐立克（Robert Zoellick）便呼籲中國扮演好這個角色。從中國在歐亞大陸的立場，我們得以洞悉中國的國際足跡可能會如何分布，一窺中國外交政策實際運作範例的縮影。國際思想家、商人、政策制定者、戰略家都應該關心的是，北京的戰略思維其實亂無章法。中國或許日趨主導自身的國際立場，但是該如何運用這股影響力，仍處於晦澀不明的狀態；中國是否透徹了解這個角色可能造成的後果，同樣還不夠明確。權力或許正往東移，然而北京新一批的謀畫者們是否明確知道要怎麼運用這項權力，也始終難以定論。

第一章　天山之外

西元前一世紀，史學家司馬遷在《史記》中，詳細記載張騫的功績、磨難和成就斐然的情資搜集行動。張騫是漢帝國中郎將，在司馬遷成書數十年前曾出使到中國西方，造訪許多民族。[1]他的功績不只有首次探索中亞，更是積極推動該地區的外交，為中國西征鋪路——無懼遭到當時漢朝的宿敵「遊牧民族匈奴」俘虜十載。

匈奴經常從北方和西方掠劫中國

吉爾吉斯但羅斯附近的道路上，豎立著馬納斯塑像（Sue Anne Tay攝影）

的農地及貿易路線（歷史學家推測，匈奴一支可能是歐洲的蠻人〔Hun〕），官拜中郎將，張騫具備與匈奴作戰的經驗，銜命率領九十九人部眾穿越凶險的匈奴領土，與傳說中的大月氏（可能是希臘人口中的吐火羅人〔Tocharians〕）結盟。大月氏位於更遠的西方，是相對定居一處的氏族，同樣飽受匈奴威脅。[2]他旋即遭匈奴騎兵俘虜並奴役，遭俘虜的十年間，他想方設法討好匈奴的單于，甚至娶匈奴女人為妻，生了一個孩子。但是他仍不忘使命，攜家帶眷並在一名嚮導的帶領下，翻過天山，越過費爾干納谷地（Ferghana Valley），繼續往西南行，前往大月氏。可惜大月氏經過與匈奴的一番對抗後，已然無意與漢朝結盟，或許是因為沒有足夠的軍力可以結盟對抗令人聞風喪膽的匈奴。

張騫在大月氏和鄰近的大夏待超過一年，才關徑返東。他搜集了許多情資，諸如該地區的統治權、經濟和文化，也打探了他未曾走訪過的一些鄰近地區，包括身毒（印度）、安息（波斯）和條支（美索不達米亞）。關於費爾干納等地，他大多著墨於史學家指證過的民族，也就是定居且有學識的希臘波斯人（Greco-Persian）和印度希臘人（Indo-Greek），在亞歷山大征服後的數個世紀中，他們在這個地區蓬勃發展。張騫知道中國會尊重這些生活方式和漢朝相似的政體；他也觀察到，這些民族極度珍視流入西方的中國製品。

他英勇歸返漢朝國都長安（今西安）後（他在歸返途中再度遭俘，又脫逃），向漢武帝稟明情資，至少提供了八個中國之前不曾接觸的不同文明國家的資訊。此舉影響不容小覷，徹底改變了中國的世界觀。張騫憑一己之力，開闢了嶄新的世界，大漢因此獲得更多貿易機會、接觸更多文化。他也給了中國充分的理由，去攻打恣意掠奪的匈奴，以拓展直達中亞以及更遠之地的市場。

張騫獨闖西域後，中國大舉推動西域外交，西元前一世紀期間，每年都有幾次由數百名官員和商人組成的出使團西行[3]，最遠抵達安息和羅馬，對方也指派一些回訪使節團和貿易代表團造訪中國。藉由這些外交使節所闢建的路徑，希臘式佛教文化（Greco-Buddhism）從印度和大夏傳入中國，東方教會基督教（Eastern Church Christianity）在馬可波羅來訪的數百年前，便已傳入中國朝廷；聞名遐邇的絲路就此連接起大西洋和太平洋的歐亞大陸。

這就是中國發掘西域的過程及其觀點，而西域則涵蓋現今的中國新疆，以及後蘇聯的中亞國家，包括阿富汗。如今中國學童無不習讀張騫的輝煌功業，我們在烏魯木齊的新疆大學舉行聯合講習時，一談到張的旅程，立刻獲得迴響。西元前一世紀那次歷史意義重大的向西開拓，闡述了當時的中國對中亞的看法：西方潛藏莫大的機會，卻也會面臨重重挑戰。西域是蠻荒之地，天山另一頭所潛藏的一切，激發了每個人的集體想像。

＊ ＊ ＊

吉爾吉斯西北部的怛羅斯河谷（Talas Valley）據說不只是吉爾吉斯歷史上，擊潰來自東方外族的民族英雄馬納斯（Manas）的出生地，還爆發過中亞史上攸關命運最劇的戰役，那是世界史上的關鍵時刻。西元七五一年夏天，在兩座森然矗立的山脈之間，在疾風勁草的翠綠草原上，阿拔斯王朝（Abbasid Caliphate）的阿拉伯軍隊徹底打敗中國唐朝的軍隊及盟軍。[4]

西元六三二年，穆罕默德逝世短短二十二年後，不斷茁壯的大軍舉著伊斯蘭的旗幟，渡過阿姆河（Oxus），進入今烏茲別克，到了下個世紀的頭十年，他們就征服了布哈拉（Bukhara）和撒馬爾罕（Samarkand）的貿易大城。在東方，中國在塔里木盆地（Tarim Basin）的龜茲（Kucha）建立安西大都護府，試圖綏靖西方，唐朝的使節、商人和遠征軍從龜茲出發，翻越天山和帕米爾高原朝各方前進，來到現今的吉爾吉斯、塔吉克以及烏茲別克最東端，鼓吹當時以波斯語為主的各個民族，或與唐朝結盟，或強迫稱臣納貢。與地方統治者達成這些協議，不只確保了西行貿易路線的安全，也是持續對抗吐蕃帝國（Tibetan Empire）的關鍵；當時吐蕃威脅切斷唐朝最西端的屬地，在今日的新疆境內，其中一個藩屬正是費爾干納，位於至今仍為費爾干納的那個肥沃河谷。所以說，在七五〇年，阿拉伯督軍齊雅德．伊本．薩里（Ziyad ibn Salih）就坐鎮在距離唐朝官員西北方僅幾百哩處。

薩里企圖把統治領地擴張到費爾干納，廢黜了中國的藩王，擁立自己的人馬。鎮守整片高原山區的都護警戒以對，遠近馳名的高句麗裔安西節度使高仙芝率領一萬大唐正規軍，重申中國在費爾干納谷地的主權。必須一提的是，阿拉伯史料則是另一番說法，其所記載的，是費爾干納的鄰國「石國」的統治者遭到罷黜，其子向阿拉伯人求援，以對抗大唐所援助的費爾干納擴張領土。[5]但是，不論是什麼激起了衝突的火花，最後大唐軍隊聯合兩萬當地的盟軍，在怛羅斯平原對上規模遠大於大唐聯軍的阿拉伯軍隊（中國史料稱有十萬大軍），阿拉伯人率領的軍隊由波斯人、維吾爾人、吐蕃人所組成。

關於這場仗打得如何，史料又有出入了，不過各方說法一再指出，這是場硬仗且打得血腥，足足進行了五天。不論是事先就決定了，或是臨時起意，看起來大唐是在作戰期間遭到當地的盟軍背叛，近距離從背後偷襲。這成了關鍵一擊，中國軍隊遭到團團包圍，面臨大屠殺，逃脫的唯一希望就是潰散撤出山谷，再度翻越高山。這次作戰潰敗對文明產生了深刻的影響；到了二十一世紀，天山西側才會再度如此強烈感受到中國的影響力。雖然中國唐朝的軍隊仍繼續推進該區，但是中國境內爆發安史之亂（755-762），迫使唐朝政策由外轉內，面對內亂，無法全力專注征戰西域。

伊斯蘭軍隊大獲全勝後，中亞便安穩地日益改變宗教信仰，不過遊牧民族對宗教並未太在意。有利可圖的絲路貿易持續興盛，而在十九世紀中葉俄羅斯征服之前，中亞在文化與宗教上大多和南方鄰國相連。在天山以西，以前盛行的佛教、摩尼教、東方教會基督教（經常被誤稱為景教）和祆教，將消失殆盡。[6]

民間廣為流傳的，是西元七五一年怛羅斯戰役中遭俘的中國戰俘，把造紙技術傳到撒馬爾罕，再傳到更廣大的穆斯林世界，最後傳到歐洲。[7]這種說法的真實性令人存疑，因為在七五一年之前，造紙技術在中亞便已廣為人知。不過在戰場上遭遇中國人一事，似乎令中亞的入侵者阿拉伯人和波斯深深著迷，並重新激起東西方貿易的興趣，怛羅斯戰役爆發後的那個世紀，波斯語民族至少派了十次使節團出使大唐的長安（今西安）。中東的伊斯蘭和文化最終也將越過天山，時至今日，層層分級的新疆印歐突厥民族依然保有這些與眾不同的身分特徵。

怛羅斯戰役給人的記憶是一樁慘烈的歷史事件，許多中亞人因此明確定位中國人為「異族」，是生活在高山和沙漠另一側的外族，是外來的、略帶威脅的政權，比較像神話，不像現實：一個必須時時刻刻戒備的政權。現今的怛羅斯，位於今日的吉爾吉斯境內，反倒是因傳說中的優雅少女而為人所知，而不是中世紀那場決定當地命運的衝突。城裡的居民總愛嘲笑俄羅斯和西方歷史學家和考古學家，因為他們偶爾會路經當地，便試圖找出戰場的確切位置。當地居民對中國人的看法和其他的吉爾吉斯差不多：他們對中國人抱持一種無奈的猜忌，夾雜怨憤卻又感激；他們憤恨中國人的盛氣凌人、國力強盛，卻也感激小規模的中國商品貿易提供了機會。然而，我們訪談過的人都不承認中國人過去曾經長期在當地生活，也不認為這片土地曾經是中國的領土。一心一意想練習英語的棕眼少年努爾蘇丹（Nursultan）說：「如果中國人真來過這裡，那就是我們把他們趕走了，他們沒有留下任何痕跡。」

然而，就在我們迂迴走過中亞時，撞見了足以證明古代中國人曾經在這裡的遺跡。塔吉克的巴達赫尚地區（Badakhshan）位於帕米爾高原的高海拔處，與世隔絕，在吉爾吉斯人的巴許岡巴茲村（Bash Gumbaz）外圍，有一處極度偏僻的地方，我們不期然見到一座墓碑，據說那屬於一名中國將軍（不過，針對這項文物，後來我們又聽到其他的推論）。這座泥磚結構氣勢宏偉，可惜嚴重損毀，遭受無數個冬季風雪徹底摧殘，根本無法當下判斷原來的樣貌（所幸後來交互參照史書及民族誌紀錄後，或許證明了這確實與中國人有關聯——然而，到底是商人或是將軍的墓，仍無法確定）。一個熱心村民帶我們來到這處地點，並述說了一個故事，他說有一支中國討伐軍進入這個地區，攻而不克，直到帶隊的將軍去世。士兵們於是把他埋葬在一座峻嶺的山麓小丘，村民又說，並且蓋了一座堅固的陵墓，墳墓上立了三根柱子。然而，這座陵墓四周星羅棋布著年代新近許多的墳墓，那名主動來當嚮導的村民特別提到，根據當地的習俗，當地人一般都會去維護並祭拜山裡的墳墓，但是他們認為那座陵墓裡埋著中國人，所以完全不在乎。

新疆境內的霍爾果斯是中國和中亞其餘地區之間的主要邊境管制站，從哈薩克東南部的商業中心阿拉木圖（Almaty）前往霍爾果斯途中，我們在扎爾肯特（Zharkent）這座睡意濃厚的農業小鎮停駐一會兒，參觀一座建築，有人告訴我們那是中國清真寺。根據我們一一搜集到的故事，實在無法確定那是東干族（Dungan）的清真寺，亦或是十九世紀末單純由中國官方為當地居民所建造的清真寺（東干族其實就是中國裔的穆斯林，即中國回族）。由於當時中國和俄羅斯在中亞的領土邊界模糊不清，所以這兩種說法聽起來或多或少都很合理。而真相卻是，這座莊嚴的建築來自中俄這兩個強權當時所訂定的關鍵邊境條約：伊犁塔爾巴哈台通商章程（Treaty of Kulja）。根據這項條約的規定，當地居民可以自由選擇要隸屬於兩國中的任一國，因此，超過七萬五千人的維吾爾人和準噶爾蒙古人（Zhungar Mongol）選擇跟隨俄羅斯駐軍，並於一八八一年在現今的哈薩克境內建立扎爾肯特這座新城鎮。

這座城鎮一建成，便成為從新疆到俄羅斯的貿易管道，且日益繁榮了起來，於是以穆斯林為主的居民集資興建起一座與眾不同的清真寺，不僅做為居民信奉伊斯蘭的象徵，同時也彰顯自身與東方的聯結：裝潢優美的複合建築，外觀可見色彩繽紛的東方寺院寶塔，以做為宣禮塔。這座清真寺由知名的中國建築師鴻峰（Chon Pik）所設計，木造結構在建造時，完全未使用釘子，包含中央禮拜殿、數座亭子、一所可蘭經學堂，以及附有塔樓的雄偉大門，一切設計靈感均來自清末佛教。看在西方人眼裡，很像紫禁城的宮殿，幾乎完全看不出來是穆斯林的禮拜堂。這座清真寺跟中亞的許多宗教建築一樣，在蘇聯統治期間改做為博物館和倉庫，而獨立後，便又恢復為嚴密看守的社區清真寺。一名寺院管理員面有難色地告訴我們，以前做為博物館時，非穆斯林可以進入，但現在不行了。可以從矮牆上窺視其中，遠遠地欣賞與眾不同的「漂浮屋頂」，我們就該心滿意足了，附近其他的建築可都是單調乏味的早期蘇聯風格。

＊　＊　＊

扎爾肯特清真寺可說是鮮明的例子，顯示在世界的這個地區，中國和中亞之間的分界線模糊不清。也就是說，中亞做為地理、文化區域，涵蓋在六個後蘇聯國家（包含阿富汗）和中國的新疆維吾爾自治區境內。新疆的部分地區長久以來受中國統治，儘管數千年來都有零星的漢人存在，卻是在最近才稍顯漢人的特色。在中亞追尋中國的痕跡時，我們必須時時謹記一個事實，那就是有一部分的中亞是在中國境內。新疆的身分認同和命運，在中國以及更廣大的新疆穆斯林移民圈，都是很敏感的話題，無論是維吾爾人、東干人，或是居住在中國的眾多哈薩克人、塔吉克人和吉爾吉斯人（或是定居於中國的巴基斯坦和阿富汗商賈）。起初，中亞民族大多是遊牧民族，散居於中亞各地，而不是如我們今日所知曉的，住在規畫整齊的邊界內。

近代中國統治新疆始於十六世紀，當時清朝試圖遏止準噶爾蒙古人在現今的新疆西北不斷擴張實力。[8]其實，這些準噶爾人同時是定居的民族和費爾干納谷地遊牧民族的宿敵。滿清八旗軍超過一個世紀以來，一直試圖破壞西南部信奉佛教的西藏人和西北部大多信奉佛教的準噶爾人所締結的同盟——自怛羅斯戰役之前流傳了數百年的戰略。到了十八世紀中葉，八旗軍擊敗了準噶爾人，滿清統治擴張到喀什，越過帕米爾高原和天山，另一邊便是今日的塔吉克和吉爾吉斯。

這次征服的目的是為了牽制遊牧民族的威脅，而非擴張領土、徹底拓殖邊疆。因此清廷採取「因俗而治」的統治原則，維持當地的權力結構，由傳統菁英和卓（khoja）和貝伊（beg）治理。[9]此時，確實有一些中國漢人定居於此，尤其因為農業逐漸取代遊牧和畜牧，不過，多數維吾爾人卻不認為當時他們受中國統治，只認為受到來自東方的影響比較大。由於清朝昌盛，古絲路要道的貿易也隨之復甦了起來，西方又再一次見到漢人商人的身影，最遠到費爾干納。浩罕汗國（Khanate of Kokand，位於今烏茲別克東部、吉爾吉斯和塔吉克）不僅變成重要貿易伙伴，也短暫成為藩屬。但是，形塑中亞並非清朝的天命。

自最後一次在費爾干納市集聽聞中國話至今，全球國際政治出現了戲劇化的改變。在北方和南方，兩個以前默默無聞的強權逐漸交會，他們不僅要徹底消滅中亞的自治國家，更威脅要分裂並征服此區名義上由中國統治的領土。英國和俄羅斯只有在遙遠的西邊——克里米亞——大動干戈，反觀哥薩克人（Cossack），在十九世紀不間斷向南、向東突進現今的哈薩克和土庫曼，令加爾各答總督坐立難安，於是他試圖透過北方、西方分別由阿富汗和英國統治的波斯，維繫英國與中東的連結。在新疆喀什的英俄駐清公使館所上演的一切，最能完整說明所謂的大博弈（Great Game）——當代的探險家兼間諜以及近代不切實際的冒險家亦多所著墨。俄羅斯人和歐洲人開始干預後——尤其是十九世紀中期爆發鴉片戰爭——清朝在東方日漸虛弱，並意識到本就鬆散治理的西部地區越來越難控管。中國在中亞的領土縮減到只能做為全球帝國競爭下的背景。

俄羅斯特使在西方與中國的太平洋沿岸談判出一系列的貿易讓步。而區域政治日漸受制於英、俄兩國的外交使節團，兩方暗中破壞北京的威信，試圖製造權力真空。接著，就在清朝最積弱不振的當下，來自浩罕的一名男性翻越天山，到喀什領導一場叛亂，後來叛亂幾乎傳遍今整個新疆，持續了十三年之久，從一八六五年到一八七七年。阿古柏（Yakub Beg）至今仍受許多懷抱獨立思想的維吾爾人所景仰，當時他宣示效忠君士坦丁堡（Constantinople）的哈里發（Caliph），確認該區的身分認同為穆斯林突厥人，而非中國「外族」。[10]清朝到一八七七年才終於平定阿古柏所建立的哲德沙爾汗國，但是不得不答應俄羅斯所開出的不利條件——以此利機，併吞新疆西北的大片地區。直到蘇聯帝國瓦解後，中國西邊領土的邊界才完全劃分好。

就在這段期間，走訪內亞（Inner Asia）的偉大探險家尼可雷．熱維斯基（Nikolai Przhevalsky, 1839-1888）、斯文．赫定（Sven Hedin, 1865-1952）、奧里爾．斯坦因（Aural Stein, 1862-1943）等人，亦徹底調查了今日的新疆沙漠，史上首次繪製此偏遠地區的地圖，並且到塔克拉瑪干沙漠（Taklamakan Desert），運走埋在沙子底下的希臘式佛教古城的文化寶藏。大英博物館（British Museum）、羅浮宮（Louvre）和俄羅斯國家隱士廬博物館（Hermitage）收藏著所謂的絲路古文物（不難理解，這何以會激怒中國的國家主義者），那些可是二十世紀中期，中國動亂期間極少數保存下來未遭到破壞的文物。[11]

一九一一年清朝滅亡後，共和國的新疆省省長金樹仁臭名遠播，成天貪汙、縱容下屬，不熟悉地緣政治。日本間諜暗中破壞中央治理當時至少書面載明屬於中國正式省分的新疆，相關的故事多不勝數。眾所周知，漢人行政官員高傲冷漠，拒絕說當地的語言。美國漢學家歐文．拉鐵摩爾（Owen Lattimore）旅行當地時聲稱，這些官員曾說出這番話：「該處理當地人的事了，命他們要麼改當中國人，不然就滾蛋。」[12]這番說法聽起來難以置信，尤其因為當時共和政府對當地的掌控力量非常薄弱。一九三一年，日本入侵滿洲之際，新疆各地居民不滿政府，民變於焉四起。新疆東北部哈密地區（Kumul）自清朝以來施行的土司制度遭廢止，其土司被漢人行政官員取代，導致爆發三方衝突，分別是效忠於共和新疆行政長官的軍隊、哈密維吾爾族和一名中國穆斯林（回族）軍閥。

趁著東北一片混亂，以及東邊共和國軍隊和共產黨軍隊互鬥，一九三三年，喀什的維吾爾人再度叛亂，這次他們自稱是獨立國家：東突厥斯坦伊斯蘭共和國（Turkic Islamic Republic of East Turkestan）。然而，實際上這個時期根本沒有人當家，軍閥四起，有中國人、突厥人、回族、吉爾吉斯人和哈薩克人，競相分贓。為了重申表面上的統治權，新上任的新疆省省主席盛世才「跟魔鬼交易」，請求才剛橫掃帝俄時期中亞的蘇聯，殘忍鎮壓剛發展不久的獨立運動，並實際掌控新疆大部分地區的軍事與經濟。盛世才自稱馬克思主義者，而此時東邊中國內戰失控，導致日本占領。雖然蘇聯未曾正式併吞新疆省，但是實際上新疆始終受其控制[13]，直到一九五〇年，趁莫斯科忙於應付中歐和全新到來的冷戰，中國共產黨軍隊才奪回新疆的控制權。

現今所知的近代中國邊境，在當時雖已確立，但是新疆多數地區仍屬自治。在第二章，我們會更加詳細談論北京對這個地區的政策，但是首先我們必須特別提及冷戰時期，新疆與中亞關係的本質。中國和蘇聯之間的新疆邊界，對兩大帝國而言都是遙遠的邊界，遠離莫斯科和北京。從北京的觀點來看，中亞主要被視為能夠和新疆進行貿易的地區。中國領導階層認為，該地區和中亞有民族連結，可以利用這個機會來促進當地繁榮。

蘇聯入侵阿富汗期間（1979-1989），新疆地區變成中繼點，中國提供支援給美國號召組織、巴基斯坦控制、沙烏地阿拉伯出資的穆斯林聖戰士（mujahedeen），並在阿富汗對抗蘇聯；在這場衝突期間，中國促成了許多這類的矛盾關係。一九七二年，尼克森總統破冰，造訪北京，美國以隨後建立的關係為基礎，在協商中取得中國支持和基地權，在新疆設置監聽站，用於監聽蘇聯和支援阿富汗的戰事。此外，中國製造的武器也經由巴基斯坦運送給聖戰士，這有助於鞏固中國和巴基斯坦的連結，這段淵源後來演變成牽涉更廣的「一帶一路」的重要區域關鍵。

然而，回到冷戰期間，今日習近平所懷抱的願景，還只在遙遠的地平線那一端。毛澤東時代期間，北京內部動蕩，消耗了領導階層的大部分心思。再者，中國聚焦於東邊、南邊的冷戰衝突，根本無暇兼顧新疆和中亞。華府從四面八方如大敵般森然逼近，持續耗費北京的心思。直到蘇聯瓦解後，該地區才再度日趨重要，主要透過上海合作組織的協助——關於該組織，後面的章節會更加詳細談論。在這個階段，必須謹記的關鍵要點是，中國是中亞的強權，中國和中亞國家本身的歷史和民族是互相連結的。這並不是說北京擁有該地區的絕對優先統治權，而是要強調，若要了解中國在該地區的利益，就必須謹記這個重要因素。

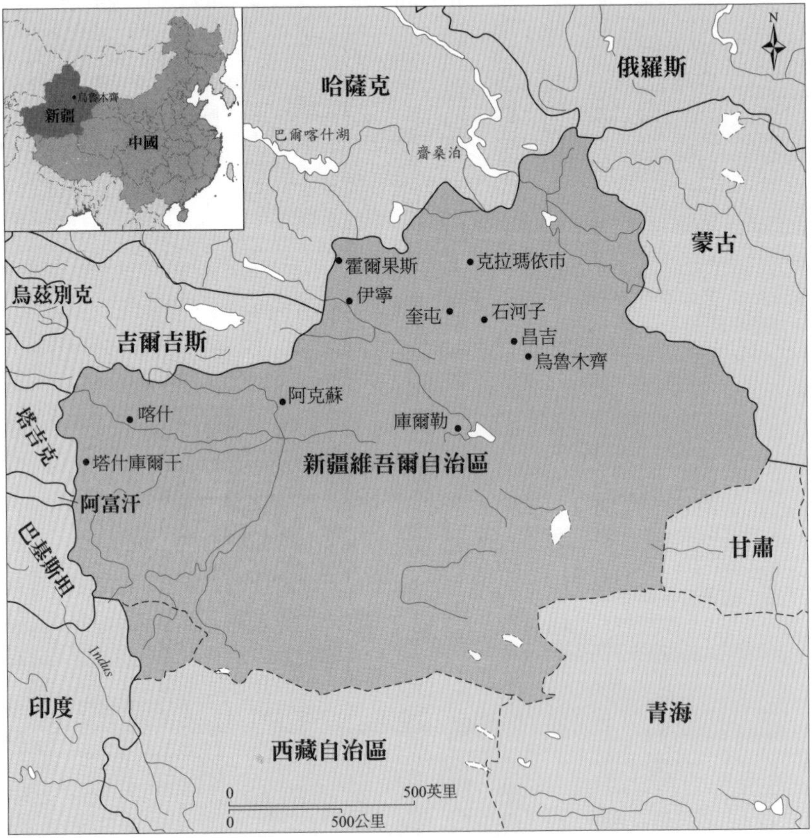

中國新疆維吾爾自治區，西臨阿富汗和三個中亞國家

第二章　開發新邊疆

新疆是中國最引人入勝的地區之一，擁有自然美景、多元的民族、文化和礦藏豐富等諸多特點，是我們著手展開這項研究、進而書寫本書的主要原因之一。我們一直以來就熱愛歐亞大陸文學，而令人訝異的是，新疆做為這塊大陸的交叉路口，卻穩穩坐落在中國境內。這番話絕非為了否定新疆應該屬於中國的一部分，而是要強調，人們經常忽視其所處的歐亞大陸中心，只因新疆位在中國境內。未來，自新

中國新疆喀拉庫勒湖（Sue Anne Tay攝影）

疆放射出去的聯外道路或許將成為決定因素，左右進出歐亞大陸心臟地帶各地的貿易和國家，北京認為，這正是了解中國自身在中亞該如何、又是為何而追尋目標。第二屆中國亞歐博覽會期間，溫家寶在莊嚴的新會堂裡，向包括我在內的一群聽眾清楚闡明，新疆及其首都烏魯木齊將成為「通往歐亞大陸的門戶」。[1]

首先，了解中國自身與最西省分新疆的關係，有助於了解中國對中亞的態度。中國在中亞的那塊領土，在許多方面都可以看作中亞的第六個國家，居民屬維吾爾族群，在種族、文化和語言上都和鄰近的中亞國家較為相近，跟我們傳統認為的中國漢人反而相對疏離。一九四九年，人民解放軍把國民黨殘餘勢力趕出去之後，才劃定該地區現今的邊界。若說一九四九年之前的幾年簡直一團亂，一點也不為過，南京的中央政府根本無法控制該地區。軍閥四起，不同聚落之間經常爆發動亂，這個地區數十年來不斷有民變，敵對的權力中心總是試圖掌控這處偏遠地區。此處最後一次實現獨立是在一九四四年，蘇聯所扶持的東突厥斯坦共和國（Second East Turkestan Republic）創建，臨時政府便設在伊寧。然而，這不過是個短命的國家，到了一九四九年，組成東突厥斯坦共和國的轄區便加入了現在共產黨所領導的中國。[2]

中國內戰結束，共產黨大獲全勝，北京需要設法再一次緊緊栓住這塊躁動、難以馴服的偏遠地區。共產黨充分意識到該區的歷史是潛在問題根源，加上地理位置又遠離北京（中國有句古諺說：「天高皇帝遠」），因此治理新疆的方法跟前朝迥然不同。北京新政權坦承，新疆省難以馴服，跟東邊的中國鮮少明確的連結，卻執意灌輸意識形態，宣稱新疆超過兩千年來都是中國不可分割的一部分，於是便著手創造永遠不會消失的連結。拴住新疆和東邊中國的首要手段，從以前到現在一直都是「新疆生產建設兵團」（簡稱新疆兵團），其核心是一組中央控制的軍事單位，負責內外維安（包括邊境保衛）以及農業、畜牧業、工業、貿易和運輸。[3]

新疆兵團及其掌控該地區的構想，在諸多方面複製古代羅馬人用來統治遠方領土的方法。羅馬皇帝們深知，真正能確保忠誠的唯一辦法，就是指派自己的人馬前往當地，因此大方讓予土地和機會給征服那些領土的軍隊。有些軍人寧願回到羅馬，有些人願意接受這些條件，留在當地，並和當地女人結婚，成家務農，過新生活。這批軍隊將成為核心地面部隊，協助重組當地的種族成分，藉此讓羅馬人在帝國的偏遠角落得以綿延。

新疆兵團仿效此作法，讓協助從國民黨手中收復新疆的眾多解放軍核心幹部復原，創建機構組織，並交由他們掌控。[4]此番作法不僅讓北京能夠維持治權，加強漢人的掌控權，同時也能集中力量開發新疆，以期確保長期繁榮穩定。新疆擁有豐富的天然礦藏，加上中國境內的沿岸地區已然極度擁擠，中國自然渴望掌控新疆。冷戰期間，尤其是中蘇決裂（the Sino-Soviet split）之後，與蘇聯掌控的領土接壤的邊界（儘管有爭議）地處偏遠，新疆兵團索性把焦點放在將新疆從普遍畜牧的社會，轉變為農業，再轉變為工業。共產黨掌控之前，約莫六千五百平方公里的土地為耕種地，到了一九六〇年，總數已達三萬。[5]

最初由新疆兵團主導的人口西遷是中國控制該區的主要手段之一，也是當地居民憤怒的主因之一。一九五三年，漢人占新疆人口約百分之六，十年後，漢人占約莫百分之三十三，現今，根據官方人口普查數據，漢人人口已稍微超出百分之四十，而且比例持續成長。過去分布新疆大部分區域的維吾爾少數民族感受到壓力日增，維吾爾族群眼見自己的家園遭到改變，他們不僅失去控制權，還日漸發現自己成了少數民族（值得一提的是，新疆仍有一些其他少數民族，包括為數較多的哈薩克人、吉爾吉斯人和塔吉克人等民族）。

就在新疆的維吾爾族群感覺失去家園之際，男女族人則愈見流散中國各地，在中國的另一邊工作謀生。二〇〇九年年中，據聞廣州有一些維吾爾族女性遭到虐待，流言傳散開來。這些流言傳回新疆後，居民集結，展開大規模抗議。究竟誰該負責，眾說紛紜。不過，就在這些抗議團體穿梭城裡之際，現場暴動了起來，一群又一群憤怒的維吾爾人在城裡四處橫衝直撞，見漢人就殺。根據報導，主管當局恢復秩序前，約有兩百名漢人遭到殺害。

翌日，憤怒的漢人也展開反抗議，對於主管當局維安工作嚴重失職一事感到氣憤難耐。手機瘋傳一系列的照片，照片裡有被開腸剖肚的女性，搭配描述維吾爾人暴行的煽動話語，這才煽起漢人的怒火。遊行人士穿越烏魯木齊市區，反抗議活動最後聚集在當地的中國共產黨黨部，人們不斷地怒吼咆哮。有一個畫面格外引人注目，那就是新疆黨委書記王樂泉在車頂上，試圖呼籲群眾冷靜，但是憤怒的群眾卻朝他扔水瓶和其他垃圾。王樂泉管轄該地區將近十五年——中國共產黨黨委書記在一個地區管轄這麼久，實在是前所未聞——手段強硬，鐵腕統治且惡名昭彰。關於他貪汙的謠言滿天飛，一名中國友人開玩笑說，他可是臭名遠播的「山東人的好兒子」。他出生山東，而他的企業在新疆的經濟體中可是大發利市。他與當時的國家主席胡錦濤關係密切，曾經加入胡的共產黨青年團派系，有時也會被形容為胡的門徒。[6]

王胡的關係把情況變得愈發複雜，以致高層領導難以處置。暴動在烏魯木齊上演時，國家主席胡錦濤正在義大利拉奎拉參加八大工業國組織高峰會。本應在那豔陽高照下，享受身為世界強權的舵手滋味的胡錦濤，卻只能唐突地離場，趕回中國處理善後。在中國的領導階層中，很少有其他人能夠對王樂泉這種人下達命令，暴動和反抗議導致當地徹底失控，顯示國家掌控嚴重失敗。[7]這個丟臉的時刻成了重大轉捩點，扭轉了北京對該地區的政策，至今仍持續產生影響。

這不是近幾年來北京第一次在新疆面對大規模暴動。一九九〇年，喀什地區的巴仁——位於新疆南部接近中國與吉爾吉斯和塔吉克的交界處——發生抗議行動，一群民眾攻擊當地的警察局，導致一場傷亡人數未知的事故。報導指出，有人在談論要宣布獨立。而官方報告則指出，某個跟阿富汗人有關的網路系統是主因，其他報導則認為，其實是當地人民怒氣爆發所致。[8]接著在一九九七年二月，伊寧（又稱伊犁）又爆發一場暴動，衝突的根源同樣不清不楚：政府發言人說是「分裂主義者」所致；反觀當地人則聲稱，是在反抗當地主管當局強硬採用壓迫手段。經過證實，至少有九名抗議人士遭到殺害，但是有些報導指出，數十人遭到槍殺，還有報導說，被逮捕的抗議人士當場就被處決。這次暴動之後，又有報導指出烏魯木齊發生致命的炸彈攻擊，導致政府進一步鎮壓。[9]

不過由於這些抗議行動發生在對中國而言極其敏感的時間點——一九九七年香港回歸——因此產生的影響相當有限。當時鮮少人聽聞過新疆，中國也不像現在是新聞矚目的焦點。在中國的遙遠角落發生的一起事件，或許會在北京引起迴響，但此際，全世界和中國都把焦點放在其他事情上。

二〇〇九年，時空背景就截然不同了。中國晉升為全球的經濟力量，變成國際討論的主要話題之一。蓋達組織所定義的神聖恐怖主義時代正在發展，不過再怎麼轟動的大事似乎都淡化成背景。各個強權以及他們的互動成為時人談論的焦點。中國滿懷願景，期望成為創造未來的經濟力量，中共乘著累積財富的海浪，企圖將中國拉到與位居第一的強權們並駕齊驅。在這樣的背景下，領導人唐突離開國際舞台，返國處理國家邊區的衝突，著實難堪，而且看起來像是舊時代遺留下來的問題。

國家主席胡錦濤返國後，中國徹底重新思考對該地區的政策。從幾個方面便可明顯看出。首先是領導階層大洗牌，保守派遭調職，由新的領導幹部取代。烏魯木齊市委書記栗智和新疆公安廳廳長柳耀華不久後雙雙被免職，為主管當局沒有快速應變暴動事件承擔責任。二〇一〇年四月，王樂泉被調職，表面上是到北京擔任更高的職位——掌控大權的政法委員會副書記。理論上這是升官，但多數人認為這是在懲罰他前一年的失職。這也表明了政府不再採用他的方法來治理新疆，暗示政府對新疆的態度可能會出現重大的改變。首先，任命新的黨委書記——張春賢原本在自古貧窮落後的湖南省擔任省委書記，人人都知道（至少新聞是這樣報導的），他深諳現代的溝通方式，因此有助於該地區回應其所面對的問題。

然而，基於一些遠更重要的理由，隔年五月舉辦了一場會議，目的是要擬定該地區的新工作計畫。這場新疆工作會議由李克強主持，時任副總理的他，是接下一更高職位的可能人選。他引用國家主席胡錦濤在暴動後發表的聲明，說「解決新疆問題的根本辦法，就是加快新疆發展」。會議結束後，政府宣布了一些新政策，包括媒合新疆部分地區以及中國十九個較為富裕的省分或城市，後者不只要捐出百分之零點三到零點六的年度預算做為資助，還被迫負責提供技術支援，包括派市政人員及幹部到新疆任職一年，協助指導當地人。[10] 二〇一二年，上海官員告訴我們，雖說這些淨是苦差事，卻保證能升官。[11] 那年稍後我們前去拜訪，便見到了原本任職於西安的烏魯木齊高階官員。[12] 這些幹部滿腦子想法，而且一口吸引國際投資人的論述，顯然意圖在中共的官僚體系中往上爬。中國有一項傳統，凡是擔任被認為艱難或「勞心勞力」的職務，就能升上高位——眾多報導指出，王樂泉能升到政治局（中國中央決策機關），正是因為他在新疆立下汗馬功勞；而胡錦濤能升到最高權位，正是因為曾經任職於西藏。

這些幹部人人都會用自己想出來的方法發展該地區。上海試圖協助上海所負責的新疆地區，仿效上海的成功，成為金融中心。上海政府派數批國際與國內銀行業者前往新疆，協助當地人思考如何才能把喀什變成金融中心。一些曾受邀過去的外國人告訴我們新疆發展有多落後，並且訕笑竟然有人認為新疆能夠變成金融中心。在塔什庫爾干（Tashkurgan），天津官員嘗試複製天津的工業成就，建立工業中心——若曾考量到這座城市多麼偏僻，就會知道這個想法有點天馬行空。二〇一二年，我們在塔什干（Tashkent）遇見一群中國商人，其中有些人來自廣東企業，他們是被催促著來此地。他們後來便根據自然的推論，到鄰近的中亞探索機會。少有人發現發大財的機會，有個人抱怨當地居民窮得不得了，新疆的生活難過得不得了。然而，這些曾經把中國沿岸地區發展到很繁榮的人可是前線人員，北京便是企圖借助他們的能力，來為內陸地區帶來一些榮景。

北京同時提高該地區的支出預算，並且下令在新疆開採碳氫化合物資源的大型天然資源公司，要留百分之五的稅收給新疆省。政府同時採用新的計算方式來估定稅收，收稅的依據是能源的價格，而非數量——亦即能源價格高的時候，該地區的稅收也會跟著增加。以前，一切獲利都歸北京或上海，因為大部分的公司多在這兩座城市註冊或設立總公司。新疆當地居民對此極度氣憤，也因此更是激化了維吾爾人之間流傳的說法，認為中國根本是寄生國家，不斷搶奪他們的財富。能源公司經常因為貪汙問題而蒙受損失，更是凸顯了維吾爾人的說法著實貼切。國家主席習近平一上台，開始實施反貪腐行動，抓了周永康這隻大老虎。周是政治局常委，曾擔任中國石油天然氣集團（簡稱「中石油」）總經理——與王樂泉擔任新疆黨委書記的時間重疊，該公司在新疆擁有龐大的利益。王被調離新疆後，便任職於由周主掌的北京法政委員會，這些關係助長了他們繼續貪贓斂財。

凡是因石油資源集中而快速崛起的周邊城市，都是中國名列前茅的富裕城市。一九五五年，中國在新疆北部發現最大的陸上油田，不久，附近便出現一座城市，名為克拉瑪依（維吾爾語，「黑色黃金」的意思），有些報導說，克拉瑪依有段時間成為中國人均收入最高的城市。二〇〇八年，油價來到高峰，在克拉瑪依市附近的區域，國內生產毛額增加到六百六十一億人民幣。二〇一五年，根據統計，克拉瑪依的人均國民生產毛額是中國第二高，達兩萬七千六百零一美元，相較之下，上海是一萬六千五百二十四美元，烏魯木齊是一萬兩千一百八十九美元。[13]

但是，在克拉瑪依和新疆最富有的城市，維吾爾人的人口占比向來很低。多數維吾爾人集中在新疆西部，到那裡完全看不見富有的跡象。喀什最近才被打造成現代化城市，可惜依舊發展落後，生活困苦。一切完成的現代化都是犧牲中國維吾爾人的遺產換來的，舊城重建、文化遺址遭到破壞，以建造中國各地無所不在的一般建築，或是帶著虛假民族風格的建築。在新疆境內相對富裕的城市，漢人通常占多數，而且大多由新疆兵團掌控。石河子是新疆兵團在該地區北部的重鎮，做為地區第二大城，市內有一所新疆資源最豐富的大學。前往新疆之前，我們諮詢過某知名的北京專家，請他建議我們應該安排和誰見面。我們一提到要去新疆大學拜見某些專家，他立即勸阻，並告訴我們說，真正該拜訪的專家在石河子大學，因為他們通常不是出身少數民族，而且跟黨的關係比較密切。這突如其來的種族歧視凸顯了新疆一個關鍵議題，當地人被瞧不起，少數民族被認為住在繁榮地區的外圍。我確實見過高階的維吾爾官員，但他們絕大多數是漢人。

就北京看來，問題的一部分就是新疆極度缺乏基礎建設的大型投資，由此提出了工作計畫的另一項支柱，要協助推動習近平後來所稱的「跨越式發展」。政府急忙推動的一項風馳電掣的建設計畫於焉展開，聚焦於基礎建設，將幅員廣闊的新疆的各個地區連接起來。新疆的陸地占中國約莫六分之一，人口稀少，多處偏遠地區基本上發展嚴重落後。附近的基礎建設有史以來就很貧乏，各地之間距離遙遠，卻又僅有少數路線可彼此交通。

二〇〇九年暴動之後，新疆附近的基礎建設投資明顯成長。該年十月，中國電信（China Telecom）宣布五年投資一百五十億人民幣；十一月，一條高速鐵路線開始興建，自蘭州到烏魯木齊，以連接該地區與中國不斷拓展的高速鐵路網。中國計畫在烏魯木齊建立一座狀如球根的巨大高鐵站，二〇一〇年五月擬定工作計畫，旨在加速這項投資。隨後，中石油宣布計畫在第十二個五年規畫期間（二〇一一年到一五年），投資三千億人民幣。根據報導，中國的採煤龍頭華能集團（Huaneng Group）、華電集團（Huadian Group）、魯能集團（Luneng Group）、中煤集團（China Coal Group）、中國保利集團（China Poly Group）以及國電集團（Guodian Group），紛紛宣布要在相同期間投資約莫一千億人民幣。

最後，中國在喀什、霍爾果斯與阿拉山口（Alataw）設立了三處經濟特區——後兩者是與哈薩克的邊境哨站，力圖複製早先深圳等地經濟特區的成功模式。途中，我們前往這些地方，希望更加了解這些經濟特區以及周邊區域的發展狀況。新疆從以前到現在始終是西方新聞反覆報導的對象，我們認為最好的辦法就是走近看看能發現什麼。結果，近看的景色在許多方面，都和遠看大同小異，晦暗不明。二〇一二年我們參加代表團，前往烏魯木齊進行一系列的訪問，期間會見了幾名新疆兵團官員，他們得意洋洋地強調自己治理霍爾果斯和喀什這兩個經濟特區的績效。跟我們談話的是一名措辭強烈的女中校，她無法容忍愚蠢的問題，卻也清楚說明兵團對於發展區域所擬定的計畫，而且表示歡迎附近想要來做生意的公司。後來我們深入追問這件事，卻未獲得回覆，最後只好試著自己前去親眼見識。

這些經濟特區的核心便是複製以往改變中國沿岸的那些計畫，其中心思想就是：在沿岸有效的計畫，在西邊也能奏效，協助發展該地區，提供就業機會。剛好就在這個時候，協助促進鄰國繁榮一事成了北京的標準口號。有些一帶一路的國家目前正在考察經濟特區。但是在整個新疆，我們實在不清楚這一切到底帶來什麼。在喀什，我們只能看見建築工地；在霍爾果斯，我們能夠更靠近許多，甚至進去邊境管制區，除了一些尋常的景象，什麼也沒有，一群邊境粗工慵懶地四處走動，做些打雜活，還有一群廉價勞工腳步沉重地揹著貨物來回。我們在二〇一二年造訪時，中國這邊的管制區大抵完工了，而哈薩克那邊仍動工中。我們再也沒有回到這裡，後來曾看到報導呈現兩邊如今都已完工的樣貌，可惜往來的貿易依舊相當有限。霍爾果斯興建的大型市場似乎仍堆滿哈薩克方採購的貨物，他們會把那些貨物帶回國內市場銷售。我們在仍顯得空蕩蕩的建築裡閒逛，商販並沒有特地跑來向我們兜售商品，反而一逕盯著自己的手機或電視。後來我們找到人攀談，但是他們是來自內陸的漢人，對我們一點兒興趣也沒有，只忙著向來自邊境另一邊的旅客兜售商品。後來，在附近較大的城市，像是伊寧或烏魯木齊等，我們會見了一些人，他們都說改變微乎其微。其實，我們會見了好幾名曾經到霍爾果斯進行類似調查的研究人員，他們大多說，雖然基礎建設很驚人，但是實際使用的情形就不得而知了。

* * *

我們前往霍爾果斯的旅程從伊寧開始，也就是一九九七年爆發衝突的地點。伊寧離哈薩克的邊境很近，據說以哈薩克人居多。然而，維吾爾族的計程車司機可就不敢苟同了，他驕傲地向我們說明這座城市有多麼維吾爾；而且我們在尋找飯店所在的同時，一名維吾爾警察更是大力幫忙。[14]北京計畫重新發展新疆後，這些基礎建設便驅動著這個地區的發展，而從這座城市到霍爾果斯的旅途便一一展現了這些建設。越過伊寧河上那座巨大、嶄新的橋梁，一路上滿布著全新的建設和大樓。我們一度停下車來接一名導遊，前往中國南方航空（China Southern Airlines）剛興建不久的飯店——建築雄偉，又大又深的接待室，椅子上的塑膠套還沒拆除，馬桶一看就知道剛安裝好，塑膠包裝材料仍清楚可見。

潛在的緊張氛圍十分明顯。在伊寧下榻的飯店，櫃檯有一名警察跳針似地反覆問我們從哪裡來、目的是什麼等。很快我們就聽明白，他用的是審問的老把戲，想看看我們的說詞會不會出現漏洞。不過，櫃檯的女孩第一次聽到這種問話方式，警察重複提問令她禁不住惱火，最後按捺不住說：「他剛剛就告訴你了啊。」警察卻是粗暴地要她「閉嘴」。相對之下，維修網路的資訊技術人員就友善多了，他自稱來自上海，一副完全摸不著頭緒的樣子，全然不清楚自己最後怎麼會跑來國內這個鳥不生蛋的角落。在我們遇見的中國漢人裡，沒人說住在這個地區很舒適；而我們的維吾爾嚮導們也一致表示，他們不滿中國漢人，其中一人還得意洋洋地一見漢文標語就吐口水。這個年輕人能說流利的中文、英語和維吾爾語母語。他才是應該在中國正在打造的這個新經濟體中飛黃騰達的人——然而他卻發現機會老是受阻，只能帶著外國人在這個地區四處穿梭。我們問他為什麼不去旅行，他抱怨說一直無法取得護照，他還告訴我們，有許多人同樣面臨類似的問題。

在新疆，處處都可以發現這些對比，而烏魯木齊最為強烈，烏魯木齊是新疆自治區的首府，在許多方面都稱得上中亞跳動的心臟。從上海到伊斯坦堡之間的廣袤地區，新疆首府是遍地砂礫的大都會，可說是數一數二的國際化城市。烏魯木齊表面上看起來跟中國多數二線城市相似——

證明了一個以往荒僻落後的地方，過去十年來經濟光速發展。而城裡各式各樣的廣告、標示、商行招牌寫著中文、維吾爾文（用阿拉伯字母書寫）以及俄文、哈薩克文和吉爾吉斯文（全以西里爾字母書寫）。博物館裡展示著該地區的多元，雖然烏魯木齊已然變成漢人居多的城市，僅剩下淡淡的維吾爾族和其他少數民族特色，但仍是中國推進中亞的繁忙中心。

在街上，舉凡販賣電子產品、服飾、廚具的大型市場或商場，或者營業二十四小時、服務無所不包的溫泉會館（許多商人把溫泉會館當作廉價飯店），你都可以遇到形形色色的人，如廣州商人，一旁還有來自巴基斯坦西北邊界白沙瓦、猶豫不決的巴基斯坦商人，擦身而過的，則是穿得一身白、彷彿在希臘島嶼度假的整個俄羅斯家庭。在前往中亞的途中，我們在這座城市裡過了一夜，住在二十四小時不打烊的溫泉會館，旅客要是有眼光，就能找到價格十分公道的會館，提供電玩、游泳池、蒸汽浴、電影，無限享用餐飲娛樂。我們老是被誤以為是俄羅斯商人，這意外帶來了額外的優惠。市場裡，民族混雜，有來自歐亞大陸各地的企業家和銷售人員、說波斯語的塔吉克人，還有許多說突厥語的民族，我們見識到他們的語言和新疆的突厥語維吾爾人是完全可以溝通的。

這些人來新疆全是要做生意的。穿梭兩地的年老商人提著塞到爆滿的貨袋，或搭飛機或巴士回到地處偏遠的當地市場，如烏茲別克境內的卡拉可爾帕克（Karakalpakstan），再把看似塑膠製的中國商品提高價格，賣給牧羊人、農夫和家庭主婦。到烏魯木齊機場搭飛機，就得跟這些商人爭搶空間。他們把貨物秤重打包好，用膠帶纏綁成一包又一包，大小正好可以搬上飛機的重量，卻沒怎麼在乎把貨物塞上飛機會造成自己和其他乘客空間擁擠。

中程貨櫃主人會把冷氣、膝上型電腦、尼龍地毯等搬運到幾節火車車廂裡，再運回費爾干納谷地的傳統市集，接著將商品批發給哈薩克或俄羅斯的有錢零售商人。中國東岸大城可見的品牌和服務，烏魯木齊都有，只是看起來有點將就、隨便：最新的三星智慧型手機包著氣泡紙，閃閃發亮的寶馬汽車還停在運送卡車上。必須來到這座城市監督運送過程的人，通常只需要來個幾趟，就能安排好買賣事宜，接著從遠方控管生意。後來在中亞各地，我們都會遇到充滿幹勁的生意人，直說除非不得已，不然他們會避免回到烏魯木齊——這種情況只會日益明顯，因為隨著時間過去，烏魯木齊的維安限制將會越來越森嚴。

根據官方的數據，烏魯木齊人口約莫三百五十萬人，其中中國漢人占絕大多數；不過跟多數中國城市一樣，非官方的估算有時會比官方多一兩百萬。中央政府不只把烏魯木齊打造成自治區首府，也提升了烏魯木齊的商業能力，其代價便是犧牲了新疆較具歷史傳統的兩座絲路貿易城市——喀什和吐魯番。凡是要從東邊搭飛機到中亞任何地方，幾乎一定要從烏魯木齊搭中國南方航空的飛機，無論是出於有意或無心，前往塔什干、阿拉木圖、喀布爾喀布爾或喀什的許多班機，都必須在烏魯木齊待上一夜。我們曾多次前往該地區各地，在烏魯木齊待過數個夜晚，親身體驗過這種情況。班機一旦延誤或取消，就會錯過轉機，就得在烏魯木齊市區的中國南方航空飯店，隨機和某個來自歐亞大陸的旅客共住一間房。有一次，一名身材豐滿且毫無顧忌的俄羅斯老婦人竟然在我們面前脫衣服。還有一次，我們以快速流利的中文跟接待員講話，結果入住獨立房間，不用跟一個阿富汗商人同住，對方可是一身狼狽，看起來一副旅程極不順遂，準備打道回府似的（而其他人終究還是得跟別人共住一房）。然而，這樣的中途停留所產生的意外的結果，便是得以讓形形色色初來乍到的人認識中亞這個商業中心。中國往西進入中亞、俄羅斯和中東的鐵路和油管主線，紛紛匯聚於烏魯木齊，再由此放射展開，延伸到中國各大城市中心。

自從二〇一〇年計畫會議起，北京的中央規畫人員每年都會集中大量資源來強調這一點：資助中國亞歐博覽會，這場博覽會是該地區最重要的商業展覽，師法達沃斯（Davos）。我們參加的那一年，在這場為期六天的活動中，溫家寶總理和該地區的多位領袖紛紛出席致辭，包括中亞各國、巴基斯坦、土耳其，甚至還有馬爾地夫。有少數幾名已退位的專業資深人士也出席，其中最有名的莫過於前英國首相東尼．布萊爾（Tony Blair）。根據報導，這場博覽會促成了價值數百億美元的生意，展示商品從吉爾吉斯的白氈帽到中國的拖拉機，應有盡有。重型機具製造商三一重工（Sany）擺設了一尊實物大小的巨大玩具變形金剛，在大型攤位旁站崗，推銷這家中國重型運載工具公司的貨車。參加博覽會的解放軍官員走過，不禁驚歎起那尊龐然大物，一邊想像以後有一天說不定得對抗這樣的敵人。

阿富汗宣傳礦藏，哈薩克則是石油，新疆的地方執政官員反覆強調投資新疆的機會。我們是以英國代表團的身分參訪，英國資深投資協調人員說，新疆官員熱切遊說他們帶大批代表團來探索新疆、乃至於其他地區的機會。一到新疆後，英國方企業就有點茫然困惑，不清楚這些機會到底所指為何——更令他們摸不著頭緒的是，多數員工其實是中國漢人，原本就對新疆有疑慮，因為新疆離他們熟悉的家鄉——中國東部沿海地區——太過遙遠。

在烏魯木齊跟代表團一起開會時，顯然其中所傳達最強而力的訊息正是，這是新疆一次唾手可得的機會。其中一個主要的機會就是，新疆已準備好做為進入歐亞大陸心臟地帶的門戶。二〇一一年三月，北京所採用的第十二個五年計畫明確指出，「新疆將做為我們『打開』西方的基地」。這次和後來多次造訪新疆，都反覆聽到這句話。對北京而言，關鍵不外乎確保新疆經濟繁榮，以及協助平息新疆各族群之間的憤怒。在博覽會現場與烏魯木齊市內，處處可見旗幟大聲疾呼，「和諧發展，合作雙贏」。在新疆營運並活躍於中亞各地的中國企業，指派熱血的業務人員前撲後繼地廣發名片，和有興趣在新疆經商的英國企業交涉。我們後來造訪新疆，以及在英國和其他地方遇到新疆代表團，無不強調此事。

這個構想似乎在西方的某些國家引發共鳴。在大衛・卡麥隆（David Cameron）、喬治・奧斯本（George Osborne）主政下的英國政府便支持這個構想，英國財政大臣奧斯本甚至親自造訪新疆，以表明倫敦有意善用這個機會。他在英國拜訪了正在尋求機會的工廠和公司，同時也試圖了解新疆這個潛在投資目標能給英國什麼好處。德國汽車製造商福斯進展更快，已經和合資伙伴上汽集團（SAIC）合作，著手在烏魯木齊建造聯合工廠，並生產轎車。這樁生意起初福斯並沒有非常熱中，當時的執行長說，中國主管當局和上汽集團極具說服力，並力邀福斯前去設廠。[15]上汽集團本身便承受著壓力，冀望在新疆進行更多交易，以證明自身足以協助推動中央政府命令，讓中國相對富裕的地區前來幫助相對貧窮的地區。幾年後，這件合資案蒙上了一層陰影，福斯被控在供應鏈中雇用被迫勞動的維吾爾人，來維持工廠營運。[16]同時，財政大臣奧斯本推動的某些投資案，竟搖身一變，成為新疆華凌集團在曼徹斯特（Manchester）的房地產事業。[17]

＊　＊　＊

過一段時間，強迫勞動的報導更加常見。[18]在微信上甚至看得到貼文暗示，有人被賣到中國各地工作。這些報導傳出後，國際壓力也隨之升高，試圖嚴格限制和新疆進行經濟往來，有些指控更暴露出，凡是涉及新疆的供應鏈幾乎沒有任何環節是清清白白的。這對中國而言可是嚴重的問題，畢竟，中國向來認為經濟繁榮（某程度上和中亞有所連結）是維持新疆穩定的長期解方。

同時，在計畫的中期到短期，仍有技術上的維安問題有待解決。二〇一二年我們參訪期間，亞歐博覽會裡有跡象顯示，現場有大量的維安措施——這倒不令人意外，畢竟這是場有眾多與會人士的盛事。不過之後再次造訪時，我們卻發現新疆各地維安措施不只增多，也加強了。在二〇一六年的行程中，可見機場設置了數層安全關卡——警戒範圍延伸到上海的起飛機場，凡是要搭機前往新疆的旅客，必須在上海接受更進一步的嚴格搜查。有一次在城裡，裝甲運兵車就在街角戒備，重重的武裝警察如臨大敵般堅守崗位、留意四下。城裡的二道橋地區，有史以來就都是以少數民族居多，在最大的幾座清真寺外頭，只見一隊又一隊神情肅穆的武裝警察，多數建築物內都備有跟機場同等級的安全檢查，若想進入，就必須經過檢查。

又過了一段時間，維安再度升級，原本的隨身行李檢查，又多加了虹膜辨識。人臉辨識系統的監視器無所不在，還有一些誇張的措施，諸如在新疆某些地區禁止使用火柴（因為報導指出，有人使用火柴頭的火藥製作炸藥滋事）。[19]而恐怖攻擊常用的凶器小刀，一般人購買時，則必須在刀身上烙印二維條碼（QR Code），以便連結到購買人身分證，[20]如此一來，一旦出事，即可追查出最初購買人。購買汽油也有類似的連結。根據傳言，此二維條碼還會連結到私人交通工具的行使狀況，理論上，這意味著政府掌握一切必要的資料，足以追查汽油的使用和車輛是否相符。新疆顯然越來越多路口監視器安裝自動車牌辨識系統，可用於追蹤車輛。二〇一〇年代中期，有一名外國旅客想要開車到新疆各地，他告訴我們，他在新疆人煙稀少的北部地區耗盡汽油，卻怎麼也無法加油。店家不肯賣他，因為他沒有正式的中國身分證。最後，終於有個友善的漢人駕駛人實在同情他，索性借他身分證，讓他加油。

北京也努力往其他許多方面堅守控制權。比方說，雖然新疆和北京的官方時間一樣，但是新疆所有機構的營業時間卻比北京晚兩個小時。在每年最忙碌的時節，這種作法總會造成時程大亂，平添麻煩，必須一一確認會議是訂在北京或烏魯木齊的時間（人們通常會特別說清楚——我們第一次到新疆時，花了一點時間才弄懂，卻也錯過了幾場會議）。

在文化上，中央政府也嘗試堅守控制權，藉由推動一項改建計畫，將新疆的住宅基礎建設現代化。二〇一〇年二月，烏魯木齊政府宣布投入三十五億四千萬人民幣（五億兩千零六十萬美元），拆除老舊住宅，重新安置一萬戶家庭。為了補償遷居的居民，當地政府宣布投入十二億人民幣（一億七千六百五十萬美元），翻修國內新聞所稱的「棚戶區」。「棚戶區」最早出現在一九三〇年代，住在裡頭的居民大多是烏魯木齊的各個不同族群。若是參觀今日的烏魯木齊，你會發現，這座城市跟中國大部分的城市沒兩樣，唯一的差別就是城裡隨處可見的維吾爾族裝飾元素。破壞當地文化建築的這種強制計畫可不只在烏魯木齊推動。其中最為人所知的，莫過於幾十年前的一項強制計畫，喀什的舊城大多拆除重建，我們造訪的那幾年親眼目睹了改建過程。官方給的理由經常是，要加強那些地區的維安，讓緊急救難單位更容易進出。事實可能真的如此，因為舊城裡多數道路確實窄小、蜿蜒；但是所有居民是否同意或支持這麼做，這就不得而知了。在更近期，一項打壓宗教的強制計畫擴大範圍，破壞了清真寺和教會公墓。研究人員透過衛星影像精準分析，顯現出這項計畫在新疆各地執行到什麼程度，有些清真寺建築被改建並用於其他用途，而更多清真寺則直接遭到拆除。[21]

不過最令人難過的，莫過於聽到當地人訴說各族群間的緊張關係。在從上海飛往烏魯木齊的班機上，我們遇到一對漢人夫婦，他們熱情地向我們介紹他們居住的地區有多美，他們想帶我們前往人為的少數民族地區，而不是真正的維吾爾族區，他們抱怨維吾爾族區十分危險。在另一段旅途，維吾爾族司機在漫長的車程中，花了許久時間告訴我們中國人有多麼惡毒，有些中國人「我真想把他們掐死」，他每每看到寫著關於黨或北京統治的標語，便禁不住地啐一口口水。而長年住在新疆的漢人居民極其厭惡日益升高的維安狀態，唯恐後果將不堪設想，跟他們的維吾爾族鄰居一樣備感壓力沉重，然維吾爾人的壓力來源，則是圍繞著他們四周，逐日擴大的維安狀態。我們在新疆以外地區曾遇過來自新疆的漢人，他們都不太想回去。族群之間似乎太常發生衝突，因此衝突一旦發生，所有人也就不盡然放在心上了。從烏魯木齊前往伊寧的途中，我們親眼目睹一名維吾爾族中年男子對著維安守衛發火，因為警衛對待他那坐著輪椅的母親態度粗暴。他出手用手機暴打一名維安警衛，兩人於是扭打在一起；最後兩人被警察拉開，血濺得滿地都是。然而，在他們周遭，機場照常營運，旅客繼續辦理報到手續，大家低聲交談，說這種令人沮喪的事早已司空見慣。那名維吾爾族男子是這次爭執事件的主角，原本他似乎單純只是忍無可忍，情緒失控，但現在顯然捲入鬥毆，演變為正式的維安事件。

新疆反覆發生暴力事件，因此總是受到相對嚴厲的維安管制，不過並非所有族群一律一視同仁。政府經常採取「嚴打」行動，來對付動盪和暴力——而其目標大多是打壓維吾爾族居民，手段則是部署大量維安警察。不過，近幾年新疆的安全和警察維安層級日益加速升高，政府甚至聘雇了數千名維穩人員。根據詹姆斯．李柏（James Liebold）和鄭國恩（Adrian Zenz）兩位專業獨立學者的數據，二〇一五年，新疆宣傳招募大約九千個維安職位，二〇一六年，則暴增到稍微超過三萬，二〇一七年上半年又增加了一倍，變成六萬初。[22]整個新疆，警察局的布線發展得日益緊密、全面，監視器的安裝愈見頻繁，同時設置所謂的「便民警務站」——其實就是警察和維安部隊的小型站點，便於就近監管，擴大管控範圍。[23]若是於二〇一六年、二〇一七年期間造訪，你在烏魯木齊幾乎隨處可見這些警務站，有些設置在行動露營拖車裡，一副只是半永久性的樣子。

維安部隊舉行大規模愛國軍事遊行、宣示典禮和訓練等早已司空見慣。在新疆的偏遠角落，也就是新疆與中亞的交界附近，不只有武裝軍人和警察駐守，還有無人機在上空低鳴盤旋。塔什庫爾干是塔吉克自治縣的首府，也是前往邊境哨站的最後一處停留點，由此可通往阿富汗、巴基斯坦和塔吉克。這座城市由一處位於外緣的軍事基地所管控，經常有巡邏隊在城裡各處巡邏。塔什庫爾干具有重要的歷史意義，因為有一座石頭城俯瞰著這座城鎮（塔什庫爾干一詞便是源自於此，這個突厥語可粗略翻譯為石頭城），從石頭城能眺望連接中國和南亞的蜿蜒山谷，凸顯了這座城市的戰略重要性。石頭城如今只剩一堆碎石，散落在一座小山頂上，並開放觀光客參觀，而駐守在那裡的軍人所留心的，是國內威脅，而非國外。

中國漸漸將新疆看作是內部最大的威脅，而這一切，都是受到網路和社交媒體所煽動。要在中國使用網路向來就很困難，網路在新疆更被認為會引發問題。二〇〇九年暴動平息後，當地政府幾乎全面箝制所有進出新疆的通訊。我們二〇一〇年造訪時，仍有傳聞說，根本無法透過手機傳送照片——一些漢人在談話中告訴我們，大概在暴動期間，網路上瘋傳宛如哥雅畫作般的照片，照片裡滿是拷打和謀殺的畫面，並且指控那些暴行都是維吾爾人所為。商人則說，要傳訊給在新疆省以外的供應商或客戶，就得到鄰近的地區，才能傳訊或使用傳真。這是我們二〇一二年造訪期間的重要談話主題，當時有一個商業代表團同行，人人都在問，如果他們要在新疆做生意，要怎麼跟中國的其他地區、總公司或世界的其他地方通訊。在烏魯木齊的一處官方大樓開會時，有個來自西安的高階官員，隔著桌子坐在我們對面，他是被派來新疆協助推動發展的。而他堅定地說，這是例外情況，不會再發生了。

的確，往後雖然不再有像二〇〇九年暴動後那幾年般的全面箝制網路，但是確實仍採行部分限制，暴動後採用的管制措施有些繼續強制施行，而且逐步全面嚴加管制進出新疆的通訊。我們慣常談話的對象慢慢變得越來越沉默，不能或不願在滲透且管制日趨嚴重的環境中繼續交流訊息。我們是外國人這一點無疑讓溝通變得更加困難，不過隨著時間過去，情況逐漸明顯，在新疆，訊息往來變得困難。

在二〇一五年尾聲，有傳言流出說，使用私人虛擬網路——即VPN，可用於翻越中國的網路防火牆）或下載外國傳訊或社交媒體應用程式——的人，手機忽然斷線。若要讓手機恢復網路連線功能，就得向警察局報案，並確實地依規定把身分證及線上活動進行連結，並且停止使用VPN或下載某些外國應用程式。到了二〇一七年，地方主管當局強制要求人民下載稱之為「淨網」的應用程式，表面上是「網站過濾器」，用於保護使用者，不過有報導指出，根據下令安裝的新疆地方主管機關，這其實是用來防止人民取得「恐怖主義者的資訊」。根據可靠的消息報導，警察在檢查站攔人並檢查是否下載淨網一事流傳開來，一些未下載的人當即逮捕。淨網不只是網站過濾器，據說主管當局還可以從遠端存取人民的手機。要跟來自新疆的人見面時，我們越來越常約在新疆以外，他們無不抱怨難以突破網路封鎖，多數人都有好幾支手機，而警方則是不斷開發越來越全面的工具來追蹤人民。

但是地區層級最駭人聽聞的因應措施是，二〇一六年和一七年的報導開始出現大量拘留營，當時逐漸有傳言指出，新疆各地紛紛開設所謂的「再教育營」。新任自治區黨委書記陳全國為了穩定並掌控新疆，在新疆各地設置綿密的再教育營，凡是涉嫌反國家活動的人，都會被送到再教育營，矯正錯誤的行為。在許多方面，這根本就是政治再教育營的加強版，政治再教育營在中國始終占有一席之地，過去單純著重在確保人民信奉馬克思主義。而在新疆的這些營區似乎關押了數千人（有些報告——包括聯合國的一些報告——指出，人數可能高達一百萬）。再教育營的手段似乎是以陳全國早先創設的「便民」警務站為基礎，再擴大而成一種綿密如網的手段，用以掌控並窺探居民生活的各個面向。共產黨還執行了其他的措施，包括派黨幹部到維吾爾人家裡住，深入監視，並且試圖促進種族融合。這些都是陳全國以往在西藏任職期間所採用的手段，當時他為西藏帶來了表面的平靜，因為西藏長久以來的複雜多元，令北京難以管控。

獨立報導實在是難以查證，但是可以確定的是，這些營區確實存在，一部分是由二〇一八年哈薩克所揭露的報導所證實。越來越多傳聞出現，說來自中國的哈薩克或是在中國有家人與其他關係人的哈薩克人，被關押在這些營區裡，越來越多哈薩克人向位於哈薩克首都阿斯塔納（後改稱努爾蘇丹）的政府投訴。[24]這些傳聞令地方主管當局感到莫大的壓力，因此在與北京進行雙方正式會談期間，不得不提出來。哈薩克的法院著手審理中國籍哈薩克人的案子，他們逃過邊界，來到哈薩克尋求庇護，哈薩克也默許他們尋求庇護的請求。在其中一個案子裡，一名中國籍哈薩克婦女拒理力爭，拒絕被引渡回中國，她控訴，一旦遭遣返，一定會遭到不公平的迫害及監禁。她提出許多極度駭人的指控，其中一項就是，她親眼目睹並親身遭遇過強制絕育，中國不只要用營區的再教育讓維吾爾族群乖乖聽話，如今還要禁止她們傳宗接代。我們很難去單獨查證這些駭人的報導，但是越來越多可信的新聞及研究組織已經著手調查。中國抵死否認，甚至直接威脅參與調查的研究人員，可惜傳言持續，我們仍不斷聽聞中亞的獨立評論者反覆提出指控。公開發表的報導提出客觀詳盡的分析，極盡批判之能事。[25]有些內容跟早先的史實重複，亦即維吾爾人控訴被迫進行節育。一九九〇年喀什地區巴仁鄉暴亂期間，憤怒的當地居民提出控訴，說北京施行節育政策，企圖強迫維吾爾婦女絕育並墮胎。當然，當時人人都得遵守節育政策，只能生一個孩子。

中國和鄰國哈薩克引發緊張關係（吉爾吉斯和塔吉克也有族群移居中國，但是與中國的緊張關係比較沒那麼公開），這有可能會威脅到中國渴望促成新疆與中亞攜手繁榮的憧憬。中國的鄰國早已極度擔憂中國稱霸，這樣的憂慮只可能會隨著時間而不斷惡化。北京在新疆的統治作為表明了一種可能的模式，鄰國無不擔心那種行為模式會溢過邊界。旅行期間，我們不時聽聞中亞人晦昧的說法表達這樣的恐懼，不過他們多數無法言明憂慮何在，大多議論憂心自家政府可能會仿效中國經驗，使用殘酷的手段來控制人民。雖然我們很少看見深刻同情或關心維吾爾人困境的人，但是偶爾還是會有人為被困在中國的哈薩克同胞或其他人感到憂心。

北京面對的問題在於，若這兩地的關係要素是哈薩克人，而他們現在正出手反制，那麼中國就很難保證能夠順利透過加強與中亞的連結，來穩定新疆。一旦民眾不滿，這將會影響地方政府如何回應。雖然中亞各國的政府都是一黨專政（吉爾吉斯除外），但是對於國內輿論很敏感。倘若輿論徹底轉向，反對中國，這些政府輕易便會受到影響。其中明顯可見的例子，即中亞各國政府愈發迴避簽署聯合國所發出的信函，內容則是表達支持中國在新疆或香港的政策。他們雖然不可能譴責中國，卻也越來越不可能積極支持中國。這是中國所面臨的一個問題。就北京看來，處置地方動亂的維安手段只是整個問題的一個環節，要維持新疆穩定，長期的解方正是經濟投資和繁榮，這非常仰賴新疆與緊鄰的中亞地區建立良好的關係。倘若當地的族群不願配合，而且中亞各國首都的中央掌權者只願有限度的壓抑其個別觀點，中國將意識到，在促進新疆繁榮的計畫中，自身手中握有的，其實是一個複雜難解的關鍵要素。

我們的報導不是要貶抑中國對自己領土的了解。我們在此想要表達的是，中國認為中亞與中國緊密相連，以及在中國的中亞政策裡，新疆十分重要。我們認為，在思考中國於中亞的角色時，這不只是國內問題，也是外國政策問題，更是和中國一處格外複雜的領土緊緊相連。正是此關鍵面向，讓中國對中亞的政策有別於對世界上其他開發中地區的政策，例如非洲。中國—非洲的關係，有著截然不同且迫切的基本內政問題。因此，我們的中心論述即是，中國的中亞政策主要就是北京新疆政策的一項構成要素，其根基是憂心國內安全與推動經濟發展的當務之急。要了解中國在天山西邊的活動，不論是舊或新，一定要先了解北京對於天山東邊的目標。

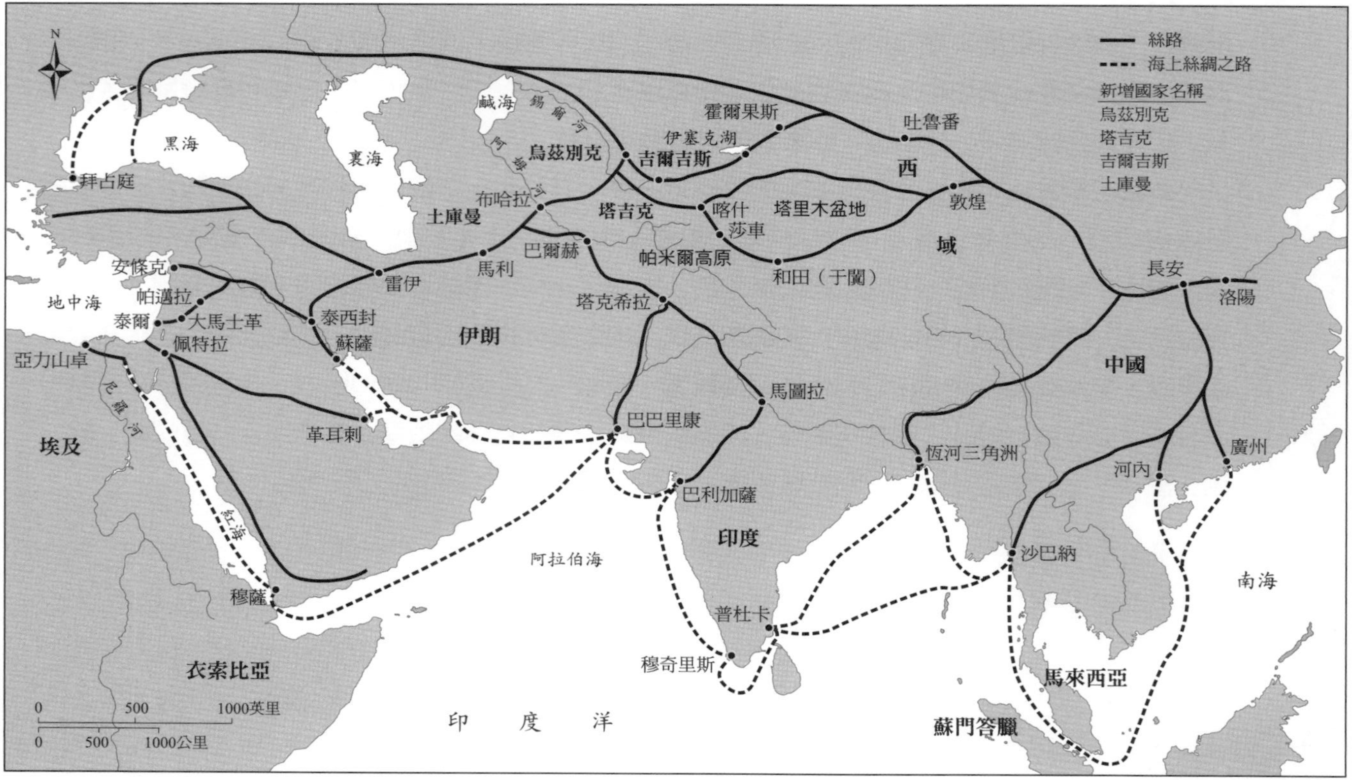

現代橫貫歐亞大陸心臟地帶的東西向連接路線，顯然一如構成古代絲路的廊道連結網絡

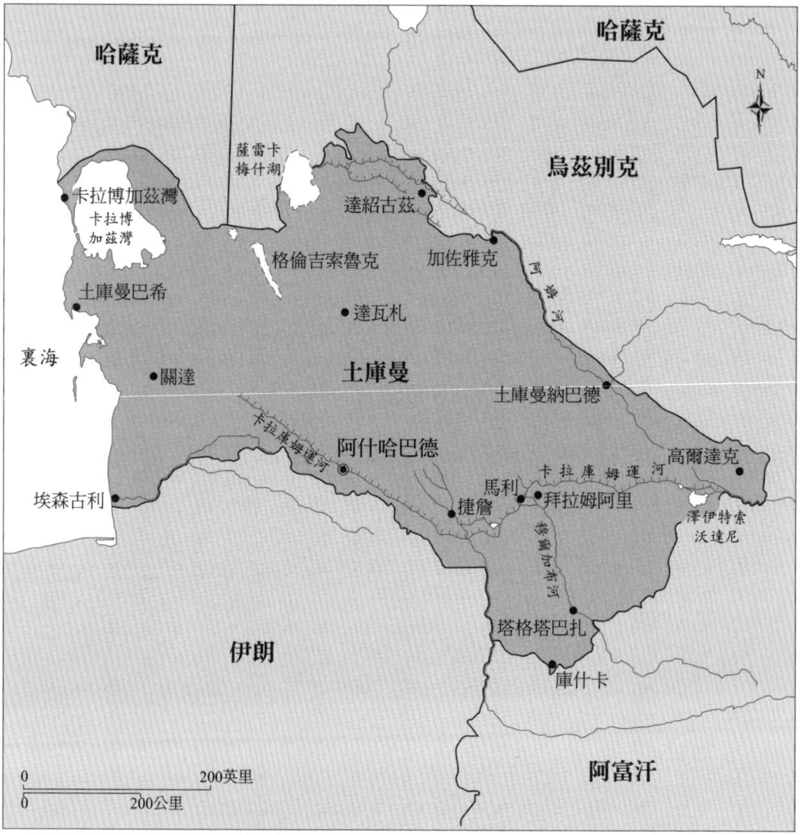
哈薩克
哈薩克
N
烏茲別克
薩雷卡
梅什湖
卡拉博加茲灣
卡拉博
加茲灣
達紹古茲
格倫吉索魯克
加佐雅克
阿姆河
土庫曼巴希
達瓦札
裏海
關達
土庫曼
土庫曼納巴德
卡拉庫姆運河
阿什哈巴德
高爾達克
馬利
卡拉庫姆運河
埃森古利
捷詹
拜拉姆阿里
澤伊特索
沃達尼
穆爾加布河
塔格塔巴扎
伊朗
庫什卡
阿富汗
0
200英里
0
200公里

土庫曼

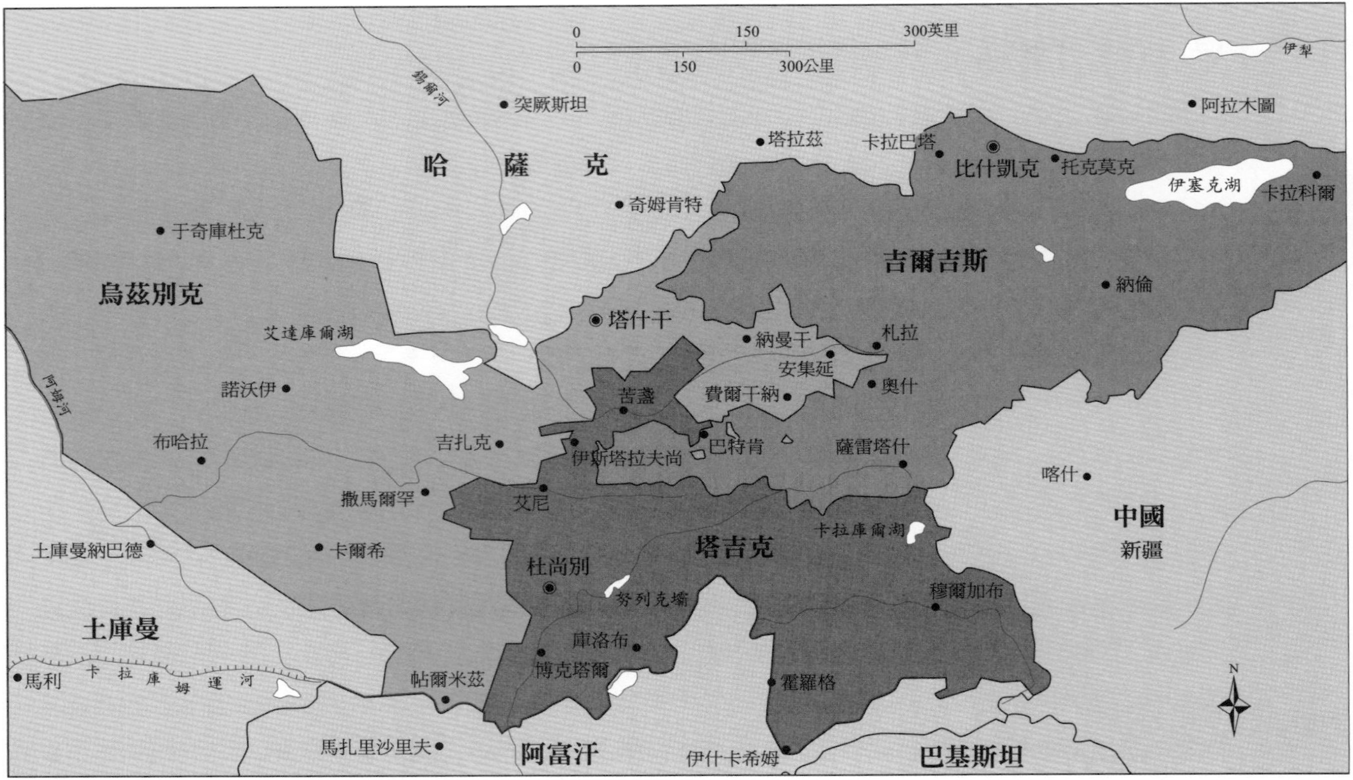

今日的國界無法呈現中亞各個民族在中亞地區的分布情況

第三章 及時雨

土庫曼東南邊的沙漠，在距離和阿富汗的交界不遠處，可說是凶險之地。景色荒涼，無垠的塵土，只見古代商隊驛站——古絲路上的休息站——的斷垣殘壁點綴其中。不過，那條消失許久的東西向幹道上，如今經常可見中國貨車車隊行駛，隆隆聲響打破了寂靜。這些可不是尋常的連結車：他們行駛緩慢，運載大量天然氣開採設備。土庫曼官員說，牧羊人的橋梁和村莊道路都必須經過強化，因為要承受貨車的重量。那些設備要運往世界前五大天然氣田的其中一座，這座氣田以前稱之為南約羅坦—奧斯曼（South Yolotan-Osman），二〇一一年更名為加爾金內什（Galkynysh），在土庫曼語裡是「復興」之意。名稱取得相當貼切，因為這座蘊藏量驚人的天然氣田是刺激中國石油天然氣集團復興古絲路的珍寶，只不過這次是透過輸油管線。

絲路學者經常指出，從來就沒有單一一條路線從中國穿越中亞到歐洲。所謂古絲路，是由眾多通道互相串聯，構成一片網狀連結，從東到西、從北到南，穿越歐亞大陸。中石油和中國對中亞的能源政策看起來明顯相似。其由兩條主要管線維繫，一條是從中亞到中國的輸氣管線，從土庫曼南部一路延伸到中國東岸各大城市（超過一萬公里）；另一條是哈薩克到中國的輸油管線，起點在哈薩克裏海沿岸的阿特勞（Atyrau），終點在中國新疆的阿拉山口。

不過這些都只是位處一能源網路的核心，而這個地區其實是一更廣大的能源連接網絡，包括能源運輸管線、油田和氣田、鈾礦、新太陽爐、風場、發電廠、煉油廠等，多不勝數。對北京而言，天山另一邊的大陸不只有能源資源，還有銅、鋅、黃金和食物。看在中國中央規畫人員和採礦公司眼裡，中亞就是等待開發的機會。

北京對中亞最垂涎的，莫過於石油和天然氣。一般人之所以留心中國此地區，大多也是把焦點放在這兩個主要資源。北京對於天然資源的渴望永遠無法獲得滿足，因為必須供給不停成長的工業機器，這是中亞和中國之間再明顯不過的連結點。這個主題本身也很容易引發「大博奕」的討論，而關於中亞的任何研究或寫作，經常以談論大博奕為主——歐亞大陸的地緣政治學是個內容豐富的主題，引人入勝，總是不禁令人幻想起在那片遙遠大陸上，正上演著危機重重的探險和戰略遊戲。中國在許多方面都精通這遊戲，爭搶能源正是中國在中亞最早參與的其中一項比賽。

中石油甚至在還沒完成中亞到中國的輸氣管線時，便著手建造並討論建造額外的支線——從主線延伸到主要能源生產國土庫曼、哈薩克和烏茲別克，以及急需能源的吉爾吉斯、塔吉克和阿富汗。據說，就北京看來，長期的願景不只是向土庫曼購得天然氣，最終的潛在目標是要把天然氣賣到中亞各國。[1]就中國的標準來看，這樣的生產量算少，卻能讓中石油和北京獲得重要的地緣政治籌碼，與中國正在中亞地區建造的其他基礎設施相輔相成。

中石油看來也如法炮製了俄羅斯天然氣工業公司（Gazprom，簡稱「俄羅斯天然氣」）的作法，這家俄羅斯國營能源專賣企業曾利用掐住莫斯科在中亞的舊殖民地，來擴大克里姆林宮在中亞的掌控權。一直到二〇〇〇年代初期，哈薩克、土庫曼和烏茲別克主要都是仰賴俄羅斯天然氣掌控的蘇聯時代輸送管，將天然氣經由俄羅斯輸出到歐洲。俄羅斯中間人不只大幅調漲價格，還對天然氣持有方規定價格、條件和天然氣流量。正是因為俄羅斯這種獨霸行徑，導致公開宣稱中立、行事謹慎的阿什哈巴德邀請中石油到自家領土上建造主要輸送管線，並且授權中國在土庫曼沿岸地區共同生產天然氣，先是在巴提亞利（Bagtyarlyk）和甘達（Gumdak），以及後來的加爾金內什。

土庫曼和中國雙方的討論，最早是從李鵬的時代開始，也就是一九九四年李鵬造訪中亞地區之際。二〇〇〇年，中國國家主席江澤民拜訪自稱是土庫曼國父的薩帕爾穆拉特・尼亞佐夫（Saparmurat Niyazov），簽署雙方協議，開放中國開採土庫曼的天然氣。土庫曼最終於二〇〇二年允諾開放中國開採甘達，仿效哈薩克的範例：一九九〇年代後期，哈薩克與中石油簽署協議，開發裏海附近的幾座老舊油田。一九九七年，哈薩克官方和中石油簽約，耗費將近十年，連接中國與油田的運輸管線才建造完畢，開始運作，從那時起，已開採了超過一億公噸石油。

二〇〇三年，中國國家主席胡錦濤著手啟動中石油更廣大的天然氣運輸管線計畫，他拜訪哈薩克，確保和阿斯塔納的合作無虞，並計畫興建當時所謂的「泛亞全球能源大陸橋」，明確連接起中國中部與西部、中亞、伊朗，一直到波斯灣。[2]當時，尚未確認加爾金內什蘊藏豐富的礦藏，中石油主要視土庫曼為一附帶計畫或一條幹線。雖然中石油在土庫曼有大量的能源交易，卻打心底認為，哈薩克才是中亞地區的關鍵賽局。然而，後來備受推崇的英國能源審查公司賈福尼·克萊恩（Gaffney Cline）宣布，土庫曼東南部氣田為該國帶來世界第四大的蘊藏量，中石油立即加倍投資，使這個沙漠小國頓時成為中國在中亞能源基礎建設的驅動中心。[3]中亞—中國的天然氣運輸管線在十八個月後準時建成，就建造這種規模的運輸管線而言，這是有史以來最快的紀錄。二〇〇九年，天然氣開始輸送，截至二〇一五年，輸送量增加超過一倍，一年高達六百億立方公尺。[4]

整個計畫並未按照時程表完成。我們在第一輪跟專家談論中國大力挺進土庫曼、意圖獨霸時，人人無不亢奮地大談中國正在規畫中的許多條「線」。討論起中亞的能源時，語氣總稍顯激動，因為人們樂於暢談這些中亞計畫中的高能地緣政治學（high-power geopolitics）和技術複雜度。最初的四條「線」，也就是個別的管線，屬不同的路線，穿越土庫曼、哈薩克、烏茲別克、阿富汗北部和塔吉克，在哈薩克、烏茲別克和吉爾吉斯分別有支線延伸，並且「貫通土庫曼」連接裏海，人們始終都在推測，中石油或其他中國國營企業正考慮要在裏海的近海開採。[5]這些資源將近二十年來，一旦提出討論，便被視為所謂的通往歐洲的「南部天然氣走廊」（Southern Gas Corridor）。但是，正當西方能源公司和政府猶豫不決地一致認為，拿布果、跨亞得里亞海、跨裏海等天然氣管線以及諸多競爭計畫牽涉範圍太廣且政治複雜，在中亞的中石油和中國外交官卻強行通過計畫，以致如今在歐亞大陸的能源地緣政治裡坐如針氈。[6]

計畫並沒有完全順利進行，這種野心勃勃的構想難免如此。前三條管線快速興建完成，並順利輸送，第四條「D線」卻是困難重重。其所提出的理由五花八門——從技術問題、路線爭議，到比較基本的理由（也就是中國不需要這部分的天然氣）。二〇一五年，我們和中國商人討論這件事時，他們咸認為，之所以延誤，是因為塔吉克政府要求建造烏茲別克當局不樂見的支線（而塔吉克提出的解釋是，這樣能增加塔吉克的能源獨立，無奈當時烏茲別克沒有興趣支持這種作法）。中國油業主管更是滿腹牢騷，直指地方政府無能，同時抱怨被派駐在土庫曼很無聊。二〇一六年年底，我們在阿什哈巴德參加會議，官方反而認為關鍵問題是中國的要求，會議室裡，只見幾名官員坐在我們對面，措詞曖昧不明，一逕地認為中國是不可靠的伙伴。

其實，這比較像是察覺有中國這麼一個客戶是多麼危險的事，因為中國的心情或胃口陰晴不定，以致阿什哈巴德沒辦法利用天然資源賺錢。他們學到的教訓就是開始拓展其他的客戶，不過遭遇重重困難，因為人們對於橫跨裏海的路線缺乏共識，跟俄羅斯持續爭執不下，而且被缺乏現金的鄰國伊朗拖住。這促使土庫曼當局大聲宣傳推動新計畫，著手建造土庫曼—阿富汗—巴基斯坦—印度（TAPI）管線，試圖開創新市場。不過，阿什哈巴德雖然有能力調動一些資源來啟動這項計畫，卻缺乏可信度。旅行期間，我們曾聽聞有人說中國有興趣，但是細節我們就不清楚了。二〇一八年年中，巴基斯坦官員向媒體透露消息，說中石油曾經表達有興趣，在可行性研究中支持建造土庫曼—阿富汗—巴基斯坦—印度管線。這可能是中石油區域賭注的其中重要一環，藉此提升自身在區域中的角色，也顯示出該公司對中亞有更遠大的能源願景。雖然不是全然不可能，但是中石油似乎不太可能多熱中想取得領導地位，推動這項計畫，畢竟這項計畫爭論已久，遲遲懸而未決，而且跨越複雜又動盪的領土，為兩個陷於衝突的強權供應能源，其中一國印度又是在該地區日益憤怒的地緣政治對手。

二〇一七年冬天，透過管線輸送到中國的天然氣總量不足——中國官員對此頗有怨言，並認為，由於烏茲別克和哈薩克當局也在使用那些管線輸送天然氣，導致輸送到中國的天然氣減少。結果中石油只得提醒工廠天然氣省點用，並且讓燃煤發電廠增加發電量。這一切導致到二〇一八年年中，所有人又重新討論起建造D線的計畫，讓中國再度成為土庫曼天然氣的主要買家，並且保有控制權，掌控該地區的天然氣能源基礎建設。這個決定的聰明與否又再一次引發問題，尤其是二〇二〇年年初，當時中國的需求量再度驟減，因為新冠病毒肆虐，導致收益瞬間銳減，進而直接造成土庫曼現金不足，提款機前大排長龍。同時，土庫曼的領導者隨後旋即視察氣田，並且宣布開設新的天然氣泵站和兩座新的中石油氣井。自此之後，關於D線的討論便持續進行，而且據說土庫曼已經清償積欠中國的債務，只是仍舊不清楚的是，這條管線何時會真正完工，因為中國國內生產的天然氣和其他諸多資源都日益增加。而其中的關鍵問題是，中亞各個生產國一直以為自身正主導販售碳氫化合物給中國的談判，然北京似乎又有辦法巧妙地持續掌控協議內容，並實際控制大局。

* * *

中石油的主要輸氣管線向西南蜿蜒，穿過一片不斷擴展的網格路徑；而主要輸油管線則是向西北迂迴延伸到哈薩克的諸多油井。西方企業花了數十年、數百億美元，試圖在裏海的近海推動巨型工程計畫，未想中國國營企業卻早已狡詐地搶走生產權，開採蘇聯時代便建造的油田，並進一步升級，讓石油能夠往東送[7]。中國也利用跟哈薩克的友好關係，在相對開放的投資氛圍中，購入哈薩克國家石油天然氣公司（KazMunaiGas）旗下子公司、哈薩克國營能源公司，又或者公開收購某些哈薩克的能源企業，如阿克托比石油天然氣公司（Aktobemunaigaz）等。中石油如今掌控的哈薩克石油輸出量，已遠高於任何一家西方企業。[8]

我們在二〇一三年參訪哈薩克北部的阿克托比市時，發現這座城市受到中國的影響甚巨，卻又幾乎不見中國人的足跡。在城市裡四處遊蕩時，我們不時探問中國勞工在哪裡，或者城裡的中國城在哪，我們聽到的回答都是沒有中國勞工和中國城。最後，我們跟幾名中國工程師聊，他們則提到，城外有一座蘇聯時代的舊療養院，經改建後，成了他們目前的住所。

哈薩克通往中國的輸油管線，也是從二〇〇六年起便以驚人的速度全力運作，連接新疆到哈薩克西北部的煉油廠，那裡是傳統的產油區，自啟用後，每年輸油量已經增加了百分之二十。二〇一三年四月，中石油宣布未來擴建管線的計畫[9]；到了二〇一九年，經營者報告，該年總計輸送一千零八十八萬公噸的原油到中國；從啟用以來，總計輸送一億三千萬公噸。[10]這個數量占中國石油進口的總比例相對不算高，卻是中國得以仰仗的穩定數字。

然而，中石油在中亞最引人注目的石油開採計畫，莫過於在阿富汗北部的薩爾普勒省（Sar-e-Pul），雖然跟中石油在哈薩克的開採活動相比，薩爾普勒省的產量相對少，但是卡什卡里（Kashkari）、巴扎卡米（Bazarkhami）和熱馬魯扎（Zamarudsa）等三區，是自二〇〇一年以美國為首的干預後，阿富汗首度開採石油。我們在二〇一三年造訪時，根據報導，原油由一隊隊的貨車運過邊境，送到土庫曼提煉。數年後，人人都說改由阿富汗煉油，只是我們始終無從查證，根本不可能了解實際發生什麼事，而且當地的阿富汗官員也始終無法提供明確的答案。

關於這項計畫如何展開，以及過程中遭遇的問題，我們聽過許多不同的說法。開始推動這項計畫時，中石油和與卡爾扎伊家族（Karzai）——近代阿富汗第一任總統哈米德・卡爾扎伊的親族——相關的瓦坦集團（Watan Group）合作，試圖減輕他們觀察到的、其他中國企業所遭遇到的一些問題，與一些關係緊密的權力中間人打好關係。這在首都喀布爾看似一步政治高招，卻惹火了地頭蛇，也就是惡名昭彰的軍閥拉希德．杜斯塔姆（Rashid Dostum）將軍（他也曾擔任過副總統一段時間）。這給當地的公司惹來了麻煩，一名在該地區任職已久的外國石油公司主管和中石油廠區管理的經理人有私交，他告訴我們，有一次，中國工程師在營地受困，因為一群騎乘機車的武裝人員蜂擁包圍工地，那場面不禁讓人想起《瘋狂麥斯》（*Mad Max*）這部電影。中國國營企業想在這裡賭這場長期抗戰，於是跟當地的民兵部隊商洽，提供安全保護，而且據說也塞了錢給關鍵地區所屬當局。[11]

報導反覆指出，中石油正設法達成一個公開的目標，即協助在阿富汗北部建造一座煉油廠，這不只有助於解決要在哪裡加工處理碳氫化合物的問題，也有助於阿富汗朝能源獨立邁進一步。中石油認為，這項計畫似乎也能併入公司正在打造的更廣大的歐亞大陸能源網路，做為中亞到中國的輸氣管網路的另一條「線」。[12]中國的管線執行主管在訪談中告訴我們，公司正在探察是否要在阿富汗設置辦事處，以推動這項計畫，不過，辦事處到底有沒有開設，或者煉油廠計畫最後到底有沒有實現，也就無從查證了。

辦事處無法確定是否設置，導致人們對中石油的能耐難以抱持太大的信心，不過這個更廣大的概念將這項潛在的計畫，連結到公司在這個地區的利益，一開始會前進阿富汗，背後的理由便是利益，這是再清楚不過的了。根據報導，這項計畫的推動者，其實是在土庫曼的中石油工程師，因為他們發現，他們在邊界另一邊開採的氣田蘊藏量豐富，而且和阿富汗計畫中正待價而沽的碳氫化合物系出同源[13]。我們聽說，中石油認為，要是能取得這項石油計畫，就能在阿富汗占有一席之地，有利於投標時取得更大的天然氣開採機會。

通盤客觀來看，這樣的局勢就更加引人側目。中國在中亞推動廣泛的能源基礎建設計畫，尤其是天然氣，但是中亞地區相對而言，在中國的總能量消耗裡，卻只占據微不足道的地位，此兩種現象一併觀之，就不言而喻了。雖然百分比快速增加，二〇一一年，中國消耗的天然氣裡，大約有百分之十二是從外國進口；但是同一年，天然氣只占中國總能量消耗的大約百分之五。由於液化天然氣和其他資源的進口，中亞的天然氣在中國的全球能源網路中，只是微不足道的一小部分。目前中國計畫要在二〇二〇年以前，讓天然氣占國內能源組合（energy mix）的大約百分之十，二〇三〇年以前增加到百分之十五。

到了二〇一八年，中國的天然氣就占能源組合的百分之七，其中約百分之三十是進口的，大部分來自中亞，小部分來自緬甸。隨著俄羅斯的「西伯利亞力量」（Power of Siberia）管線逐漸增加天然氣產量，液化天然氣產量增加，中亞天然氣在中國能源組合中所占的比例將減少。儘管如此，中亞的天然氣仍舊會在中國的能源組合中占重要的一部分，而且輸送方式更是穩固安全；液化天然氣由海路進口，相對有風險，也可能會陷入「麻六甲困局」（Malacca Straits Dilemma），中國的石油進口便深受此問題所苦。

中國在二〇一三年便證明了自己是中亞能源的重要消費者，當時中石油與哈薩克國家石油天然氣公司簽署協議，購買超巨大的卡沙干（Kashagan）油田的百分之八點三三。讓這項決定變得更加意義重大的是，早在二〇〇三年，英國天然氣（British Gas）決定賣掉這項計畫的股份，中國海洋石油集團有限公司（簡稱「中海油集團」）和中國石油化工股份有限公司（簡稱「中石化」）便曾聯合試圖買下其股份。哈薩克國家石油天然氣公司在股東會上動用優先購買權，阻止中國收購，並自行買下英國天然氣的部分股份，其餘股份由參與這項計畫的西方石油巨擘們拆分買下（埃尼、殼牌、道達爾、康菲、埃克森美孚——而日本的日本國際石油開發公司（Inpex）也有這項計畫的股份，只是選擇不參加這次認股）。

根據報導，當時的哈薩克總統納扎爾巴耶夫（Nazarbayev）一再要求讓中國加入這項計畫，但是眾家公司都不想讓中國企業加入，尤其因為中海油集團威脅眾家公司，若是不讓中國加入，就要在中國展開報復。採取這種威逼的外交手段反而產生了反效果。西方企業不顧主事政府的要求，決定不讓中國加入，其中的確切理由並不清楚，不過可以確定的是，中國企業嚴重失算了。然而，差不多十年後，康菲決定賣掉百分之八點四的股份，局勢又一次扭轉。據傳一開始，康菲打算把股份賣給印度能源供應商「印度石油天然氣公司」（ONGC），結果反而是哈薩克國家石油天然氣公司買下，之後賣給中石油。我們終究無法得知確切的細節，不過這倒是有助於證實，在這個地區購買並持有能源背後的策略思維。

這次地緣政治較量的主角不只有各個國家，還有各個採油公司。我們訪問中亞的能源公司執行主管時，他們總是時而談論政府的緊繃關係，時而敘述受限的技術問題。他們認為，任何問題都不單只是需要改正的工程問題，同時也是他們難以左右的政治難題。讓中國加入，卻把印度拒於門外，顯然對哈薩克造成了地緣政治上的後果，充分反映出其實哈薩克是想確保最大的經濟伙伴中國，明確押注在哈薩克領土上的利益。哈薩克當局顯然想要證明自己能夠操控這些強權，而且也十分清楚中國是他們最大的客戶。兩國領土緊鄰，也因此，哈薩克從領土上採得的多數天然資源，銷售提供給永遠無法獲得滿足的中國市場，也是合情合理。雖然印度石油天然氣公司也提供哈薩克機會與另一個崛起中的亞洲大國做生意，可惜兩國地理位置相距甚遠，導致買賣較有難度。除此之外，印度始終沒有在中亞認真經營（只是拚命花言巧語、裝模作樣），這只會讓哈薩克政府確信，自己最好繼續鞏固既有的關係，不要在孤立無援的狀態下締結新伙伴。

＊　＊　＊

哈薩克礦業（Kaz Minerals）——原隸屬於哈薩克銅業（Kazakhmys）——最能栩栩如生地描繪中國如何參與哈薩克廣大的礦物資源產業。這一家以採銅為主的公司範圍遍布中亞（不過以哈薩克為主），也引發了批評及猜疑。二〇一四年年初，哈薩克銅業分為兩家公司，並將相對穩定的資產置於一家私營企業上，而新發展的資產則轉移到在倫敦、香港和阿斯塔納證券交易所上市的一家公營企業裡。

我們主要感興趣的是，這家公司向中國國家開發銀行（簡稱「國開行」）貸款了鉅額款項，並分兩次大筆借貸——第一筆，在二〇〇九年，當時國家主權財富基金「桑魯克—卡澤納」（Samruk-Kazyna）成了哈薩克政府向中國政府借貸的工具，向國開行借貸鉅款，其中約莫二十七億美元最後投入哈薩克銅業的計畫。接著在二〇一一年，哈薩克銅業直接去找國開行，又借了十五億美元。第一筆貸款用於開發哈薩克東部的博茲沙科爾銅礦場（Bozshakol）和位於吉爾吉斯的波進恰克銅金礦場（Bozymchak）。第二筆貸款則用於開發位於阿土蓋（Aktogay）規模甚大的銅礦場——距離中國邊境相當近。我們詢問第一筆貸款時，公司的執行主管告訴我們，政府借得這筆貸款後，公司便能從國家基金中使用這筆款項。這樣的關係讓公司獲得人脈和經驗，便在下一次直接向中國這家政策性銀行商借第二筆錢。哈薩克銅業的交易團隊大多是英國人，他們對其中國的對應窗口印象深刻，因為這些人行事專業、不拖泥帶水，全心全意只求一明確清楚的結果，行事風格跟他們原本所以為的中國銀行截然不同。

就國開行的觀點來看，像哈薩克銅業以及後來的哈薩克礦業這類公司，是國家銀行借貸的理想目標，因為哈薩克礦業脫離母公司後，積欠國開行的貸款就會成為資產的重點。哈薩克礦業的礦產不只供應中國不斷成長的製造基地，而且離中國那麼近。加上這又是一家地方性的公司，由此得以淡化中國接管鄰國的印象。最後，哈薩克礦業利用中國的企業來完成這些計畫。哈薩克礦業和中國合夥人的關係極其密切，在二〇一五年的年終審計報告中，哈薩克礦業聲明，已經與中國有色金屬建設股份有限公司（簡稱「有色金屬」——阿土蓋工程案中的主要建設公司——達成協議，同意延後三年支付有色金屬積欠哈薩克礦業的三億美元。二〇一八年年中，有色金屬進一步強調與哈薩克礦業合作的好處，宣布將投資約莫七千萬美元，推動和哈薩克礦業合作的第三項工程案。

對哈薩克礦業而言，與中國承包商合作自然是不為過，理由有很多——第一，兩家公司已然建立信任關係；第二，顯然這樣能吸引中國的客戶與銀行家；第三，向國開行借來的錢可更隨性支用。透過「桑魯克—卡澤納」借的第一筆貸款全部都是美金；第二筆則是十一億美金，外加十億中國人民幣。如此一來，哈薩克礦業付錢給中國承包商就容易多了——這是二〇一三年我們會見一群執行主管時，其中一人這麼告訴我們的。這也給這家中國政策性銀行帶來另一個好處，有助於拓展中國政府的眼界，讓人民幣更廣泛流通於國際。

從資產負債表可以清楚看出來，與中國的關係對這家哈薩克公司有多重要。二〇一七年十二月年終報告上載明，這家公司有大約十九億三千八百萬美元營收，其中的十四億六千八百萬美元來自中國。就在一年前，營收達九億六千九百萬美元，其中也有五億七千萬美元來自中國。營收遽增以及和中國的合作關係，證明了中國對該公司有多重要，甚至反覆在官方聲明中提及，由此凸顯出其暴露在中國的風險之中。而與此同時，該公司和東道國哈薩克顯然獲利於這份合作關係。哈薩克能夠開採天然資源，且不論生產多少，北京都會全部買單，而且資助工程案（哈薩克礦業的絕大部分營運預算都來自國開行），以及提供能夠開發工地的企業。

此等良性循環正是中國在中亞地區投資礦業想要達成的目標。錢、礦產和工作機會——讓這些優勢源源不絕，助長中國，這才是北京最終想要看到的投資效益。就北京看來，中亞是富饒之地，礦藏豐富所帶來的機會是數不清的，中國若想保持急速成長，勢必需要中亞礦藏。不是每一樁交易案與工程案的規模，都浩大得如同和中石油在土庫曼或哈薩克開採碳氫化合物的工程案，或在哈薩克的哈薩克礦業交易案（在中亞各地，像是塔吉克或吉爾吉斯，以及哈薩克的其他地方，都有相對小規模的採礦特許授權案，也可以發現類似的交易案和結構），然重點在於，就北京和中亞看來，向中國借錢，以及把礦產賣給中國，是有道理的。中國想要礦產，除此之外，也要協助中國企業創造潛在的工作機會。而簽署這類的合約，有助於中國貨幣流通中亞地區。中國經濟興盛，需要中亞富藏的礦產，看在北京的中央規畫人員眼裡，中亞地區簡直就是令人垂涎三尺的美味蛋糕。東道國官方顯然歡迎這些工程案，然而，最常被問到的問題，同時也是最受矚目的焦點，便是工程案地點附近的地方社區實際獲益多少。

＊＊＊

吉爾吉斯西北部的卡拉巴爾塔（Kara Balta）是舊蘇聯時代的工業中心。數十年來，龐大的卡拉巴爾塔採礦聯合加工處理廠（Kara Balta Ore Mining Combine Processing Plant）保住了大約五萬人的生計，直到二〇〇〇年年中部分關閉，有些家庭舉家搬遷到越過幾個山谷便可抵達的吉爾吉斯的首都比什凱克。這座工廠負責處理來自中亞各地的鈾，供應蘇聯各地的發電廠發電並製造彈頭。人們總笑稱，核輻射探測器還是可以在這座城鎮的大部分住宅區偵測到異常的輻射值。鈾尾礦（也就是加工過程產生的廢棄物）污染了飲用水，當地居民說，污染物是砷和汞。但是所有年齡層的居民都在訪談中表示，卡拉巴爾塔的未來似乎存在於進一步的工業化：提煉原油。然而，這次生產指令將由北京下達，不再是莫斯科。

我們剛開始著手研究這項工程案時，卡拉巴爾塔工廠可說是中國在吉爾吉斯的重點工程案。這項工程案有足夠的潛力提升國家能源獨立程度，展現了中國會如何造福中亞地區。不過這項工程案跟每個顛覆傳遊戲規則的工程案一樣，根本是問題重重。二〇一三年造訪時，居民正在跟中國企業中大抗爭，想爭取補償金，因為據推測，未來這家公司的煉油廠可能會造成污染；而當時位於市中心外的煉油廠正在興建中。當時由於這個問題和其他的延宕，興建進度落後。而中大開始興建這項工程案時，沒有提出合法文件，因為當時的吉爾吉斯政府沒有要求，當務之急反而是向執政黨團行賄。後來幾屆政府，堅持補辦授權程序，包括一套錯綜複雜的規定及付款——過程中，一名中國高階主管遭到逮捕，中大被控行賄、欠稅等多項罪行。儘管有這些問題，推動這項工程案的根本理由仍受重視。根據報導，投資金額高達三億美元，這項工程案營運後，能夠直接提供五百個工作機會；整個營運期間，可以間接為當地提供數千個工作，為住在工廠附近的社區以及整個哈薩克提供莫大的機會。[14]

我們造訪時，對於中大接管經營這座蘇聯時代的採礦工廠，人們大多聳肩無語，許多人認為，這座新的煉油廠象徵中國正暗地裡接管哈薩克的經濟。日漸凋零的艾木拉（Elmurat）靠著養老金過活，頂上那稀疏、雜亂無章的白髮活像刺蝟頭。他在卡拉巴爾塔採礦聯合加工處理廠工作了三十年，對他而言，

俄羅斯人不是我們的朋友，但是我們曾經跟他們並肩工作很久，他們就像繼兄弟。我們都有親人在莫斯科工作，他們或許不喜歡待在俄羅斯，但是他們了解俄羅斯人……我們對中國一點也不了解，我們不曉得他們要什麼、他們的計畫是什麼、這座煉油廠蓋好後他們要幹什麼。我們的政府討好他們，因為政府要他們的錢。我不信任他們，我確定他們暗地裡有什麼勾當。[15]

據信，中大的長期計畫，是要協助連接起這座工廠，以及這個國家跟中石油的中亞地區大計畫。吉爾吉斯能源匱乏，因此目前是從哈薩克或俄羅斯輸入原油，而生產出來的石油產品再分銷

到吉爾吉斯各地。儘管艾木拉滿腹猜疑，這種看似地方性的發展將會產生地緣政治後果，影響所及將遠遠超出卡拉巴爾塔。起初當地人以為煉油廠的產品是要賣給中國消費者，但是事實證明並非如此，產品大多販售到吉爾吉斯的市場。報導反覆指出，這項工程案破壞環境（有報導指出，當地環境遭到破壞，以及輸入危險的化學物質到吉爾吉斯，在運送途中或在吉爾吉斯境內恐有外漏之虞）、非法販售、逃稅、爆發員工爭議、高階員工因各種指控罪名遭到逮捕、經常引發抗議（有人懷疑是反對派的政治人物所煽動的，要求查看那裡的中國員工的工作許可證），儘管如此，這項工程案確確實實改變了吉爾吉斯。即便在新冠肺炎爆發期間，營運戛然而止，中大仍繼續支付員工薪水，這推翻了指控中國投資吉爾吉斯意在剝削的常見說法。[16]

中大的煉油廠為吉爾吉斯提供了極需的能源多元化：這是中亞地區在地緣政治和經濟上的好處。二〇一三年，我們遇見一名長年移居海外的人，他密切關注卡拉巴爾塔的議題，而他這麼告訴我們，

卡拉巴爾塔煉油廠或許至少能夠滿足國內市場的一半需求，生產「歐洲四期」(Euro 4)或「歐洲五期」(Euro 5)的石油。這將得以終結俄羅斯天然氣在吉爾吉斯的壟斷，逼使這家俄羅斯產油商與地方提煉的燃料競爭。就政治而言，這種投資能夠加強吉爾吉斯未來在與莫斯科的關係中的支配權。目前地方經濟的特色正是對俄羅斯那令人不快的依賴，包括提供能

源安全並以此做為一種匯款來源。因此興建設施得以同時提供當地工作和燃料，中國可是幫了兩個忙啊。[17]

同樣的效應在吉爾吉斯的其他地方也看得見。二〇一五年八月，在稱為凱明（Kemin）的村莊，時任總統的阿坦巴耶夫（Almazbek Atambayev）在中國資助並興建的電力傳輸線的落成典禮上發表演說。這條全新的電線意味著吉爾吉斯不必受鄰國牽制，便能在邊境形勢先天不良的國土裡傳輸電力。一如總統所言：「以前，我們有賴各個鄰國協助，才有電力……未來能源工程案竣工後，吉爾吉斯將不只能滿足國內需求，還能輸出電力。」總統清楚知道，中國在其中扮演的角色，便在演說結尾時說：「感謝伙伴和朋友（像是中國），提供長期貸款，讓我們能夠推動大規模的工程案。」[18]

中國不只削減了俄羅斯在吉爾吉斯的戰略影響力，還協助鞏固了該國對鄰國的依賴。由於無法提升或開發基礎設施，吉爾吉斯只能沿用蘇聯時代的基礎設施——無視國界，把整個中亞地區視為單一個區域，貿易條件亦由莫斯科制訂。然而，在中亞地區旅行時我們注意到，美國正忙於退出中亞之際，北京卻反而緩緩穩定地增派人員進駐中亞，透過各種實質上的設施布設地緣政治影響力，像是卡拉巴爾塔煉油廠和適得其所的輸送管線網絡。對於這些所造成的影響，中大的代理人三緘其口，也是可以理解的，不過，駐比什凱克的中國外交官倒是坦承以對，即便他們說了一大堆「敦親睦鄰」和「國際合作」之類的支吾其詞來掩飾那些據實以告。然而，這樣直接挑戰俄羅斯，北京要強調的，無非是在能源方面，中亞可是中國的地盤，而不是俄羅斯的。

不過中國的作法有一點不一樣。北京是否會直接受益於這些工程案生產的燃料（指參與工程案的特定公司以外），這點並不清楚，然而，這些工程案確實正逐步提升中亞地區的能源產能。長期下來，吉爾吉斯或許也能夠輸出電力到新疆，而且中石油最終或許也能找到辦法，把油賣給中大煉油廠。在中亞地區，處處可見類似的報導，即中國利用中國的企業提供資金，繼續開發地方能源基礎設施，當地市場立即受益，基礎設施獲得升級，或者能夠更有效率地與其他市場有貿易往來。

這一切都跟莫斯科的手法天差地別。俄羅斯的能源巨擘俄羅斯天然氣工業公司、俄羅斯石油公司（Rosneft）和俄羅斯國家石油運輸公司（Transneft），以及莫斯科派駐中亞各個首都的外交官，盡皆採取分而治之的策略，強調例如提供吉爾吉斯和哈薩克不同的石油價格和出口條件。如此一來，俄羅斯不僅能夠操控這些前聯邦國互相制衡，還能確保能源匱乏的中亞國家直接向俄羅斯買油——這種迂迴、毫無效率的制度很符合克里姆林宮的作風。反之，中國主要透過國營企業，諸如中石油、中大等，依中國自身的條件，在中亞能源網絡中尋找出一種合理化的模式。卡拉巴爾塔煉油廠將建立石油出口連結——當然是在中國的督導下——這對哈薩克和吉爾吉斯而言，在地理和經濟上，本來就一直都是很合理的。這樣的合理化，也幫北京降低了地區議價和交易成本。一名長年移居海外的觀察家這麼說，在能源領域採用分而治之的戲法，只會給中國人造成「非必要的棘手問題」。哈薩克和吉爾吉斯不只增加了多元性，也獲得了一名新的顧客。

＊＊＊

「天然資源附屬物，你們的『美國之音』和『自由歐洲電台』是這麼稱呼我們。」一名特別要求匿名的塔吉克調查記者如此說道。我們在杜尚別的一家戶外餐館吞雲吐霧時，他激動地比劃著，並強調，

> 你們自己去礦區看看那裡的情況，看看當地人怎麼被排擠，或是被當成畜牲對待。中國人根本不是想為我們的經濟或生計出力。他們把塔吉克人、把整個中亞，都當成一個大礦坑，只想著開採來提升中國經濟所需要的資源。當地人根本不重要，他們收買我們的領導人後，就為所欲為。你們自己去看看吧。

二〇一一年，在塔吉克西北部的彭吉肯特（Penjikent）附近的澤拉夫尚金礦（Zarafshan），一千五百名礦工罷工，他們抗議雇主不顧通貨膨脹日益嚴重，還扣減薪水。透過中央政府為中間

人安排協商，最後雇方聽取了礦工的一些要求，可惜礦工所獲得的補償與他們所要求的天差地遠：他們要求每個月補償五百美元，雇方卻只給一百多美元。我們來到當地時，主管人員不准我們跟一般礦工交談。不過我們和為礦區工作的司機以及當地村民簡短交談，確信當地人依舊忿恨不平，且有嚴重的中國恐懼症（Sinophobia）。原因有很多，其中包括氣憤工作環境差，也揣測為什麼自從中國工人來了之後，當地的驢子、狗、蛇全都消失了。塔吉克各地幾乎人人都在抗議中國人娶塔吉克婦女，尤其是娶移居到俄羅斯工作的男人的老婆，她們全都在家獨守空閨。這類恐怖故事在整個中亞都時有所聞，但是實際發生這種事的證據卻不多：我們遇過少數通婚的夫妻，他們看起來都很幸福，生活安定。

有些地方，這種怨恨演變成暴力。吉爾吉斯的索爾通—薩雷金礦（Soltan-Sary）由一家中國企業經營，員工大多是中國人。同樣在二〇一一年，超過三百名群眾湧入礦區，中國礦工和試圖保護他們的吉爾吉斯警察遭到痛毆，工地設備多被偷走或破壞。二〇一八年四月，一群憤怒的當地人攻擊賈拉拉巴德（Jalalabad）卡澤曼村（Kazarman）附近的一座黃金加工處理廠，暴民闖入工地，放火燒毀汽車和辦公室，並且阻止消防人員進入工地，最後根據公司計算，損失大約兩百三十萬美元。時間來到二〇一八年，一群中國工程師參觀巴特肯（Batken）的一個地方，與當地人爆發衝突，因為當地人說他們是來污染環境的；工程師被當地人關在一輛金屬拖車裡，錄影存證的畫面顯示，他們威脅要去拿刀子「懲罰」中國人。二〇二〇年，國會選舉結束後，爆發了震撼吉爾吉斯的激烈暴動，暴動期間，一些外國企業遭憤怒的暴民攻擊，中國企業也包括在其中。

引進到此的中國勞工經常會反擊。二〇一二年，當地抗議人士包圍塔爾德—布雷金礦（Taldy-Bulak），並要求賠償，指控經營礦區的中國企業掠奪環境，以及據聞粗暴對待村民。抗議人士包括在礦區工作的吉爾吉斯人，當地媒體報導說他們涉入「大規模群架」，導致多人受傷。中國大使抗議後，有超過兩百五十名中國人撤離。正是這類事件，造成吉爾吉斯的中國商會警告想要投資的中國人，「當地人的反抗，導致在該國經營的許多外國企業，陷入動盪的危境」。二〇一五年七月，在哈薩克礦業的阿士蓋礦場，中國工人和吉爾吉斯工人爆發鬥毆事件，根據報導，肇因是員工餐廳供應的食物。[19]中亞各地經常報導當地人與中國人爆發這類大規模衝突，尤其是在哈薩克和吉爾吉斯，其中一個原因，正是新聞環境相對開放，以及這兩個國家的中國人比較多。

有時，這些事件會以其他方式擴延。二〇一四年年底我們造訪時，比什凱克正熱議著一起事故，有十六名中國勞工成群喝醉，攻擊一名警察和一名試圖阻止圍毆的路人。二〇二〇年新冠肺炎肆虐期間，在塔吉克有一群中國工人開始抗議他們的生活條件，並且對政府處理病毒擴散的方式表達憂心，導致政府派遣武裝警察前往驅離集會。[20]二〇一三年，我們人在土庫曼，聽到傳聞說，土庫曼納巴德（Turkmenabat）附近的中國工人被禁止離開園區，據說他們之中有一些人在當地嫖妓（數年後，我們又聽到了讓人回想起這件事的傳聞，有人告訴我們，當地未登記出生的人口變多了，之所以會發現這個現象，是因為人們開始質問，何以當地有些孩子顯然取中國姓名，卻未在當地登記出生。那些母親唯恐遭到排擠）。我們在阿什哈巴德訪談的中國能源產業工人，一再抱怨在土庫曼生活很無聊，可以互動的人少之又少，網路使用又受限，就連無所不在的中國超級應用程式「微信」也被封鎖。

當地人與外國人之間的衝突以及雙方引發問題的傳聞，在中亞地區時有所聞。在吉爾吉斯，西方採礦公司曾遭遇過搶匪騎馬來攻擊工地；首都比什凱克和其他地方，為了加拿大經營的坤特大金礦（Kumtor），也經常爆發動亂。這些攻擊行動有時與當地政治有關。一名長年移居海外的觀察家這麼形容卡拉巴爾塔煉油廠：

> 任何一名國家主義的政治人物，若想要向軟弱的比什凱克中央政府找碴，那麼，舉目所見的那一座中國煉油廠中，想當然耳會雇用的眾多中國工人、碳排放以及違反地方勞動法規等，無疑就像一把極其誘人的尚方寶劍，令人無法忽視。

在阿斯塔納的石油公司主管證實，西方企業必須嚴格遵守規定，依配額雇用當地人，反觀中石油等中國企業好像不必遵守。在阿克托比一處哈薩克西北部沿岸油區，一名卡車司機曾為幾家中國能源企業工作，他的女兒詳述他對待遇極度不滿。她同時指出，中國企業裝模作樣，一副努力遵守地方雇用規定的樣子，刊登職缺廣告，招聘當地人，卻提出必須中文流利或熟悉中國製造的機器等要求，由此規避相關規定。根據她的說法，廚師、雜工或從事體力活的人更是必須符合這些要求。我們聽到的可能合理解釋是，中國企業或許想要的，是會烹調中式料理的廚師，而會說中文的人相對較有可能熟悉中式料理。這個傳言跟我們聽到的諸多怨言一樣，經常有兩面說法。

老一輩的人——或聽到老一輩的故事而受影響的人——老是哀嘆，蘇聯時代從事體力活的人能獲得的福利好多了，聽到這些感嘆，如今在礦區或油田為中國企業工作的人，不禁更是沮喪了起來。例如，有個五十五歲上下的貨車司機回憶說，共產政體瓦解之前，他曾經享受過國營企業提供的住宅、醫療保健、退休金和其他福利，哪怕只是微薄的。最重要的是，他說，當時的職場文化——至少理論上——重視工作條件和勞工同袍情誼，更勝於公司盈虧。他還說，以前行點小賄，就能獲得福利，完全不用工作得那麼賣命。實際上，在中亞的背景中，一九七〇年代和八〇年代經濟條件相當差，午餐休息時間長，工作時聊天抽菸，工時短，在工業或採礦產業確實司空見慣。

眾多這類勞工都對現代的工作條件感到失望，不論是為哈薩克、西方或是中國企業工作，其中最令人憤怒難耐的，莫過於大型中國國營企業，因為他們的職場文化和蘇聯遺留下來的截然不同。中國企業和勞工習慣日日長工時，不見天日的輪班作業，而這跟當地的習慣天差地別。當地人控訴中國強制實施監獄勞動作風，這類缺乏事實根據的傳言在當地人之間不時流傳，因為這是唯一能夠解釋何以中國工人願意接受那麼悲慘的長工時作業。老實說，有可能有些企業真的這麼做。旅途期間，有個在中亞待了很久的中國商人對我們很有好感，他證實自己的確認識這樣的企業，不過對於細節和涉及人數就說得含糊。確實，我們早就知道，中國境內有人採行監獄勞動的作法，只是我們始終無法直接證實中亞真的有同樣的情況發生，但是那些傳言至少凸顯了當地的情況有多複雜，不同的職場文化產生了衝突。

中國企業對此情況同樣感到挫折。地方政府不斷設法加速完成工程案，通常是為了配合地方的政治循環。中國企業一心想要滿足這些要求，因此會要求按照自己的條件來完成工程案。同時，他們很清楚地方法規規定必須雇用當地人，因此有時會利用政治力來規避這些法規，不過這樣做，經常是出於務實考量，而非民族主義。外國企業無不抱怨說，當地缺乏知識分子菁英，無法在複雜的採礦、提煉或基礎設施工程案中擔綱高階職務。如果你無法找到足夠的當地人來補足配額，卻又承受著必須完成工程案的壓力，你能怎麼辦呢？在大多數的情況下，你會設法帶更多人來。對於比較低階的職務，他們本來同樣樂於雇用當地人（跟地方上那些缺乏事實根據的傳言相反，外國公司雇用了許多當地人），[21]結果卻對當地勞工的品質和工作態度感到失望。這導致勞工與企業之間，以及企業與地方當局之間，產生衝突，造成惡性循環，各方互相指責。

中國恐懼症不只是直覺的民粹情緒，中亞地區各地都有學者、經營有成的商界人士以及其他卓越人物等，表達對中國意圖的猜疑，並憂心中亞各國政府沒有透明公開與北京的協議以及中國國營企業的投資。在那個仍經常被稱為「知識分子」的圈子裡，有個普遍存在的想法，那就是他們的政治領導者被中國利益緊緊掌控，而不願揭露事實。這種想法不只源自傳統上對中國漢人「異族」感到不安，知識分子也認為，領導者貪腐，利用中國投資來圖利自己。其中有些指控看似屬實，根據吉爾吉斯法院審理的資深政治人物被告的案子，看來這之間有鉅額金錢交易，用以支持推動吉爾吉斯的中國工程案。在其他國家，類似故事的傳言同樣甚囂塵上，不過經常難以取得確鑿的證據——我們不時耳聞複雜的貪污網絡和重要人物的家庭成員之間有密切的關聯。

接著，還有後蘇聯時代熱中的陰謀活動傳統。我們早已數不清有多少次，總有傑出的分析人士——多為政府顧問——甚至有些在任的國家官員，會找我們私下談（或許認為我們是有同情心的西方人吧），並向我們吐露他們極度懷疑——卻也顯得偏執——涉及中國的重要基礎建設工程案、商業投資、或上合組織計畫案。一名重要的塔吉克分析人士特別詳述自己與總統執政團隊的關係，他花了將近兩個小時說明中國企業精心策畫的陰謀，為中國鋪路，以利未來從東邊發動軍事入侵。「他們正在進行必要的準備工作，」他說，「準備大規模強占領土。我們不應該對即將爆發的動蕩視而不見。」這種「黃禍」觀點十分普遍。

中亞學者馬琳·樂羅（Marlene Laruelle）和沙巴斯先·佩勞斯（Sebastien Peyrouse）觀察到，這些菁英之所以這麼猜疑，「原因正是缺乏資訊」，不了解中國在中亞地區的活動。例如，他們進行了一項重要的研究，內容引述哈薩克學者的話，懷疑政府隱瞞中石油等中國企業對哈薩克能源產業的真正控制權。[22]有時候，若考量到工程案的商業性質，這種資訊不透明的情形是可以理解的。只是在諸多案例中，花的是公帑，而錢到底去了哪裡，卻不得而知。

許多當地人指出，在北京建造的「人造纖維之路」上流通的廉價中國商品，正逐漸侵蝕當地的製造業。當地人也一直抱怨，中國生意鶴立雞群，從街角麵店到大型辦公大樓（像是中石油子公司在哈薩克首都努爾蘇丹蓋的塔型摩天大樓，裡頭有許多中國企業的地方辦事處，以及一間飯店和一間旋轉美食餐廳）。然而，在窮人和富人之間，不論是讀書人或文盲，一直引發恐中情緒的，正是中國在天然資源產業的活動，因為開採資源本來就關乎領土掌控權，接受俄式訓練的中亞人認為，這決定了權力。

儘管許多說法都單純只是基於傳聞，但是以前隸屬於蘇聯的中亞各國如今充斥著陰謀論，認為中國意圖奪占土地。歸根究柢，這些站不住腳的理論指稱，中國人多如牛毛，相較於中亞的廣闊領土，不論是哈薩克草原、土庫曼沙漠或帕米爾高原，中亞人實在少之又少。這個觀點忽視了一個事實，那就是不論任何規模的中國居民中心，都離中亞遠遠的，而且在中國西部的新疆更是吸引中國人，不但土地可以利用，人口又稀少——至少現在是如此。

然而，這種恐懼根生自一種世界陰謀論，認為在這個世界上，硬實力和資源掌控權決定了國家實力。這種論述聽起來似乎比較可信，哪怕事實經常證明是錯的。上海五國會晤機制（上海五國會晤機制存在於上合組織創立之前，我們會在後面更加詳細討論）中產生了一系列的邊界劃定協議，哈薩克、吉爾吉斯和塔吉克確實在最後都割讓了一些土地給中國。時間最近的一次協議，在杜尚別會談中引發了檯面下的議論：二〇一一年國會批准一九九九年的一項交易，將三百八十六平方哩的土地讓與中國，那塊地位於邊境，在荒涼的帕米爾高原上，無人居住，原本由塔吉克主張所有權。[23]雖然雙方官員都稱許這項簽署案是這個百年爭議的最終解決辦法，但是時事評論員和塔吉克人民卻公開質疑，中國仗著自己是塔吉克的最大投資者，動用壓倒性的影響力，奪取這塊資源豐富的土地。這個陰謀論指出，中國要在那裡開採黃金、紅寶石和其他貴重礦物。未料我們訪談過的地質學家認為，這些說法是無稽之談，並進一步解釋為什麼幾乎不可能在那裡找到寶石。

不過，宏觀來看，這次重劃邊界不禁令人想問：為什麼遼闊的中國要大費周章，逼壓小小的塔吉克讓與這麼小一塊荒地呢？這塊地緊鄰中國的塔吉克自治縣，位處中國一個完全被忽視的角落，很難遇到中國漢人。到底是什麼動機激起這樣的高層外交動作，爭取偏遠山區的一塊小土地呢？當然，一定是當地居民所不知道的豐富資源。土地，可是定義國家身分的寶貴商品呢。

在二〇一〇年極度嚴寒的冬天，將近一千名哈薩克人穿著厚厚的保暖衣物，在阿拉木圖的一座公園外頭站了好幾個小時，抗議他們所說的「中國擴張主義」（Chinese expansionism）。[24]他們明確不滿的原因是，哈薩克政府在一項交易中，要把大片農地——高達一百萬公頃——租給中國農業公司。哈薩克人認為，這麼大片的農田會雇用中國勞工，並且把農產品出口到迅速成長的新疆。一名抗議人士：「我們的人民正在覺醒，我們的土地正受到威脅。」這場示威運動竟然能夠獲准舉行，著實值得注意，因為哈薩克政府通常禁止公開對重大政策表達不滿。也或許是在測試輿論，無論如何，似乎達到效果了：據說土地交易無限期延期，而且可能會取消。將近十年後，政府試圖重提允許外國人在國內購地的想法，類似的抗議事件再度爆發，部分由反對派人士所煽動，不過也是反映當地人的恐懼和不滿。政府現在依舊不敢提起賣地給外國強權的想法，尤其是中國。

然而，在塔吉克類似的交易似乎有所斬獲，標的物是至今仍被認為鹽分太高、無法用於農耕的土地。一些試驗計畫案運用中國的農業技術，已經收成獲利，所以眼前有六千公頃土地準備租給中國公司，但是依規定全部農產品都要在塔吉克銷售，不得出口到中國。當地人指出，這已經改變了塔吉克某些市場的樣貌，現在全年都有農產品可以買賣。但是對於這種協助的需求引發了憤慨，新聞記者法羅馬奇．法索（Faromarzi Fosil）曾經寫道：「如果所有的道路、發電廠、公司和農田都是中國人和其他外國人建造的，那我們還需要自己的政府嗎？」[25]

＊＊＊

中石油代表和中國外交官老是強調，中國的經濟體渴求天然資源，中亞各國蘊藏大量石油、天然氣和礦物，雙方能互補有無。我們訪談過北京、上海、烏魯木齊和中國駐中亞地區使館的官員，他們咸認為這種相輔相成的關係，是中國跟西方鄰國「和睦」相處的其中關鍵支柱。確實如此，中石油等國營企業聯手西進，其中一個目的正是要補足北京的新疆資源開採計畫。例如，哈薩克往東送的石油，大多在新疆的克拉瑪依、獨山子、庫車和烏魯木齊的煉油廠提煉，這些煉油廠再與新疆省各地所謂的工業區互通有無，計畫生產石化產品、塑膠和重機具。這些煉油廠從烏魯木齊連接到中國西部成品油管道（Western China Refined Oil Pipeline），輸送到甘肅省，再從甘肅經由眾多支線，分送到急需油料的中國東岸城市。

但是，不單單因為中亞擁有中國需要的資源。中石油的輸送管線以及採油、煉油設施構成的網絡，可謂重要的地緣政治資產。雖然中國官員否認中國拿輸送管線操弄政治，結果卻是在俄羅斯傳統上的後院，以及在傳統上莫斯科擁有最大的國際影響力的產業等方面，中國已經取代俄羅斯。這樣的成績可不算小。雖然提新的「大博奕」（類似十九世紀俄羅斯和大英帝國在中亞所展開的那場大博奕），對於了解中亞地區現代的地緣政治，可能不是最適用的，但是中國在中亞追求「利益」，確實讓中國跟伊朗和波斯灣周邊更豐富的資源搭上了線，並且前進印度洋和整個裏海。

基於諸多原因，中石油突襲伊朗能源產業，遭遇重重困難，但是如果最後運用基礎設施網路，並透過土庫曼、阿富汗和伊朗搭上線，這應該不會令人太驚訝。在這樣的背景下，川普總統執政下的美國排擠伊朗，任北京得利，同時歐洲企業決定動用國際制裁，遺棄伊朗，在在都導致德黑蘭堅決轉向北京，包括簽署二十五年的合作與投資協議。儘管計畫案與合作的實際情況或許經常受到質疑，但是整體而言，顯而易見的是，德黑蘭的動向是靠向中國這個東方伙伴，這點無庸置疑。中國企業也已經在亞塞拜然、高加索地區以及歐洲邊緣，敲定了一些小規模的資源交易，一旦中石油在土庫曼的裏海沿岸建立起立足點，這隻中國能源巨獸的下一步，很可能會逼近北大西洋公約組織的領土和歐盟東部伙伴關係的空間。中石油「合理化」一個橫跨大陸的大型能源網路，讓人不禁回想起哈爾福德．麥金德爵士曾經警告，強而有力的歐亞「組織者」擁有無窮的潛力。他寫道，他們掌控一塊大陸後，將變得勢不可當。

第四章 絲綢之路，或人造纖維之路？

在位於中國和哈薩克交界的霍爾果斯，一輛輛貨車滿載中國商品，沿著道路排列，等候中國和哈薩克的海關人員先後放行，好繼續橫貫歐亞大陸的行程。很多貨車要前往中亞的大型市場，像是多而多、巴拉寇卡（Barakholka）和卡拉蘇，有些則要前往歐洲。貨車擠過單一線道，卡在長長的等待車流中，在中國海關的陰影裡等待，全新的中國海關有多條線道，就閒置在隔壁。這些道

吉爾吉斯賈拉拉巴德市場的女商人（Sue Anne Tay攝影）

路平行延伸，連接正在擴建的鐵路網絡——遍布中亞地區，起於烏魯木齊宏偉的新火車站，接著緩緩穿越草原，抵達歐洲海岸。這片運輸網格是中國正在歐亞大陸各地鋪設的絲綢之路經濟帶的心臟，其中第一個中心和中繼點便位在中亞。

哈爾福德·麥金德談論中亞時，提出「大博奕」理論，說強權競相鬥爭，以主張自身擁有的影響力，而引用這番說法或許陳腔濫調。紙上談兵的戰略家和位居要津的空想家，長久以來老愛把中亞地區看作地緣政治棋盤，只是中亞領導者本身的戰略概念中心也是如此。舊觀點是把中亞地區看成實質戰場，用於爭奪權力和控制權。舊時代的權力遊戲依舊在，不過如今是透過市場和道路及基礎建設的物流來連結，且正逐漸重新布線，目的地一概朝向中國，不再是莫斯科。若跟中亞高階官員或戰略思想家談，他們多談論多重向量的外交，認為自己是坐在駕駛座主導。然實地查看，光看中國經濟投資的廣度和深度，就知道完全不是這麼一回事。

中國在中亞打造並規畫一帶一路[1]和絲綢之路經濟帶時，引用麥金德的思維到什麼程度，始終無法確定。王緝思起初寫作談論中國的「西進」時，曾呼應麥金德這位歷史地理學者。[2]而且，稍早我們提過，二〇一五年，駐倫敦聖詹姆士宮（Court of St James）的中國大使指出，麥金德曾告訴《金融時報》（*Financial Times*）的讀者，「要把新絲路當成機會，不是威脅」，此番言論深得中國的心，而中國大使亦在文章一開頭便直接引述麥金德的話。他接著強調運輸網絡的重要性，引述另一名更近期的地緣戰略學家茲比格涅夫·布熱津斯基（Zbigniew Brzezinski）的觀點，他說，「運輸網絡無可避免地正在成形，勢必能夠更直接連接到歐亞大陸多數富饒以及東西兩端之地」。[3]根據中國駐英大使劉曉明的詮釋，這項計畫的核心，是為提升整個歐亞大陸的連結密度，並且建造基礎設施，促進共同繁榮。貨物流通的路線會決定這條新絲路的路線，大部分勢必會橫貫中亞，切過整個歐亞大陸。

進行研究期間，我們盡可能地沿著這些路線踏查。我們探訪了通往中亞的四個中國邊境哨站——每到任一站，都近距離觀看兩邊，不過我們從來沒有正式跨越邊界，因為需要簽證。我們搭車到遙遠的新疆邊界，並走偏遠的路線抵達中亞邊境，試著跟隨橫越這塊大陸的貨物，探索可以找到貨物的市場，跟在艱困的環境中努力餬口的商人聊天。有些人很親切，有些人則指控我們是間諜，但就是沒有人覺得自己正參與這場大博奕——多數人只是試著討生活而已。但是，顯然，北京正在鋪築新的絲路，整個中亞地區正在發生巨大的改變，而他們無一不受到影響。

麥金德所喚起的浪漫神祕，人人都注意到了。二〇一二年，在一趟中亞旅程的一開始，我們造訪烏魯木齊的新疆大學，抵達大學後，我們和幾名研究人員見面，這才驚訝地發現到，他們希望我們向學生演講。於是，我們便厚著臉皮，發表了冗長的演講，把麥金德和司馬遷融入現代的論述，聽眾聽得津津有味（即便必須透過翻譯）。學生們反問了具體的問題，急欲了解美國對新絲路的看法，特別是當時的美國國務卿希拉蕊前一年正好在清奈談論到絲路，而這又意味著什麼。我們離開大學去探查這些路線後，令我們震驚的是，中國在中亞地區的活動竟然已有如此進展——美國的確談論過對新絲路的夢想，未想中國正在實現。

「絲路」一詞其實很晚才出現，由十九世紀早期內亞探險家、德國地理學會會長費迪南·馮·李希霍芬（Ferdinand von Richthofen）所創；費迪南的姪子便是惡名昭彰的第一次世界大戰德國飛行王牌曼佛雷德（Manfred von Richthofen），綽號「紅男爵」的他曾擊落最多敵軍戰鬥機。費迪南也是瑞典探險家斯文·赫定（Sven Hedin）的教授，後者是第一批詳細規畫、探索大部分的中亞以及現代新疆與西藏的西方人之一。費迪南在自己生長的時代裡，最廣為人知的，大概是他為在外國的上海商會提供關於中國煤田的情報。甘肅原本有一座山脈，便以他的名字來命名，但是現已重新命名，而他以德文完成了許多嚴謹的地理學著作，至今仍未見翻譯。他持續發揮影響力的遺產，在他所提出的見解裡，其中某些方面可說是數一數二毫無見地，那便是他認為貫穿歐亞大陸中心的路線網絡，從中國到歐洲、中東、俄羅斯、南亞，大多只用於絲綢貿易。向四面八方流通的貨物當然五花八門，從中國玉石，到印度香料和羅馬硬幣，應有盡有。文化和宗教多所融合，又兼容希臘文化、佛教、摩尼教等，族繁不及備載。黑死病也透過貿易網路傳播開來，或許是傳到西方，不是傳向東方。[4]

今日歐亞大陸的陸路貿易網路，如果要用類似的方式來形容，比較精確來說，應該稱為「人造纖維之路」，因為貨車運載通關的暢銷紡織品，大多是中國製造的尼龍、聚酯纖維、碳纖維。中國工廠不只生產全球常見的T恤、夾克、毯子和簾子，也生產中亞特有的產品，像是土庫曼人造纖維地毯和吉爾吉斯聚酯纖維白氈帽（這些人造材質產品比起以前正統的毛織品，更是市場常見）。從喀布爾到喀山（Kazan），消費者都非常喜愛中國製的廉價產品，而中國國營企業正在建造運輸網路，把那些貨物運送到市場。這條人造纖維之路也朝反方向運送原料，供給基礎建設至落後地區——根據北京的新疆「西部大開發」計畫，這樣能帶來經濟發展和政治穩定。

這條人造纖維之路是全新的，當代歷史學家指出，一九九〇年代中期以前，這條路線其實是走向另一個方向的，[5]中國買家迫不及待地收購從西邊輸入前蘇聯的貨物，因為他們在交通不便的中國西部地區，遲遲買不到那些貨物。當然，當時中國時值快速成長，商機處處，不久後，這條路線便轉了向，開始逆向輸送產品——而且經常是假貨。二〇一〇年代，我們造訪這些市場時，市場上充斥著仿冒的假貨，如同我們在中國市場所看到的。人們多認為，中國產品品質低劣，卻依然大量購買，因為價格十分低廉。隨著時間過去，這樣的平衡逐漸發生變化，市場上逐漸出現比較高端、高品質的中國產品。人們認為華為手機品質優越，價格合理；而且中亞的製造商找可靠的中國合作伙伴，生產相對便宜卻又高品質的白色家電。只是，品質方面的疑慮依舊揮之不去，於是這些中亞製造商便為產品取了聽起來很歐式的名稱，避免人們聯想到中國。此外，我們發現越來越多來自其他製造中心的產品，像是土耳其，改變了輿論對於產品品質優劣的看法。

不過，不論我們去到哪個市場——不論是離中國邊界最近的卡拉蘇或霍爾果斯，抑或是遠在土庫曼裏海沿岸的阿瓦扎（Awaza），或哈薩克西北部的阿克托比——我們都可以看見中國的商品和商人或勞工。對於他們的存在，沒有太多人會去多想，甚至連想都沒去想；他們是絲路的現代繼承人，也可能是北京大舉西進的參與者。我們發現，有些商人是最近才來的，有些已待上幾十年，有些則是被派到這些地方。有些人長期定居，有當地人做為伴侶，並共同生活；有些人顯然把這些地方看作貿易生涯的短暫停駐處。有些人賠了錢，正在想辦法賺錢；有些人則似乎不太明白自己身在何處。

＊＊＊

我們訪問北京、上海或新疆的中國專家及官員時，一直留心到一件格外明顯的事，那就是綜觀來說，並沒有很清楚的中亞策略。二〇一三年習近平公布絲綢之路經濟帶之前，普遍的想法是，中亞關係主要是新疆的問題，而且議題焦點是國內經濟與鄰國動盪。習近平發表重大演說之後，這個觀點未見大幅轉變，只不過如今又多了一層困惑，不明白這個絲綢之路經濟帶和隨後更大的一帶一路到底是什麼意思。每當我們根據諸多討論和面談，向他人提出我們的見解並說明正在發生的事時，對方大多只是直瞅著我們，一逕地點頭，接著說這聽起來一點兒都不像一套大戰略，或是對中亞地區的願景。

然而他們一致認同的，則是中亞關係的重大基礎在於正在興建的跨境道路和路線，以及發展新疆的經濟。在宣布一帶一路前後，我們都曾和烏魯木齊新疆社會科學院（Xinjiang Academy of Social Sciences）的專家見面，認識了一些研究員，他們的研究焦點是鄰近地區，而且偏好用俄語交談，而非英語。他們長期研究中亞，因此十分了解新疆跟中亞地區的關係。在一帶一路宣布之前，我們之間的談話不脫投資以及興建二〇一〇年新疆工作計畫裡的經濟特區。新疆工作計畫野心宏大，旨在開放新疆，把新疆變成西進的門戶，以協助推動新疆的經濟。

在一場與新疆兵團的會議中，我們的主持人是一名嚴肅的女中校，頭髮俐落地高高束綁在頭頂，以流利的英文朗聲高談新疆和公司所提供的機會。條列公司的諸多成就時，她主要聚焦在農業，同時強調他們在新疆的經驗，以及在境外中亞的成就。她告訴我們，他們的公司扮演不可或缺的角色，一來協助建造基礎設施，實現地區連接；二來協助各地市場與新疆互相開放。她展現軍人的效率，概述公司對任何企畫案都採用的三階段式策略：參訪並打下基礎；發展實現企畫案所需的適當架構；最後，實際著手實現企畫案。我們相信她說的事很快就會發生，絲毫沒有半點懷疑。

其實那名中校所清楚說明的企畫，終將變成一帶一路，而且在一帶一路之前的這些早期中亞探訪之旅中，我們深深覺得，中國在鄰近的中亞活動，比較像是一種對地區串連的強烈憧憬。這為我們的第一波中亞地區探訪之旅定調，目的就是要探索並了解中亞地區的諸多路線，而這些路線逐漸重新連結中亞的基礎設施，並通往烏魯木齊，而非莫斯科。我們迫不及待想徹底揭露在中亞的中國，而新疆兵團之類的企業或新疆社會科學院的思想家就在前線，他們制訂策略，打造中國在中亞的模樣。

不過我們在新疆的談話，以及在北京和上海的類似討論中，還有一件事也同樣明顯，那就是沒有人能夠向我們明確解釋實際的計畫是什麼。對於高層關係（誰跟誰關係密切以及原因），每個人都有一套見解，也能暢談計畫方案和路線的細節，但是卻沒人能夠說出一套願景或策略。事實上，我們在上海的辦公室追問中國傑出的中亞學者趙華勝教授時，他感嘆道，中國在西亞地區的一切活動，不過就是一系列各自為政的企畫案和工程，其之間欠缺整合。我們在北京訪談的官員和智庫，都對任何較大的策略輕描淡寫，反而著重在談論具體的串連企畫和路線。當我們進一步追問中國有什麼比較宏觀的願景時，他們總是不予理會，視我們不過偏執的西方人，佯稱中國根本沒那份野心。

這跟中亞地區多數人的想法截然不同，他們長久以來都認為，強化區域連結是促進中亞地區發展的關鍵要素。日本主導的亞洲開發銀行（Asian Development Bank）很久以前便提出對中亞地區的願景及策略，並稱之為「中亞區域經濟合作」（Central Asia Regional Economic Cooperation）。透過這項策略，他們出資推動大型基礎建設工程案，扶持地方產業，以促進區域連結，火車、輸油管線、道路等，都囊括在「中亞區域經濟合作」之中。甚至還有早於「中亞區域經濟合作」的「聯合國鐵絲路」（United Nations Iron Silk Road）概念，規畫建造遍布歐亞大陸的鐵路線網絡，從亞洲延伸到歐洲。此外，國際貨幣基金組織（International Monetary Fund）、伊斯蘭開發銀行（Islamic Development Bank）、阿迦汗基金會（Aga Khan Foundation）、以及其他諸多國家援助組織與多國團體，長久以來都認為，區域連結能夠解決中亞地處內陸受到孤立的問題。有鑑於新疆本質上就是中亞的第六個國家，因此把新疆也納入這些願景中，從許多方面來看都是再自然不過了。

不過，我們之後再來討論區域策略。此際，我們要把焦點放在我們前往中亞各地造訪過的實際道路、鐵路、邊境哨站、市場等，這些無不顯示出，以前流向莫斯科的網絡，如今顯然都通往烏魯木齊；而且中亞基礎設施的具體路線，始終都是中國前進中亞地區的根基。在一帶一路之前，要創造最基本的地區連結，關鍵在於對鄰國打開新疆的製造業和市場，以促進地區繁榮，最終達成穩定。

＊＊＊

二〇一二年十月的最後一個星期，中國重要的國營企業中國路橋工程有限責任公司（簡稱「中國陸橋」），在塔吉克完成了最長的隧道。這條路線連接起塔吉克兩座主要大城市杜尚別和苦盞（Khujand），根據報導，翻越崇山峻嶺的勞苦旅程，因此減少了將近十個小時，彰顯出這條隧道的重要性。此全新落成的雪利斯坦隧道（Sharistan Tunnel）開通時，塔吉克總統埃莫馬利・拉赫蒙（Emomali Rahmon）宣布，這條隧道現在是「亞洲與歐洲之間最短的路線」。這條三點二五哩長的隧道，部分是為了取代由伊朗興建的、日漸損崩塌的安索布隧道（安索布隧道是塔吉克獨立後的一份不祥之「禮」）。在開通典禮上，總統拉赫蒙大讚中國路橋的人員技藝精巧，完成了該公司在中國以外的最長隧道工程案。他還頒發塔吉克的友誼勳章給工程經理，中國駐塔吉克大使范先榮也出席，讚頌這項工程案象徵兩國關係緊密。

這段聯絡隧道是迫切需要的。那年五月，我們曾開車通過舊隧道（即安索布隧道）。一如我們之前的許多旅客所言，能活著出隧道，著實令人鬆一口氣。我們聽說，冬季隧道會淹水，無法通行，徹底切斷杜尚別和塔吉克北部地區之間的交通。春夏時節，隧道依舊淹水，水會從頂部與側牆的裂縫傾瀉而下，在地上積成危險的大水窪。接著或許也不意外，隧道的混凝土不只裂開，而且出現大片碎片，突然從頂部掉落，沿路堆積成一堆堆的碎石塊。雪上加霜的是，在這個正在崩壞的地下長鬮裡，除了車頭燈之外，完全沒有燈光。偶爾可以在黑暗中瞥見倒楣的工人，像鼴鼠一般，頭戴著發出亮光的安全帽，在黑暗中挖掘。他們的工作就是：把碎石塊剷到兩側。我實在無法想像，為了防範途中爆胎，到底需要準備多少物資。傳聞說，幾年前，隧道深處塞車，車流動彈不得，而駕駛未關掉引擎，導致多人一氧化碳中毒死亡。

這類冒險如今已是過往雲煙。後來走過新隧道的友人均表示，新隧道通行順暢，燈光明亮，而且再也不用走人稱「死亡隧道」的安索布。在塔吉克這種國家，這種基礎設施的重要性實在不容小覷。回推到更久遠的歷史，在建造安索布隧道之前，在塔吉克要從杜尚別到北部大城苦盞，必須借道自烏茲別克。由於兩國領導人和兩國之間的關係惡劣，塔吉克簡直就是被切割成兩半。當時伊朗的貢獻可是幫塔吉克改變了遊戲規則。在發展中的地區，基礎建設可能具有改變能力，特別是在塔吉克這種地形極其複雜的地區。在中亞其他地區，中國也提出了類似的重大工程——像是烏茲別克的卡姆奇克隧道（Kamchiq Tunnel），火車得以從東部安格連（Angren）行駛到中部帕普（Pap）。這條鐵路線於二〇一三年開始興建，二〇一六年完工，其重要性在於，強化了塔什干和動盪卻肥沃的費爾干納地區之間的連結。隧道總長十九公里，是中亞最長的，由一家中國企業建造，而且建造速度驚人，其所動用的資金則是烏茲別克政府向中國進出口銀行所借貸。這是烏茲別克的重要工程，為烏茲別克節省了不可計數的旅程及勞動時數。

在中亞地區，這可說是常見的中國工程典型。而我們在〈第三章〉業已強調，北京經常出手相助，提供低息貸款給他國，他國再運用這筆貸款來發包給中國企業。由此導致了一種耐人尋味的情況，亦即錢根本是從北京的一邊借出去，再從另一邊匯回來，然後世界的另一邊就冒出一個基礎設施。這種模式也並非少見——日本和韓國等國家開發銀行過去都曾經提供類似的借貸結構，提供所謂的「連結貸款」（linked loans）給他國，並在雙方交易中規定，借方國家必須發包給貸方國家的公司以交付此工程。這個商業模式已經在一帶一路中被過度運用並全球化了。然而，在中亞，這類情事已經持續好一段時日。

為了深入了解這個程序實際上如何運作，我們穿梭於北京城內，拜訪中國開發銀行，拜會商務部官員以及中國路橋或中石油的員工，聽取他們每個人談論他們在中亞或更遠的地方，到底在做些什麼。每個機關都會獲取各自的命令和必須達成的目標，少有機關在他們投資的國家裡有太多實際利益。在中亞境內，我們偶爾會遇到在中亞國家工作而且深受該國所吸引的工程師，但是在北京卻少見人們表露出同樣的好奇心。

在中國路橋，員工在我們面前播放工作宣傳影片，一邊十分自豪地告訴我們，公司工程師在遙遠的國度所完成的任務。在開發銀行，員工條列出向中國借款的國家將獲得哪些逐漸積累的利益。在商務部，官員則講述遊走於這些不同的管轄區有多麼複雜，且同時會引發諸多外交問題，還得在這些歷史上並非友好的國家之間試圖協商、討論其間的經濟廊帶。負責為官員提供建議的智庫向我們介紹他們正在執行的方案，用以讓眾家公司依序完成各個工程，以改善他們與當地參與者的互動關係。我們聽說，整個執行過程，地方當局都完全配合。

在哈薩克，我們見到國家主權財富基金的其中一名負責人，他告訴我們，他和中國各家銀行的討論內容，以及他們將如何合作，在哈薩克境內建造基礎設施。我們在其他地方見到西方企業的執行主管和國際開發銀行相關人士，他們說，他們對中國對手實在是佩服得五體投地。中國進出口銀行和中國開發銀行如今已經在中亞各地開設辦事處，希望能夠加強對他們借給各國的大筆資金，以進行商談和管理。

在大城裡的這一切正面討論，似乎跟我們最終從一般人口中聽到的說法截然不同。順著曲折的道路，駛往伊爾克什坦或吐爾尕特（Torugart）等邊界，我們看到穿著顯眼長大衣、賣命工作的中國工作人員。我們試著攀談，他們大多興味索然。如同〈第三章〉所描述的工人，而有多少工人，關於中國工人的傳言就有多少。凡是我們能夠攀談的中國工人，人人都坦言不諱地說，來到這裡只是為了薪水。對他們而言，在哪裡根本不重要，只要有薪水拿，能夠寄錢回家，他們就心滿意足。他們不太想花錢改善自己的生活條件，寧可存多一點寄回家。

我們遇到許多這類工人，有些在機場（他們正要離開或剛抵達機場，我們還一度幫他們填寫入境表格），有些在我們旅行於西亞地區途中，我們盡可能把握機會攀談。有一天早上，某個友善的當地中國教師幫我們找來一名司機，他要載我們要離開奧什，我們這才得以毫不費力地前往位於吉爾吉斯邊境的伊爾克什坦。這條路多半鋪設柏油，除了山區裡一小段顛簸不平，其餘路況都很好。我們沿著空蕩蕩的道路疾速行駛，經過了中國路橋的道路建造工程管理處。中國路橋負責建造這條路的大部分（且經常身兼國際工程案的分包商），部分資金由亞洲開發銀行、伊斯蘭開發銀行和中國政府提供。我們馬上請司機停車調頭。

我們隨意地進入工程區，眼前有幾名中國工程師，他們提到，這項工程案預計在二〇一二年春天完成。入口警衛睡得正熟，我們到了工程區深處時，他才醒來。他們每年從四月工作到十月，因為這段時間的氣候條件是可以忍受的。沿路又開了一個小時左右，我們撞見了他們的同事，成群的中國男子穿著厚重的綠色軍用外套，指揮著運載花崗岩的大卡車鋪築道路。

在實際邊境和護照檢查處之間，間隔著一段距離，過了檢查哨，才是邊界線，中亞地區的許多邊境都是如此。在吉爾吉斯這一側，有一棟漆了迷彩圖案的行動屋坐落在路邊，一道普通的金屬路障橫擋著道路。我們想要拍照時，操控路障的吉爾吉斯年輕守衛便朝著我們用力揮手，不過我們注意到他的AK-47沒有彈匣後，就覺得他沒有那麼恐怖。

邊境本身是一座塵土飛揚的停車場，其中可見許多大型貨運車，車身上寫著「海關」二字，緩緩小心駛過彼此。一隻驢子在混亂的人群之間徘徊，眾多貨車司機和形形色色的閒人使用著各種設施；在販賣食物、香菸和其他必需品的小型泥砌建築裡，可以隨處逛逛；有人在簡陋的餐廳用餐。一名有點亢奮的維吾爾中國籍司機告訴我們，他要前往烏茲別克，載著一卡車的「貨物」——我們請他具體說明是什麼貨物，他一逕地說是各式各樣的電子產品和低端中國產品。他比較有興趣聽我們說說上海（我們就是從上海來的）和上海的商機。

相較之下，位於中國那側的邊境明顯有警察駐守，可說是貨真價實的邊境哨站，有較多堅固的建築——一棟白磁磚的建築，還有許多人穿著保暖的制服，指揮著貨車車流。時值早春（我們在十月造訪位於吉爾吉斯的哨站，在四月造訪中國的哨站），地上仍有積雪，在哨站上方的山區，可見白雪上寫著「中國愛民」四個字。不像塵土處處的吉爾吉斯那側，中國邊境上是一座混凝土建築組成的小村莊，有派出所、中國石油化工辦事處、數家餐廳、飯店和雜貨店。在路上抵達宿營地之前，有一棟古怪的建築，建築頂部有一顆巨大的足球。建築後面有一處牆圍起來的區域，牆頂上有攝影機，司機告訴我們，那是軍方設置的某種設施。

在中國那側，邊境本身開發得相當完善，但是通往邊境的那段路，路況卻截然不同。修築中國那側道路的，或許就是修築吉爾吉斯那側道路的同一家公司，路上滿是坑坑洞洞，有很長一段時間，我們都在爛泥和深及膝蓋的積雪中辛苦通行。司機越來越惱火，香菸一根接著一根地抽完了兩包。我們辛苦推進，而他那細心清洗乾淨的車，眼下成了泥巴車，一根保險桿還撞破。頂著暴風雪推進，我們看見一輛輛大貨車在險惡的路況中拋錨，就這麼被遺棄在路邊。司機警告過我們，說這一趟會走得很艱辛，但是我們以為，喀喇崑崙公路（Karakoram Highway）和中國境內的大部分基礎設施狀況都很好，所以這一趟應該不會太慘，結果我們錯了：幾乎從我們離開喀什那一刻起，眼前便是一路顛簸。

道路品質會如此出人意表地愈來愈糟，是因為通往中國那側邊境的那段道路，在二〇一二年我們通行時，正重新整修，預計二〇一三年完工。沿路可見施工中，我們看到一隊隊人馬在挖洞，或搬運大塊混凝土石以強化道路。途中的烏恰（Ulugqat）也正在興建，此處原是小村莊，如今做為娛樂中心，海關官員以及這段路上和邊境的工人都樂於光顧——不過大多泥濘不堪，處處都是巨大的建築工地。在中國那側，邊境「死區」（dead-zone）前的海關哨所，興建得更加堅固，其中一棟是供軍人居住的小屋，街道對面還有一棟規模大上許多的官方海關建築，上頭滿是中國國旗和國徽。不同於吉爾吉斯守衛，這些中國軍人槍上有彈匣，而且穿著新制服，跟我們越來越髒的外表形成對比。

不同於北部的圖嚕噶爾特山口（Torugut Pass），伊爾克什坦一年大半時間都開放，這是中國進入中亞的一個主要跨界點，是中國產品進口吉爾吉斯市場的路線，還可往北行至俄羅斯，往西行至烏茲別克，甚至到更西邊的歐洲和伊朗。輸入邊界的原料，最後大多送到吉爾吉斯境內人潮擁擠的奧什或卡拉蘇市集，這樣的路線安排似乎一直受到挑戰。我們在二〇一二年訪問吉爾吉斯官員，他們一臉擔憂地說，萬一吉爾吉斯決定加入普丁的歐亞經濟聯盟，吉爾吉斯和中國這兩個經濟體之間會提高關稅壁壘，如此一來，吉爾吉斯的地方經濟將會遭到破壞。吉爾吉斯的菁英憂心，加入歐亞經濟聯盟，不僅會徹底失去對邊境關稅和規章的控制權，還會破壞網路密集的新貿易路線；新的貿易路線連結起吉爾吉斯與中國，中方輸入低廉的貨品，讓吉爾吉斯足以建立穩固的再輸出經濟。這些貿易路線可是這個弱國的經濟生命線——更何況，正因為這片網絡，致使關稅同盟（Customs Union）很有可能徹底失敗。一名吉爾吉斯的前閣員在比什凱克告訴我們，那樣做會「毀了」吉爾吉斯南部卡拉蘇和奧什等重要市場。根據他的說法，在吉爾吉斯「幾乎所有」小生意盡皆仰賴和中國的貿易，任何新的關稅或規章，都會徹底改變地方經濟。

當時，我們訪問的中國官員似乎比較沒那麼擔憂，原因之一是，就中國的貿易總量來看，就算損失這部分的市場，也不痛不癢；另一個原因是，中國認為，整個歐亞經濟聯盟計畫不可能成得了氣候。二〇一三年十一月底，駐比什凱克大使王開文簡要地告訴記者：「吉爾吉斯加入這個關稅同盟，將不會影響跟中國的貿易關係。」他指出，吉爾吉斯與中國的貿易金額每年約五十億到一百億美元，這個金額只是個「小問題」，因為中國的對外貿易總額高達三兆美元。要不要「加入……」這個問題，「應該由你們決定」。[6]中國才不在乎吉爾吉斯做什麼決定，中國唯一確定的是，不管引發什麼問題，以中國的能耐，有什麼是解決不了的。

最終，吉爾吉斯還是加入了歐亞經濟聯盟。吉爾吉斯於二〇一五年年底加入，主要是因為俄羅斯施壓，並且提供一筆鉅額資金，協助吉爾吉斯渡過適應期。後來幾年，我們造訪市集時，發現規模變小了。我們在比什凱克找到中國商人攀談，市集商販向我們抱怨貿易量減少了。一名年輕的中國婦女被我們勸服，接受我們訪談，她抱怨吉爾吉斯人會在市集騷擾她，而且以前在比什凱克還有商機，現在都轉移到比較接近烏茲別克邊境的卡拉蘇市集。設置新的壁壘後，商人和市集都意識到環境變得更加艱困，不過許多人還是找到方法調適，繼續謀生過活。

從貿易數據來看，顯然二〇一四年進口到吉爾吉斯的中國貨物激增，因為商人想在關稅壁壘提高前，盡量進口多一點貨物。在二〇一二年，輸出到吉爾吉斯的中國出口額是二十一億兩千萬美元，隔年增加到二十五億美元。然而，二〇一四年暴增到五十二億四千萬美元，二〇一五年又驟減到十七億美元。有趣的是，到了二〇一八年，又增加到四十五億五千萬美元，意味著一開始擔心吉爾吉斯市場會倒閉，可能是誇大了。二〇一四年，中國輸出到塔吉克的商品也短暫暴增，因為塔吉克並沒有考慮要加入歐亞經濟聯盟。[7]

關於中國對吉爾吉斯和塔吉克的貿易，值得注意的是單向貿易的程度。再出口回到中國市場的貿易有限，而且隨著時間大幅縮減了。相對之下，烏茲別克、哈薩克和土庫曼出口商品居多，貿易量相對健全，有利於中亞。在土庫曼，從中國進口的商品其實隨著時間減少。[8]

然而，有個問題已經存在好一段時間了，那就是對於運送商品進出邊界的怨言。二〇一二年我們造訪吉爾吉斯時，一名當地聯絡人慫恿我們去見見當地貨車協會會長，因為他發現，會長對於邊界和貨車運送商品進出邊界的能力有所抱怨。我們在比什凱克的一家國際飯店的大廳，與一群吉爾吉斯貨車司機見面，可惜我們在當地聘雇的翻譯實在難以正確地聽懂他們的口音。他們氣惱在中國邊界老是被困在貨車裡許久，白白浪費時間等著貨物搬上他們的車。延誤情況十分嚴重，甚至引發簽證問題，隨之而來的，便是法律上的麻煩。我們面談的吉爾吉斯貨車司機不住抱怨，說他們不屬於東干族和維吾爾族的司機聯合集團，在中國那側的邊境沒有人脈；有了人脈，才有辦法插隊到中國集貨點的隊伍前段。[9]

這不是唯一一次我們聽到有人抱怨運送貨物進出中國邊境，我們參訪每處邊境哨站，總會遇到有人抱怨，說運送時間漫長、主管當局貪財索費等。關於邊境小吏的貪腐行徑，中國商人總是有說不完的故事，至少有一次，司機得下車行賄，我們才能繼續上路。然而，在中亞，與中國的邊界向來不是最大的問題。在土庫曼古城梅爾夫（Merv）的一家飯店過夜時（這是唯一一家接受外國人住宿的飯店），我們認識了幾名伊朗的貨車司機，他們說，自從一些貨車司機在土庫曼涉入一場交通意外之後，他們只要進出土庫曼，就得在護照上蓋上時間章。據說，為了盡快完成旅程，司機會吸食安非他命來保持清醒。這樣他們就能更長距離的駕駛，體力也能維持得更久，但也更容易變得緊張不安，而且一旦持續吸毒，行車會變得不穩定。結果引發致命的車禍，導致土庫曼當局實行法規，要求貨車司機行經土庫曼時，必須在境內睡一夜，並在護照上蓋上時間章，以茲證明。

還有一次，我們想要通過烏茲別克和塔吉克之間的邊界，一到哨站，便看到塔吉克人大排長龍，等待通關。一看到我們，並聽到我們的口音後，隊伍裡的人於是打手勢，要我們到前頭，烏茲別克的邊界守衛檢查完簽證後，揮手示意我們迅速通過。守衛盯著我們的行李袋通過掃描機，甚至保握機會，跟我們練習英語，指著我們的行李袋，以質問的語氣說「爆裂物」。「當然不是啊！」我們禁不住高聲回答，他反而露出微笑，發出噓聲，示意我們通行。相對之下，我們站在那裡等待之際，看著他的同事一絲不苟地迅速翻查每個塔吉克人的行李袋，先是毫不客氣地質問，接著把他們帶到隔離室，進行脫衣搜查。

幾乎我們過去的每個陸上邊境哨站，只要是開放時間，就有長長的貨車隊伍，蜿蜒延伸到遠處，車上滿載貨物要前往中亞市場，或是沿著中亞的道路前往其他鄰國。我們徒步跋涉而過時，往駕駛座裡看，眼前在等待的大多是中亞人的臉孔，不是漢人。在吉爾吉斯南部的奧什，地方當局告訴我們，司機抱怨出入境困難，是他們必須解決的最大問題之一。

耗時的中亞出入境過程有礙貿易。除此之外，邊境爭端、領導者彼此敵對，加上偶爾爆發的種族衝突，在在令情況雪上加霜，阻礙了中國實現透過中亞地區推動貿易的美夢。根據亞洲開發銀行的數據，只有少數地方像中亞一樣，出入境貿易速度隨著時間逐漸趨緩。[10]邊界劃分模糊不清，導致邊境時常爆發爭端，雙方交火，損失人命。有些邊界太過模稜兩可，以致要從一個城市到另一個城市，跨越國界會比走國境內的路線更容易些。但是倘若兩國政府有所爭執，情況可能會變得複雜。最後，種族關係經常緊繃，一旦衝突爆發，難民出入邊界，也會導致邊境突然關閉。由於這一切，我們實在很難把中亞地區想像成能夠輕鬆自由進行貿易的地方，而這正是中國廣義的一帶一路中所描繪的最終目標。中國能夠興建所有的基礎設施，把中亞地區和各國連接在一起，可是一旦各國政府爆發紛爭，邊境就會無預期的關閉。

各國提出了各式各樣的區域策略，試圖解決這些問題，只是成效如何，始終不得而知。俄羅斯煽動組成歐亞經濟聯盟（後面章節會更詳細說明），包含哈薩克、吉爾吉斯和俄羅斯（還有亞美尼亞和白俄羅斯），意在取消成員國之間的邊境限制，讓貿易運輸變得更加順暢。然而，問題依舊在——哈薩克人抱怨，向吉爾吉斯市場開放，中國生產的非法仿冒品，就會從吉爾吉斯湧入。二〇一九年年初，兩國之間設立邊境檢查哨，卻導致哈薩克與吉爾吉斯交界處貨物通關延宕，由此可見，情況並不是非常順利。[11]

中國也試圖解決其中一些問題。二〇一四年，上海合作組織簽署《上海合作組織成員國政府間國際道路運輸便利化協定》（*Agreement on International Road Transportation Facilitation*），旨在開放從中國到俄羅斯的貿易路線。這項協定有意協調整個上合組織領域內的道路運輸安排，[12]確切的細節及效力卻是不清不楚。我們和一名研究者談過，他在二〇一九年造訪吉爾吉斯南部的市場，這才發現沒人聽過這項協定，而進出邊境的人依然面對相同的難題。[13]中國企業也曾嘗試其他辦法，來提供實際的機會，促進地區貿易，諸如在吉爾吉斯阿霸西（At-Bashi）興建貿易和物流中心的工程案，可惜受到當地抗議人士阻撓。這項工程案是二〇一九年習近平造訪期間大張旗鼓簽署的，目的是要建造一座物流中心，服務中亞地區，並且讓吉爾吉斯市場再度成為中亞地區的中心。然而，二〇二〇年二月，這項工程案終止，肇因於地方激烈抗議，至於是地方當局或是企業本身退出這項工程案，也就不得而知了。不論是誰退出，這就是區域連結受阻的實際例子，中國的一帶一路美夢確實引發了地方問題。

* * *

這個複雜難解的商業環境可阻止不了吃苦耐勞的中國商人。一次造訪比什凱克期間，我們在中亞美國大學認識了一名年輕的中國學生，她很親切，還介紹父母給我們認識。她的父母在吉爾吉斯住了超過十五年，父親在一家國營企業工作時認識她的母親，母親當時的工作是帶中國旅遊團到吉爾吉斯。兩人在吉爾吉斯相識相戀後，決定留下來生活。他們一開始在多而多經營一個攤位，從中國進口貨物來販售。由於生意很好，他們不久後又在市場買了一個攤位，生意持續成長，直到賺得足夠的資本，便開始在吉爾吉斯加入製造業。他們曾經營餅乾工廠一段時間，不過和他們見面時，聽起來工廠生意不如前幾年。他們眼下的事業是經營中國餐廳，他們便是在自家餐廳裡親切地招待我們，並介紹王太太給我們認識。王太是個極富個人魅力的中國中年婦女，頭髮蓬鬆，濃妝豔抹，一身仿真皮衣物、光可鑑人的珠寶。她算是中國族群的在地和事佬，我們問她，是否常和當地的中國大使館互動，她不住笑說，雖然她在使館裡有熟人，但要是她自己或朋友有任何問題，她有更好、更直接的方法可以解決。

我們在比什凱克的一處市場閒逛時，和一名中國家具銷售員閒聊。他身材高　，中年歲數，話語間流露著老師的耐性，他以前在中國擔任教師，後來才搬到吉爾吉斯。賣了一整天的劣質辦公室家具，他顯得意興闌珊，加上對我們感到好奇，於是他邀請我們到一家比較好的當地中國餐廳吃晚餐，餐間他不厭其煩地糾正我們的中文，同時向我們描述他在吉爾吉斯的經歷。他一開始在吉爾吉斯販賣動物毛皮，他因出口動物毛皮大發利市。但是他發現吉爾吉斯很危險，而且還得罪了黑道和追討租金的主管當局。他告訴我們，有一次黑道用刀子抵著他，勒索了十萬美元現金。聽到這個金額，我們頓時大吃一驚，接著問他為什麼還待在這裡。他聳聳肩說，反正他回中國也賺不了什麼大錢。

在杜尚別，一名中國友人介紹我們認識了一個齙牙的矮個商人，齙牙商人派他在當地的口譯員來飯店接我們。他載我們去用餐，不過在那之前，他堅持先帶我們去參觀生產煙火的工廠和他蓋好的廠區。他告訴我們，他做生意的關鍵，就是跟幾位政府高層人士打好關係，他們會委託他生產表演用的煙火。不過，他似乎還有另一個生財之道，他在杜尚別的一間舊工廠裡興建一處住宅群，形形色色的中國勞工入住其中，或許也付租金給他。他似乎對塔吉克懷抱勃勃的野心，並認為我們能夠幫他實現抱負。隔天，他帶我們去一家餐廳吃午餐，杜尚別的高樓大廈很少，而中國餐廳就在其中一棟高樓裡，毫無疑問，他認識老闆。他帶了兩瓶中國「白酒」做為禮物，以感謝我們友好相待。午餐時，我們得知餐廳所在的這棟高樓，是總統的一個女兒所有，她跟一家中國企業進行了一些可疑的交易，其中一樁便是興建這棟大樓。後來造訪杜尚別，我們就再也找不到這名齙牙商人，最後我們從一開始的介紹人口中得知，他經商失敗搬走了。

不過，並非我們遇到的中國商人都是出於自己的選擇而來到那裡。有一次到塔什干，一名跟我們一同旅行的友人直接從中國搭飛機和我們會合，我們則是從中亞的其他地方前來。她在從北京搭乘的班機上，遇到了一群生意人，他們要去塔什干參加「烏茲別克塔什干中國新疆商品展覽會」（Uzbekistan Tashkent China Xinjiang Business and Trade Fair）。當時，烏魯木齊和塔什干之間沒有直航班機，因此他們必須在北京中途停留（北京與烏魯木齊方向完全相反，兩地相距五小時航程），再前往烏茲別克。有些是新疆當地人，但大多是廣東某些企業的員工，二〇一〇年工作計畫宣布之後，廣東主管當局就命令他們到新疆開發機會，這項工作計畫的目標就是要中國比較富裕的地區，去幫助新疆的貧困地區。抵達新疆後，他們又受命繼續西行，到中亞尋找機會和市場。這場展覽是新疆政府主辦的，因此就算他們滿腹牢騷，還是得付費參加。

我們在城裡巧遇中國商人，並向他們購買假的蘇聯時代舊物，我們根本懷疑那些商品其實是在中國製造的。隔天，我們到會議廳拜訪他們，他們正在參加會議廳裡舉辦的活動，我們錯過了主題演講。不過，倒是發現會議廳人潮稀疏，他們擺放了幾個小攤位，百無聊賴地坐著等烏茲別克人過來參觀。他們來自許多種不同產業，包括零售（有一攤在賣新疆食物，一攤在賣衣服）、電子業（來自一家廣東製造商，他們遷到新疆，現在想要透過他們帶來的那名維吾爾銷售員，把產品賣給當地人）、房地產（喀什附近一處開發區）、發電系統（一家西門子子公司）、打穀機（中國航空公司「中國航空工業集團」製造）。後三者的攤位撐得特別辛苦，因為行經民眾對他們的產品興趣缺缺，最重要的是，他們得不時阻止烏茲別克孩童興味盎然地玩弄他們帶來的展示模型。那天多數時間，我們都在聽他們抱怨烏茲別克人有多窮，還有經營這個市場是多麼沒有意義，不過最後裁縫師賣出了一件商品，收到好幾大捆沒有價值的烏茲別克貨幣「索姆」。他知道這匯率難以兌換，於是打算直接用這筆錢來「吃飯、喝酒、唱卡拉ＯＫ」。當時烏茲別克的匯率受到中央政府控制，大多是造假的。有一次造訪時，官方匯率是大約三千索姆兌換一美元，非官方的匯率則八千左右。這次造訪時，匯率介於一千八百到兩千八百——不過也要實際可以換錢才算數。

幾天後，在他一個擔任學者的姊妹介紹下，我們和一名烏茲別克商人吃午餐，這名商人的公司協助主辦這場展覽會，他對這場展覽會的成效，坦白得令人訝異。「沒什麼成效，老實說，不過比上一次還好。」他說，「來的中國人比較多。」他以前是政府員工，打心底認為中國製造能力強大，能帶動經濟繁榮，於是年紀輕輕就選擇結束扶搖直上的公務員生涯，改而從商，把焦點放在中國。他雖然處於中烏關係的前線，但是對於新疆做為對中亞的門戶，卻不樂觀。新疆省生產低品質產品，而且商人其實只是中國其他地方來的代理商，也難怪我們遇到那麼多廣東來的企業。不過他坦承，比較嚴重的問題是，烏茲別克的商業環境整體而言都很艱困。繁文縟節麻煩礙事，貨幣兌換沒有價值，政治環境必須非常小心應對，因此，不論舉辦了多少場商展，情況依然複雜難解。

幾年後，我們再度與這名烏茲別克商人見面（就在卡里莫夫總統去世前不久），當時烏茲別克已著手嘗試稍微改革經濟。當地貨幣貶值更加嚴重，不過在烏茲別克的中國人也更多了。這名商人現在升級了廠房，擁有一間寬敞的展示廳，展示他銷售的中國車輛和設備。他最近獲得了中國重型汽車集團（SinoTruk，簡稱重汽集團）的一張大合約。他對中國創造的經濟機會，仍舊樂觀，也跟以前一樣坦率直言。這次，在塔什干，我們的討論大多聚焦於抱怨中國商品的品質。我們問他有什麼經驗，他回答得很誠實。中國產品或許品質比較差，但是相對便宜，這樣就扯平了。可以買比較多產品，雖然知道產品壽命比較短，但是換新品也比較不用花太多錢，因此，通盤算起來還是值得。而且無論如何，他指出，品質一直在改進，品質提升有目共睹。每一次造訪，我們都看見越來越多中國廣告，宣傳來自中國的高品質電子產品，以及配有最高距離範圍攝影鏡頭的全新華為手機。

我們見過的不只有這名商人緊抓住中國機會，許多烏茲別克人都是如此。在塔什干，一對慷慨大方、成就斐然的夫婦招待我們，其中的丈夫靠著從中國進口白色家電致富。他起初是海關代理，注意到進口產品到烏茲別克這個封閉多年的市場是有商機的，於是開始做起電子產品進口的生意。隨著時間過去，他積極參與廣州交易會（Canton Fair）之類的活動，在中國逐漸建立起足夠的人脈，並設計出自己的產品品牌，適時地取了乍聽相當可靠的歐洲品牌名稱。他帶我們去逛塔什干的市場，一一指出他旗下的產品，把我們介紹給朋友，還驕傲地炫耀起他架設的空調機廣告看板。

我們在哈薩克的阿拉木圖或扎爾肯特和中國商人取得聯繫，他們同樣很親切，跟我們聊遠在美國就讀大學的孩子，還有在上海擁有的諸多房產：這些事我們永遠無法查證，同樣地，他們向我們打聽倫敦或紐約的房產市場，我們也是永遠無法為他們提供解答。在扎爾肯特的一處市場攤位，我們遇見一群中國人在打牌，聽他們吹噓起自己在那個市場裡有多少攤位，我們不覺厭煩了起來。巴拉寇卡和扎爾肯特的市場跟中亞地區的多數市場一樣，大多由改裝成店鋪的舊貨櫃所組成。雖然大部分的市場也有中心結構，但是從遠處看，便淪為一叢生鏽的貨櫃。擁有一個攤位，可是大發利市的事業，不過長期的發展潛能就不得而知了。歐亞經濟聯盟的到來，已經改變了市場流向，在中亞地區，有越來越多人使用淘寶或阿里巴巴之類的中國線上供應商，更是削弱了他們做為中間人的功用。

未來看起來可能是什麼樣子，我們在比什凱克看到了徵兆。我們結識了一名吉爾吉斯年輕人，他架設了網站，讓消費者更容易使用中國銷售入口網站。他知道這些網站使用中文，不懂中文或不懂如何跟中國商人打交道的人使用起來會有難度，於是他擔任起這些網站的線上中間人。直到最近以前，比什凱克的眾多咖啡廳都是他在中亞美國大學求學期間經常光顧的。穿著褐色皮夾克的他和我們約在其中一家見面，一邊喝咖啡，一邊描繪在比什凱克打造線上帝國的計畫，他打算把中國和俄羅斯連結在一起。他善用語言技能，在線上把商品販售到中亞地區各地，而這可是他的同胞在離線市場經營了數十年買賣生意。

中亞地區的政策制定者自然也注意到未來的這股浪潮，尤其是上合組織，早已想方設法，要提升中亞地區正在發展的線上連結網路，從資安領域之處向外伸展翅膀，協助中國實現野心，成為全球電子商務的巨人。二〇一九年年中，阿里巴巴創辦人馬雲與上合組織祕書長見面，提出大力投資上合組織領域的計畫。接近年底時，這項協議如虎添翼，俄羅斯直接投資基金（Russia's Direct Investment Fund，一項政府投資工具）、Mail.ru集團、行動電話營運商Megafon，以及阿里巴巴等，共同創立聯合企業。阿里巴巴承諾，對這項企畫投資約莫一億美元，這表示阿里巴巴現在對俄羅斯提供更廣泛的付款工具和商品，而俄羅斯消費者也可以更容易地購買中國與亞洲的商品，因為在亞洲，有越來越多地方得以利用阿里巴巴或其子公司。據估計，從中國運往俄羅斯和中亞的所有包裹中，約三分之二跟阿里巴巴或其子公司有關，這些交易加強了三方的連結，進一步將俄羅斯、中國和中亞緊緊綁在一起。

絲路現今已經走到超越二〇一〇年代所發展的人造纖維、市場和礦物階段，正式進入電子商務。對中亞的商人而言，商機可能還在，只是能獲取什麼樣的利益，仍是未知，企業家必須更為積極，如同我們在比什凱克結識的人。他認為，理解數位網路版新絲路貿易從中國到西方與俄羅斯的樣貌，並確保讓貿易通過他自己架設的網站及國家，未來的機會，便潛藏在其中。

第五章 阿姆河畔的孔子學院

「你為什麼想學中文？」我們問全班學生，「因為我喜歡中國！」一名學生熱切回答，「因為我想去中國參觀！」另一人尖聲高喊，聲調沒有抑揚頓挫，學習中文的外國人聲調經常如此。我們造訪中亞的每一所中文學校，都會問同樣的問題，而聽到的回答總是不盡相同，這個問題能讓學生在學習中國這個正在嶄露頭角的強權的語言時，可以務實一點，而不是像閱讀《孫子兵法》或孔子的原文書時那樣，懷抱浪漫情懷。一名老師告訴我們，家長送兒女來學習中文，原因通常是中文對經商有幫助，而我們詢問的小孩大多說，他們認為中國有工作機會，有個班級的學生便反映出這一點，當時他們正在學習「名片」這兩個字。在吉爾吉斯的另一個班級上，我們進行一場即時票選，詢問他們想要參觀哪些城市：極具歷史意義的北京得到非常低的票數，輸給了廣州或上海這兩個貿易中心，因為那裡有燈光閃爍的商業大樓。

就中國人的觀點，這當然不是壞事，會說中文的商人或當地人愈來愈多的話，有助於未來的貿易。說直接一點，在吉爾吉斯和中亞其他地方設點的諸多中國企業，將能找到準備就緒的潛在管理人才——在我們參觀的一些學校裡，老師告訴我們，這是學生的其中一個重要目的。在杜尚別，我們遇到一個塔吉克人，他曾是中文老師，後來決定從商。他說，他當老師的時候，大型中國企業來招攬他。對方先問他有沒有可以招聘的優秀學生，後來他們改變想法，提出比教職薪水高很多的薪水，轉而請他來為他們工作。

在需求面上，一名曾在土庫曼工作的中國工程師告訴我們，想想覺得丟臉，因為他沒辦法跟土庫曼同事溝通，因為就算是唯一會說中文的土庫曼同事，他也是完全聽不懂對方的話。[1]有些公司試著針對這些問題提出解決辦法。在阿富汗，我們聽說，某處礦區的中國採礦公司——即「中國冶金科工股份有限公司」（Metallurgical Corporation of China，簡稱「中冶」）——索性在礦區裡設置一間教室，供當地人學習中文。在烏茲別克，華為會把一些重要的當地人中階員工送到中國——其一是要訓練員工，其二是要讓員工適應文化。他們也創辦「未來種子」課程，目的是要讓中亞學生到中國接受教育，並到總部親身體驗公司環境。這是全球課程，範圍涵蓋整個中亞。在當地，他們則提供語言課程，供公司員工學習。

當然，這樣的作法有兩個用途，在實際層面，能幫助企業開發在當地的連結及未來發展的潛力；在軟實力層面，也發揮了額外的影響力。軟實力是很重要的無形資產，先前在美國國務院擔任政策規畫者的約瑟夫·奈伊（Joseph Nye）曾公開提出定義，不過對北京而言，始終是難以理解的概念。跟中國外交部官員談話時，他們對於國際對他們的看法總表達失望，並認為這些人只不過是想把中國和諧的世界觀，帶到充滿仇恨的世界。他們請益應該如何在世界打造中國的形象，無法理解為什麼一個跳舞的南韓胖子，便足以徹底重新打造南韓在世界舞台上的形象，反觀中國企業，花了幾十億美元，重新建設開發中的世界，卻被認為是心懷貪念。這些中國官員認為，設置教育機構，推動文化交流，開設語言課程，無非都是用來協助當地人，並提升中國的形象。中國根據奈伊教授的定義，試圖透過發展「文化、意識形態和制度等的無形實力資源」，來開發「軟實力」。[2]雖然這些努力實際成效如何，並非明確可知，但是在中亞地區，中國持續從諸多面向努力提升「軟實力」，而孔子學院無疑是其中翹楚。造訪中亞期間，我們盡量多看一些，發現這之中錯綜複雜的程度又是更上一層樓，以致我們更加難以理解中亞和中國的關係。

* * *

我們離開後，留下他形容憔悴地站在賈拉拉巴德的塵土中。馬罵（我們這麼稱呼他）是維吾爾人，高個子、稍顯駝背，他是孔子學院在吉爾吉斯南部的代表，從新疆大學被派駐賈拉拉巴德超過一年了，他顯然備感孤單。他是比什凱克孔子學院幹部推薦來的，熱情地迎接我們到來，帶我們欣賞這座城市的景色，並參觀他任職的大學校園。賈拉拉巴德大學（Jalalabad University）

是一棟刷有白漆的舊建築，兩棟側翼中各自有不同屬性的文化中心：一是美國大使館資助的美國文化中心，裡頭有很多本《黑色追緝令》（*Pulp Fiction*）、語言課程、書籍、電影，都是用來促進學習的。最受歡迎的設備是一台可連接網路的電腦，他們會盡量限制每次只能使用二十五分鐘（從這個細節便可推斷出我們造訪這座城市的年代，同時也呈現出中國投資，提升了線上連線能力，帶來轉變性影響，這部分我們稍後討論）。中國那一側提供的設施就沒那麼吸引人了，卻是相對實用：約莫六十名學生來上課，指導老師由漢辦——孔子學院在北京的指揮中心——指派。最優秀的學生能獲得機會前往中國，一如牆上那些參訪西安、上海和烏魯木齊的照片，令人欣羨不已。賈拉拉巴德這座滿是塵土的城市，在二〇一〇年時，由於烏茲別克和吉爾吉斯之間的種族暴力而摧毀殆盡（馬罵吐露，他的烏茲別克學生大多在那之後不久就離開了）。對於住在這座殘存的城市裡的學生而言，參訪中國無疑是誘人的選項，更遑論是有人資助旅費。

孔子學院是中國版的英國文化協會、法國文化協會、德國歌德學院等，這些政府資助的組織，通常會提供融合語言課程、文化課程以及活動等內容，來展示其所代表的國家。根據網站資訊，漢辦（孔子學院在北京的母機構）的主要功能有三：「制定策略和發展計畫，在國際推廣中文；輔助其他國家的教育機關，舉辦各種類型與層級的中文課程；訂定國際中文教學標準，開發與推廣中文教學材料。」[3]

二〇一二年在吉爾吉斯第一次參觀中亞的孔子學院時，我們聽說，他們目前沒有能力舉辦任何文化活動（接受過相關訓練的老師當時不在），因此他們把焦點放在教授學生學習中文（有些學生日後會成為老師）。然而，在南部一個相對投入的中心裡，我們親眼見識到學生積極擁抱中國文化，請中文老師協助他們練太極拳，仿製維妙維肖的中式服飾（離奇的意外發展）。其實，在每一間我們造訪的孔子學院，我們都找得到程度不一的文化學習跡象，也聽到地方報導，提到孔子學院和大使館在城裡協助並資助舉辦活動，以推廣中國文化。

如上述宗旨所揭示，孔子學院的主要用途是語言學習，在吉爾吉斯，我們參訪了三座城市的孔子學院，據說他們有大約四千到五千名學生。比什凱克的兩處官方機構，以及奧什和賈拉拉巴德的兩間附屬機構[4]據形容是管理站點，孔子學院會從這些站點協調語言課本的運送（我們一抵達，正巧新的吉爾吉斯文中文課本送來，他們以前都是使用俄羅斯文的中文課本，如今已有所改進），同時分發北京漢辦總部指派來的老師。每間孔子學院都附屬於一所中國的大學。在吉爾吉斯的孔子學院附屬於新疆師範大學和新疆大學；在塔吉克，杜尚別的孔子學院附屬於新疆師範大學，苦盞的則附屬於中國石油大學。每一組大學負責派遣教授，領導中亞地區的諸多分院，包括管理和教學。這衍生出繁重的工作量，一名老師告訴我們，他和同事在遺世孤立、滿是塵土的城市裡無不過度操勞。這些委任職務只有兩年，但是兩年領取過低的薪資，加上獨自生活在種族關係緊繃的奧什或賈拉拉巴德（我們造訪時，關係更是緊張，以致美國早已撤離和平隊的志工），再樂觀的教育者都難以消受。

不過他們仍持續教學的工作。這麼一群管理人員和學術人員為試圖挑戰中文學習的吉爾吉斯年輕人提供教學支援。多數學生對中文的理解都相當有限，不過在比什凱克，一名年輕學生明顯出類拔萃。他的老師是一名張姓中年教授，談吐輕聲細語，來自新疆大學，顯然對眼前這個自稱看得懂超過兩千個漢字的年輕學生感到驕傲。在之後的餐敘中，張教授告訴我們許多新疆和中亞各地上演的宗教衝突事件。晚餐時，這個學生提到，他之所以對學習中文感興趣，不只是因為想追求經濟機會，同時也是自身種族身分所致。他在種族上屬於回族（中國穆斯林），在吉爾吉斯出生長大，而中亞各地都有這個中國種族的移民。我們追問，他有沒有探望過在中國的遠親，他回答有，卻發現很難跟他們相處，這些親人的生活步調匆忙，他比較習慣比什凱克閒散的吉爾吉斯人。此時張教授出聲附和，他認同相對之下，寧靜的比什凱克，比忙碌擾攘的中國城市遠更加吸引人。

塔吉克也上演著類似的情節。造訪杜尚別的塔吉克國立大學（Tajik National University）校園時，可見孔子學院就在語言學系的後方。小廊道上裝飾著紅燈籠，孔子學院很是引以為傲的是，機構裡分別有一間大教室、一間小教室以及幾間行政人員辦公室。中國行政人員辛教授坐在辦公椅上，靠著椅背，啜飲著中國茶，望向窗外那如田園詩畫般的塔吉克鄉村景緻。我們問他喜不喜歡塔吉克，只見他面露微笑。「我當然喜歡啊。」他來自中國新疆北部阿爾泰山脈（Altai Mountain Range）臨中國境內的阿爾泰（Altay）。塔吉克的鄉村令他想起家鄉，新疆師範大學把他從新疆的荒野派到此地，他發覺，塔吉克人不只歡迎他，而且他們的個性恬淡。雖然教學環境艱困，但是他顯然很享受待在這個國家的時光。他們沒有塔吉克文—中文課本，因此只好以俄羅斯文的課本替代，不過俄羅斯文的課本也漸漸不再適用了，因為會說俄羅斯語的塔吉克人越來越少。當時市面上只有一種小開本的塔吉克文—中文字典，那是一名很有心的商人所編撰，因為他有感於市場上的語言隔閡，可惜這本字典的功用有限，而且很難買到。有些學生確實充滿熱情，而他也注意到，隨著時間過去，多數人都會退課——課程一開始學生很多，但不是所有人都能堅持到最後。

就在我們閒聊之際，兩名美麗的塔吉克少女不期然闖了進來，雖面露些許驚訝卻也顯得賣弄風情，兩人以簡單但流利的中文詢問辛教授，是否收到她們申請獎學金到中國就學的回音。孔子學院每年提供二十到二十五個名額，競爭相當激烈。他沒有收到任何消息，但是他鼓勵她們，和我們一起練習中文。兩人一見我們不是中國人，馬上一副興趣缺缺的樣子，我們問她們為什麼學中文，她們回答得漫不經心。辛教授後來告訴我們，這兩人看起來都相當符合獎學金資格，可是她們還太年輕，可能得等上一年。我們接著問，她們往後的工作前景如何，他告訴我們，多數人會成為譯者或老師，在學習中文的艱困道路上，幫助其他塔吉克人。

二〇一二年我們第一次造訪，鄰國吉爾吉斯已有兩間大型的孔子學院和兩間重要的分院，反觀塔吉克只有一間孔子學院，位於杜尚別，過去一年已教導了約莫一千八百名不同程度的學生。

人數比前一年多，而過去五年來，年年都穩定增加。一名熱心的地方官員由於曾實際待過中國，便特地前去中國大使館提出請求，大使館於是派遣了一名在漢辦接受過訓練的老師來到彭吉肯特（Panjakent）教導當地高中學生，不過這次經驗似乎未見成效。這名老師孤零零的被派到塔吉克西邊角落的偏遠地區工作，大部分的時間都在當地中國企業的各個辦公室之間虛度，同時尋找支持。他到底教導過多少學生，這就不得而知了。二〇一四年，中國決定正式在塔吉克拓展孔子學院，並在苦盞開設第二校區，附屬於中國石油大學。幾年後，二〇二〇年上半年，全球新冠肺炎肆虐期間，以這間孔子學院為首，把新冠肺炎控管手冊中文版翻譯成俄羅斯文，協助當地的醫生控制病毒。[5]

就在即將離開杜尚別這所大學之際，我們在偶然間認識了一名中國女孩，而她便是我們跟教授見面時，端茶給我們的那個女孩。我們這才得知，她是被指派來幫助塔吉克人學習中文的年輕老師。她來自南京，先在中國學習並鑽研俄羅斯文，而後再到比什凱克待五年。這是她在塔吉克的第一年，她和她的指導老師一樣，喜歡這個國家，樂於和塔吉克人一起生活，因為可以跟他們練習正在學習的塔吉克語。我們在杜尚別遇過幾個跟她一樣的中國人，他們遊走於這座城市，看起來都十分開心，絲毫不擔心因為中國人的身分而遭到孤立。這名來自南京的女孩證實了這一點，她說，她結交了很多塔吉克友人，在這座城市裡生活，她不但很滿意，也覺得很安全。

偏遠的土庫曼沒有孔子學院，不過有傳言說，有一對看起來是在外國語大學工作的中文老師。中國未在土庫曼設立孔子學院，不是因為不肯妥協，而是因為中國的大學一直無法跟土庫曼相關大學取得聯繫。孔子學院雖然是政府資助並管控的，卻屬於大學對大學的企畫——因此需要教育機關先建立起關係，再請較高層級的教育部核准。一如新疆師範大學文化交流學院院長在烏魯木齊對我們說的，土庫曼就是太過封閉，

不過在哈薩克和烏茲別克，情況就截然不同。這兩個國家的經濟發展和富裕程度，都好過吉爾吉斯或塔吉克，因此兩國跟相對貧窮的中亞國家不同，對孔子學院不只有基本的需求。哈薩克和烏茲別克已經有建置完善且資金充裕的大學網絡做為學習中心，因此，其中的孔子學院便背負著截然不同的責任。阿斯塔納的孔子學院設置在歐亞大學（Eurasian University），接見我們的是西裝筆挺、滿臉笑容的西安外國語大學的教授，他在阿斯塔納待了兩年左右，這是他第三年、也是最後一年。目前他指導約莫六百六十名學生學習中文，成員包括大學生、心懷抱負的老師等。他介紹我們認識一名女學生，身為滿腔熱血的中國通，她極其渴望參觀北京和西安，對複雜的中文和表意文字深深著迷。我們在這裡遇到的學生，有較高的比例是出於文化因素而學習中文，對他們而言，這才是最有價值的，完全不同於我們在吉爾吉斯和塔吉克造訪的孔子學院。他們沒有一心一意執著於到中國找工作，或在國內經商（坦白說，仍有好一些人懷抱這些目標），反而聚焦在能夠感染更多尋找未來機會的人，以及出於迷戀中文和中國文化而想要學中文的人。

在烏茲別克，對比更是強烈。塔什干孔子學院與塔什干東方研究大學（Tashkent Oriental

Studies University）的語言學院合作，但是後者的建築物比起簡陋的孔子學院，更是雄偉許多。東方研究大學是蘇聯時代遺留下來的，是中亞數一數二的主要學習中心，至今仍是以俄羅斯語研究亞洲和中國的重點所在。該大學有超過一千名學生，還有幾名在漢辦接受過訓練的教授，不過他們很是執拗，怎麼也不願讓我們進入校園。某個身材魁梧的烏茲別克裔中國人在烏茲別克好幾年了，但是他有太多文書工作得處理，無暇和我們詳談現況發展。

這間孔子學院位於一棟稍顯破舊的低矮建築裡，就在塔什干的哈薩克大使館對面。牆上一尊小型中國婦女紙雕作品，是唯一指明此處是城裡中文學習中心的標誌。中心裡有兩名來自蘭州大學的教授，他們帶領一組年輕的烏茲別克老師教導孩子中文。學生共計約一百二十名，涵蓋各種年齡層，多數是家長送來的，因為家長認為，中國是應該好好把握的機會。有個學生說，是祖母勸她學中文的，祖母人在哈薩克，以前曾在中國工作，學會一點中文。有個取了小龍這個中文名字的烏茲別克籍老師，他帶我們參觀他的班級，他說，另一個孩子的家長天天打電話到學校，詢問他們的兒子的學習狀況。他向我們展示目前使用的破舊課本，北京漢辦給他們的課本本數太少，他們只好一頁一頁影印那唯一一本課本，給每個班級使用。從蘭州派來的老師們顯然不常進辦公室——我們一共去了三次，沒看過任何一個。小龍是個滿懷熱情的少年，但是在教導學生上遇到了難題，學生的語言程度著實反映出這一點，而且多數學生連基本的中文問題都沒辦法回答。我們發現，雖然烏茲別克的孔子學院後來有所提升，無奈地方大學仍是中文教育的主要推動機關，孔子學院不過是提供一些協助，以及與中國的聯繫罷了。

不過，與喀布爾大學（Kabul University）的孔子學院相較，這一切就顯得沒那麼糟了。喀布爾大學的孔子學院隸屬於太原理工大學，我們拜訪時（早於塔利班接管），沒有中文老師。主要由名為歐瑪（Omar）的熱心阿富汗少年主理教學，他中文流利，只是聲調平平，幾個中文老師擔心安危而離開後，孔子學院就丟給他負責。毗鄰語文系有一處建築工地，中國政府正在興建一棟全新的建築，用以設置孔子學院和中文教室，但是在我們拜訪期間，建築尚未完工。我們坐在語文系系主任的辦公室裡，用西班牙文和中文夾雜片段的英文交流，我們聽說，先前，中國在喀布爾大學的生活中扮演相對重要的角色。根據系主任的說法，大約三十到五十年前，這所大學曾經有中國學生，然而，他們在這個地方並沒有留下太多痕跡，眼下僅存的就是規模大幅縮減的孔子學院。

歐瑪熱心地帶我們參觀這棟建築，以及專門用於學習中文的教室，教室裡，有完備的新電腦（看似沒用過）、投影機和影印機。他只有大約四十名學生，學生們的學習動機出於諸多原因，其中許多人深受中國吸引，不過多數人那麼想學習中文，是出於實用的理由。以前的學生當中，有些被華為、中石油、中興通訊公司、中冶招募，有些比較有創業精神的，就到中國的義烏，購買商品回來喀布爾滿是灰塵的市場銷售。喀布爾附近的中國籍商人及居民持續急遽減少——二〇〇八年起，暴力事件飆升，嚇跑了大多數的人，漢辦最後在二〇一二年年初決定，停止外派中文教授。歐瑪是僅存的老師，而學習中文的人前途已相當有限，大多數人寧可嘗試英文、法文或德文——甚至連學習日文所吸引的學生，都明顯多過中文。中國企業確實曾投資建設這所大學的基礎設施，但是除此之外，到底會有多少教育支援到來，就不得而知了。

孔子學院和中文學習的發展程度，在許多方面，顯現出中國與中亞關係的縮影。喀布爾大多遭到遺棄，杜尚別獲得的投資比較少，在在反映出北京對這兩個國家的興趣相對比較低。反觀吉爾吉斯，則是活動中心——在孔子學院和貿易方面皆然——這個貧窮的國家急需協助，也善用獲得的一切協助。對中國而言，吉爾吉斯是進入中亞的幹道，尤其是吉爾吉斯把新疆比較偏遠的地區跟潛在的市場連結起來。吉爾吉斯是進入中亞的重要入口，不過也潛藏風險，因為邊境漏洞百出，安檢設備落後。二〇一六年，中國駐比什凱克大使館慘遭炸彈攻擊，由此徹底顯現出其風險。上述的一切有助於說明為什麼中國應該特別關注吉爾吉斯。在富裕的哈薩克，孔子學院設置在主流的大學裡，為想要學習語言的人提供語言教學與協助，映照出孔子學院和西方伙伴關係的典型——在哈薩克，孔子學院正是設置在主流大學的語言中心。這說明了中國和哈薩克之間，存在相對審慎且平衡的關係。另一方面，烏茲別克就覺得，國內不需要語言學校——烏茲別克只是把孔子學院的老師當成主流大學的支援人員，大學本身已設置了中文學習中心。同樣地，這種合作關係對當地人確實有所幫助，但是當地人卻也未必需要仰賴這樣的對等合作關係。

在一次格外饒富趣味的經驗中，我們到塔什干的世界研究大學（World Studies University）參訪一班大學高級班。大多為女學生，其中幾人甚至說得一口流利的中文，不但聽得懂，還會糾正我們一口結結巴巴的中文。我們問他們為什麼要學中文，有些人說為了做生意，但是多數人都是因為對中國文化感興趣。最優秀的那名女學生夢寐以求成為中文節目主持人，她還參加過一些比賽，展現流利的中文。當地會定期舉辦「漢語橋」比賽，讓外國人在觀眾面前展現漢語能力。在其中一場比賽中，中國大使特別祝賀她日後中文可以更流利、發音標準。顯然她是老師疼愛的資優生，我們在塔什干時，適逢一場比賽，我們索性前往觀賞，並親眼目睹她的老師在前排熱烈鼓掌。

反觀班上最優秀的男學生，則想走較為傳統的路線——到外交部擔任外交官，不過他很清楚，在烏茲別克的體制中，很難在政府裡尋得一官半職。儘管如此，流利的中文還是能幫他克服這些阻礙。在向我們複誦老師要求他們熟記的演說稿之餘（例如，外國人到中國最想做的第一件事是吃北京烤鴨），他們無不認同一件事：中國是即將崛起的強權。學習中文肯定對他們有益。

＊＊＊

到中國參訪孔子學院的另一端，是很有收穫的經驗，並得以藉此了解在中國廣泛的中亞計畫中，這些機構是如何看待自身定位。每間孔子學院在中國都有一合作機構，新疆便主理這之中諸多較大的連結。我們急欲了解他們如何看待自己的責任，於是便動身前往烏魯木齊的新疆師範大學和新疆大學。

抵達新疆師範大學的見面地點後，那張桌子明顯散發著酒味。大學自助餐廳裡鬧哄哄的滿是人，他們或是高聲開會，或是對著手機喋喋不休。與會的教授據說是這所大學的國際關係系系主任，他簡短自我介紹後，便離席去拿名片。他的同事則是沉默不語地坐在一旁，我們試著打破冷場，便開口說起話來，其中夾雜英文和中文，問他們研究的科目是什麼。「哲學。」其中一人這麼回答。我們接著問，是哪一方面的哲學。「就哲學啊。」他加強語氣說道，並嚴肅地點點頭。主任回來了，這也是哲學家離席的暗示。主任對於哲學家必須那麼早離開表達歉意，說他正為了其他會議忙得焦頭爛額。而這也為我們在新疆的一場難忘的會議定了調。說完客套玩笑話後，我們便試探性地問，想了解為什麼這所大學最後變成必須負責中亞的孔子學院。

他說，「嗯，我們只是單純的研究人員。若你們想知道這方面的資訊，我們建議，去看看官方的網站和聲明。」聽到這番話，我們頓時語塞，一長串的問題全部問不出口。要在中國的偏遠地區安排會議可說是困難重重，因此我們急於想從這場會議中有所斬獲，我們又試著深入追問，結果他只是閃爍其詞的回答：人與人的連結，才是中國與世界關係的關鍵。他告訴我們，「世界和平」很重要。他樂於和我們分享他們是上合組織某些教育組織的協調人，不過他至多也只是一一指出我們所在的餐廳裡，四周可見的上合組織各個會員國旗幟，其他細節就沒再多說了。

而之所獲准在這處開放的自助餐廳和他見面，並享用他提供的淡味咖啡和餅乾，我們總算在最後得知真正原因：「我從來沒去過英國。」顯然，這裡的研究人員深感被孤立，冀望參與更多的國際會談和會議。我們是外國人，他認為跟我們見面是好機會，得以尋求引薦的機會以利他自己到外國旅行。清楚說明了自己的請求後，他旋即道歉，坦承他剛剛吃午餐時，跟一些訪客喝了酒。我們打心底希望是喝了酒，才讓他話變多，接著我們便結束這場娛樂價值遠勝實質意義的會談。不過這整個經驗讓我們親眼目睹這所大學對上合組織的責任和對中亞的承諾。孔子學院被視為一項任務，是這所大學的行政人員必須處理的諸多任務之一，而不是被視為一個大策略的其中一項工具。我們在這其中，確實未見識到一絲熱情。

幾年後的一趟旅程中，我們再度跟曾在比什凱克見過面的張教授會面。談吐輕聲細語的他，堅持帶我們和他女兒一起去吃午餐，藉此提升他女兒的英文程度。我們在烏魯木齊享用典型的中國餐點，這才意識到他對中亞的真實想法，尤其是對維吾爾族。幾年前在比什凱克跟他見面時，我們記得他就是個漢族民族主義者，眼前的他，意識形態愈發強烈。他相信中國正為中亞地區帶來大好機會，中亞人應該更加感恩從中國獲得的好處。我們向他提起他那年輕的學生，他滿是惆悵地說，他到中國深造了。然而，他認為那個學生是例外，說他在吉爾吉斯（或者在鄰國，他似乎參觀過其他的孔子學院，因此能夠談談遊歷中亞地區的經驗）遇到的人，絕大多數好逸惡勞。我們常常聽聞這樣的說法，我們在新疆和中亞曾遇到一些比較直言不諱的中國人，也都這麼認為。他們經常批評當地人工作道德低落，相較之下，漢人就很勤奮。

這番坦率雖然無疑帶有種族主義，但也有點令人耳目一新，附和我們在新疆社會科學院討論中所聽到的話——他們認為，中國之所以在中亞地區從事活動，是要為中亞謀福利，而不是為了解決新疆的需求。對於中國在新疆所做的一切，中亞應該感恩戴德。在我們遇到的來自新疆或其他地方但是住在中亞的中國漢人之中，僅少數人覺得中亞特別吸引人，而那些少數人通常年輕、懷抱理想，且渴望探索世界（這就是為什麼將之類比成和平隊志工，對年輕的孔子學院老師來說更是貼切）。我們在塔吉克有個經常見面的好友，他定居在中亞將近十年，他認為中亞人熱情又親切。他拋下了在新疆一處偏遠醫院擔任醫生的艱困生活，而他顯然也喜歡塔吉克和中亞地區的崎嶇地形，不過他是少數。漢辦派到中亞孔子學院工作的一些年輕學生都跟他一樣，對中亞抱持樂觀的看法，只是他們也經常懷有強烈的國家主義，或者因在中亞的遭遇而顯得精疲力竭。

從北京的觀點來看，孔子學院的價值在於在當地協助開發連結。教授語言，提供管道申請中國的獎學金及經驗，孔子學院提供了一種「便捷—申請—實現」的拓展工具。在仰賴援助的國家——如吉爾吉斯和塔吉克——孔子學院很受歡迎，可比擬為西方或日本、韓國、俄羅斯等國所提供的類似課程。同時，中文選修累計起來受歡迎的程度和其他語言相較的結果，向來也不是很明確。一次造訪吉爾吉斯期間，一名擅長多國語言的聰穎少女陪我們一起出席會議，她能說流利的俄羅斯語、中文和英語。除了協助我們這些外國人，她白天還有工作，她在一家公司上班，為吉爾吉斯年輕人找工作以及到海外求學——幾乎所有人一心想到英國或美國。前往中國的機會或許附帶相對多的資助和機會，但是吸引力還是沒有那麼強烈。

然而，在北京的劇本中，孔子學院可不是唯一的工具。在杜尚別的大使館裡，我們聽聞他們舉辦許多文化活動，文化音樂巡迴表演在塔吉克可謂成功。過去一年，他們帶了六個不同的團體過來，最成功的一個來自新疆，演奏的是新疆地方音樂，而非中國傳統樂曲。此外，還有其他相關連結，只是難以確認是否為國家贊助，如位於杜尚別主幹道魯大奇大道（Rudaki Avenue）一端那間廣受好評的中醫醫院，院內所帶來的連結，看起來不像國家贊助的。我們順路過去拜訪時，醫院人滿為患，有個看起來像是中國人的員工否認自己是中國人，卻說得一口流利的中文。我們追問他來自哪裡，他卻是說了個我們怎麼也聽不懂的答案，還要我們晚點醫院比較不忙的時候再過來。醫生在這裡待了一年左右，他興建這家醫院以維持生計，而且看來很受當地塔吉克人的喜愛。他主要的營業項目是針灸和草藥，每天都營業到很晚。新冠肺炎爆發後，傳統中醫特別獲得推廣，國家主席習近平和中國其他高階官員更是倡導透過中醫來緩解病毒，繼病毒之後，中國再利用中醫推出了一波「醫療外交」。

另一次造訪杜尚別時，我們再度會見孔子學院院長，他當時正在城裡籌辦中國電影的迷你電影節。他跟以前一樣熱情，領我們到擁擠的放映廳裡入座，並送上免費的茶水和點心，此時大使館的一名文化參事正以流利的俄羅斯語發表開幕演說。接著觀眾便靠著椅背，輕鬆地觀看中國最新上映的熱門動作電影。我們陪他們坐了幾分鐘後，便偷偷溜出去，而放映廳裡座無虛席，人人一副樂在其中的樣子。

在基礎設施方面，中國企業已經在塔吉克進行了一些頗負盛名的工程案。宏偉壯觀的新外交部大樓正是中國承包商建造的。我們已經聽聞過幾次真實性有待商榷的祕辛，據說華為在其中安裝了電話系統，而且留下了中文的答錄訊息好一段時間。市中心有一座湖，把外交部和主要公共廣場分隔開來，廣場上有世界上最高的旗竿、國家圖書館、總統府，圍繞著一座草坪修剪得整整齊齊的公園。[6]這些全是中國人完成的，在這個公共場所，最引人注目的中國印記就是一組健康器材，上頭貼著英文和中文的操作說明。我們跟一群在廣場嬉戲的孩童閒聊，他們英文不太流利，我們問，他們是否會想學中文。只見他們一個勁地厭惡地搖搖頭，接著卻用發音標準的中文說**你好**、**我是塔吉克人**。綠色和白色的老舊公車在杜尚別的主幹道魯大奇大道上往返，車身上印著「中國援助」標誌，沿路每隔一段距離，就放置著一個中國贈送的垃圾桶。

很難衡量這一切軟援助實際產生什麼影響，不過看起來大多被忽視了。二〇一一年與一二年我們首次造訪時，大部分的塔吉克人對中國沒有太多看法，甚至完全沒有看法。有抱負的年輕人認為，中國潛藏著商機，不過流言四起，說許多中國男人娶了被遺棄的塔吉克女人（許多塔吉克男人離開塔吉克，前往俄羅斯尋找機會，於是拋下許多孤單的女人）。然而，我們四處看，也鮮少見到混血兒的蹤跡，我們詢問中國大使館，他們則說，四年內只有一對中國人和塔吉克人登記結婚。反倒是當地人聽說重建塔吉克或開採天然資源的中國工作人員都是監獄勞工，便再地問這是不是真的。中國工人大多待在工作地點旁的陰森營區裡，而且願意長時間工作，通常也只和自己人往來，鮮少與外人互動，也因此傳出這些流言蜚語。

往後幾年，我們發現，杜尚別會說中文的人增加了，我們遇到越來越多塔吉克年輕人學過一些中文，也認為中國確實帶來了機會。有些人為在塔吉克工作的中國商人工作，擔任當地的助手，開車載他們到各地，偶爾有需要的時候，還幫忙一些修繕工作。有些人到規模較大的企業擔任口譯，或幫忙安排非法勾當。二〇一九年年底一個宜人夜晚，在杜尚別一間較大的飯店裡，我們坐在庭院，一名曾經在一家中國企業任職的少年告訴我們，他一開始是在大學任教，教塔吉克人中文。後來一家大型中國企業找上他，想聘請他擔任口譯人員，不過他拒絕透露是哪家公司。他提出價碼後，對方反而說要用遠遠更優渥的薪水聘請他。他一開始也很熱中，不過很快就發現，對方主要是要他當中間人，買通貪污的地方官員。他無從得知該企業實際是做什麼的，他只知道，他們負責收取並消耗國家資助的鉅額貸款，他懷疑那些錢都已分配好是為了買通地方官員，並讓中國商人中飽私囊。

這家企業的寶號或許依舊不為人知，但是其他工程案也傳出類似的傳言。關鍵的基礎建設投資案顯然是為了巴結杜尚別的執政者，諸如連接總統所居村莊到首都的道路，或是塔吉克某條收費道路（由中國興建、英屬維京群島的一家祕密企業經營管理，據信該企業是統治者家族成員所控制的。）太多負面謠言甚囂塵上，批評中國的長期意圖，並暗指每一種軟實力推動案目前都已經停擺了。不過同時，若是前往塔吉克某些較為偏遠的地區，那些中國已經蓋好基礎設施的地方，你也會聽到不同的說法。在塔吉克的這些地區，幾乎找不到會說中文的人，倒是會聽見當地人讚賞中國的工程及技術。他們或許會納悶，自家政府到底允諾了什麼，才取得修築道路的投資，不過他們倒是指出，中國一旦取得合約，就會確實快速完工，若是聘用當地承包商的話，結果可就不是這麼一回事了。這個清楚不過的事實，提升了中國在中亞地區的形象，不過卻經常被忽視。

在吉爾吉斯，提升軟實力的努力不但有別於塔吉克，而且顯而易見多了。除了數量遠遠更多的孔子學院之外，其他努力的成果多在相對傳統的援助計畫案，確切總數並沒有公布，但是在媒體上或透過公司宣布的諸多計畫案，便能描繪出總概。中國政府捐贈了亞星的公車和拖拉機，供吉爾吉斯的農民使用。[7]二〇一一年六月，中國大使宣布捐贈大約一千四百三十萬美元給吉爾吉斯，用以修護道路和發電站，以及資助興建吉爾吉斯的鐵路。[8]二〇一三年四月，中國紅十字會和吉爾吉斯的對口單位簽署了雙邊協議，並且捐助二十萬美元的救援物資（包含醫藥、蒙古包、毯子、帳篷）。[9]習近平和王毅造訪吉爾吉斯後，發布了最高層級聲明，指示農業支援及合作，兩國聚焦於提升農業產業合作。中國提供訓練和技術協助給吉爾吉斯的對口單位，其中包含創新的技術。農業部副部長贊尼貝・柯瑞馬利夫（Zhanybek Kerimaliev）在二〇一六年一次和新疆的直接聯繫中，明確說明他們獲得了溫室使用和建造上的協助，且是由新疆的農業公司提供。[10]如同杜尚別，比什凱克滿是塵土的道路上，同樣可見印有「中國援助」的公車。

不過在吉爾吉斯，中國的文化影響還包括其他層面。二〇〇九年年初，吉爾吉斯政府接受中國贈送的兩萬台電視機，分發給吉爾吉斯南部巴特肯州（Batken Oblast）的個別家戶。這塊狹長的領土為塔吉克、烏茲別克和群山所圍繞，當地人只能用老舊的電視機，收看鄰國的新聞。如此遺世孤立，官方訊息大多無法傳達，當地人只能收看烏茲別克電視台報導的新聞，而烏茲別克的新聞總是把比什凱克的領導階層描述得很不堪。我們在比什凱克跟一名外交部高階官員談過，根據他的說法，中國政府從贈送電視機中取得的其中一個交換利益是，准許中國國家廣播電台「中國中央電視台俄語頻道」直接播送到吉爾吉斯。我們的翻譯則反覆插話，說他老早就能在電視有線頻道上收看央視，但重點是，央視如今透過天線接收便可播送至吉爾吉斯。當時中國大使對於央視延伸到吉爾吉斯所潛藏的軟實力，自是坦言不諱，他說：「現在吉爾吉斯的觀眾可以獲得國際事件的資訊，包括來自中國的資訊，觀眾也會更加熟悉我們的文化。」[11]

然而，除此之外，奧什的當地人說，根本不用訂有線頻道，就能在電視上收看新疆的節目，而且令他們驚訝的是，在每天的節目表裡，都可以看見吉爾吉斯語的節目播送。這並不全然令人意外：新疆有吉爾吉斯人，人數雖少，卻相形重要（大約占兩千兩百萬人的百分之一），他們或許有一些客製化的節目在新疆的多語頻道上播放。不過我們訪談過的吉爾吉斯人則說，看見中國頻道中出現他們的語言著實有些震驚，因為這表示那些節目是特別為他們製播的。[12]根據美國大使館的說法，吉爾吉斯的電視現在會定期播放一個中文節目，時間長達一個小時，內容聚焦於吉爾吉斯人在中國的生活。[13]

不過中國正在打一場愈見艱難的戰爭，爭取在吉爾吉斯的軟實力地位。我們始終無法確定，到底有沒有人在看這些中國頻道。每當我們出言提問，人們總說，寧願看俄羅斯的頻道。地方新聞與論經常談論中國所涉及的陰謀算計，並含沙射影地抹黑中國在吉爾吉斯所付出的心力。有時理由充分，比方說，在比什凱克有一座發電廠交由中國承包商整修，結果在冬季期間故障，害得數千人在家中受凍。後來調查這場災難時發現，這項工程案牽扯到嚴重的貪腐，以及用人不當。這一切只會加強大眾的看法，認定中國產品就是品質低劣，中國企業在吉爾吉斯的貪腐及管理問題足見日趨惡化。

還有其他更天馬行空的敘事。在比什凱克，有一回我們人在某位大學教授的研究室，他開玩笑地說，有傳言指出，中國鋪設的道路有特殊設計，足以承受中國設計的戰車。二〇〇九年烏魯木齊暴動期間，吉爾吉斯人會定期收到一本文摘，其中記載受困在城裡的商人與學生所提供的最新消息，所有人都把發生的事件描繪得恐怖萬分。二〇一六年起，新疆再教育營的傳言出現，包括吉爾吉斯人被捉到再教育營裡的傳聞，人們對中國的擔憂逐步高漲。造訪中亞時，我們會聽到人們明確表達擔心親戚可能已經被關到再教育營，唯恐自家的政府可能會開始仿效中國的所作所為，隨著傳言愈發眾所周知，憂心的言論也就更廣為流傳。

在吉爾吉斯各地，中國商人和產品經常相對不受尊重，中國擁有的礦區不時遭到攻擊。這些攻擊背後的動機著實令人費解，不過大部分的人看起來都認同，或許是出於種種指控，包括環境掠奪以及地方權力揹客利用憤怒的當地人，向中國公司勒索。前面篇章曾討論過，吉爾吉斯人也很在意中國企業——不管合法或非法[14]——提供當地工作或支付合理薪酬的程度。這一切都歸咎於還沒找到穩固的立足根基，便急於提升軟實力。然而，在中國社群裡，同樣輕易便能找到當地人如此懷疑中國的根據。在吉爾吉斯南部的一個市場裡，某個中國女孩有個銷售清潔用品的攤位，她揮手示意我們不要跟她買洗髮精。「別在這兒買，」她用中文告訴我們，並強調她很清楚自己販賣的是劣質品。

至於國界另一邊的哈薩克，中國軟實力則在不同的層級展現自我，而且看起來是由國營企業引導。哈薩克人普遍對中國抱持強烈的懷疑態度，唯恐中國的影響力過大，其程度甚至到了前總理卡里姆．馬西莫夫（Karim Massimov）總是刻意在公開場合掩飾自己的中文能力。馬西莫夫由於維吾爾族身分（在哈薩克，維吾爾族群估計占總人口大約百分之一點五，大多居住在鄰近中國的邊境地區），[15]早已蒙上一層陰影，他有一段時間曾被認為是哈薩克內閣裡相對有能力的官員之一，也是負責建立起哈薩克與中國關係的閣員之一。他曾經在北京和武漢求學，中文流利，以致官員表示，每每參加他與中國官員的會議時，都無法跟上他的速度，不清楚他到底承諾了什麼。[16]儘管如此，懂中文的哈薩克人強調，他鮮少公開表現其優秀的中文能力，這反映出當地人對中國的偏執想法。哈薩克官員坦率的承認，一旦他們公然跟中國有所牽扯，就會遭到強烈的抵抗。喬治華盛頓大學（George Washington University）在二〇二〇年年初做了民意調查，指出哈薩克的民意對中國跟對美國一樣，是負面的，凸顯出這兩國都面對一場硬仗。哈薩克人偏愛俄羅斯，不過也沒有多喜歡。[17]

也因此，抵達阿斯塔納（如今的努爾蘇丹）後，我們不免感到意外，因為眼前的中國北京飯店（Chinese Beijing Hotel）明目張膽地坐落在市中心。這棟摩天大樓有著中式屋頂的設計，由中石油所建造，其中一個目的就是用來討好當地政府。努爾蘇丹嚮往成為國際中心，因此需要五星級飯店（二〇一九年造訪時，希爾頓和麗思卡爾頓等西方品牌也已經開張）。中式意象的設計襯著中石油的商標，裝飾在飯店裡的每一件物品上，企業形象不覺柔和了起來。餐廳提供頂級中式料理，價格高昂，用餐空間會緩慢轉動，好讓用餐的人欣賞城市環景。

中石油繼續沿著裏海，在土庫曼找到相近的方式來部署自身軟實力，支付未公開的金額，請來轟動一時的國際歌手珍妮佛．羅培茲，在二〇一三年古爾班古力．別迪穆罕莫多夫（Gurbanguly Berdimuhamedow）總統的生日當天，為他獻唱。據聞中石油最後一刻才轉達要求，希望珍妮佛吟唱一首特別的「生日祝福」，致贈給這位領導者。而傳聞中也提到，珍妮佛親切地默許，這無疑進一步加強了中石油和土庫曼之間原本就堅定的關係。[18]

但是土庫曼民眾面對中國，情緒普遍緊繃，中石油也認為必須審慎應付。造訪阿克托比，亦即中國在哈薩克鉅額投資能源的大本營，其實很難看出中國的痕跡。我們在飯店接待櫃檯詢問當地是否有中國餐廳，櫃檯人員說附近沒有，反而推薦我們到一家價格高得驚人的韓國餐廳。然而，走在那個街區時，我們赫然發現一棟粉刷過的白色建築，牆面上可見中石油的商標，只是商標上面沒有名稱，毗鄰著的，正是中國銀行的分行。在那空無一人的餐廳裡，一名來自湖北的中國女服務生送來只有中文的菜單，而哈薩克銀行出納員也能夠用流利的中文告訴我們，在這家分行，我們無法提領中國銀行帳戶裡的錢。

我們跟曾在城裡其他幾家外國能源公司工作過的當地人談過後，就比較明白中國要隱藏蹤跡的根本原因。據說，中國企業薪水給得又遲又低，哈薩克工人只能擔任低階職務。我們無從證實這些傳聞是否屬實，不過這些傳聞倒是和民眾普遍厭惡中國的情緒吻合，每當我們提出疑問，對方的厭惡之情向來是毫不遮掩。中石油沒有設法大動作提升軟實力，反倒選擇迴避當地人的忌憚，隱姓埋名。中國員工住在城外一處舊療養院，中國族群大多不與外人打交道：中石油天對當地人的反感心知肚明，索性選擇完全消失在背景中。派駐哈薩克的中石油員工會接受特別的訓練，以應付哈薩克的環境，公司叮嚀他們，一定要團體行動，確定時時隨身攜帶文件，並有要心理準備，隨時要面對地方官員的定期索賄。

在土庫曼，我們遇到一群人，他們待在土庫曼巴希（Turkmenbashi），從事一些未具體說明的工作。公司不准他們離開飯店，於是他們房門敞開，喝酒打牌吵鬧了一整晚。我們聽說，有另外一群人派駐土庫曼納巴德（Turkmenabat），與當地婦女發生一些棘手的衝突後，也同意在宿舍隔離，不得與當地人往來。雖然中石油在中亞反覆遭遇問題（包括必須更換在土庫曼的銀行，因為原本他們用來支付員工薪水的銀行，一夜之間把服務費調漲為四倍），他們卻也壟斷了一部分有利可圖的市場，得以和地方主管當局相抗衡，握有強大的影響力。

* * *

前面提過，二〇一四年孔子學院決定在塔吉克正式拓展業務，在苦盞的塔吉克採礦冶金學院（Mining-Metallurgical Institute of Tajikistan）開設第二校區。習近平利用參加上合組織領袖高峰會之際，造訪塔吉克，簽約同意開設第二校區，但是塔吉克有兩項其他更重要的工程開工，搶走了這次造訪的鋒頭。習近平和拉赫蒙監督了兩場破土典禮，一場是杜尚別的二號火力發電廠，另一場是土庫曼到中國的天然氣管線的塔吉克D線。[19]此次造訪的一年前，中石油宣布與法國石油超級巨頭道達爾和規模較小的探礦公司特提斯（Tethys）合作，開發博塔（Bokhtar）氣田，興建或許是塔吉克有史以來最大的天然氣工程案（有些人形容，這項工程案有可能會把塔吉克變成波斯灣之類的經濟體）。在中國和塔吉克正逐步發展的關係中，採礦和礦物顯然將會是不斷發展的主要特色。因此，決定在塔吉克的首要高階採礦研究學院設立孔子學院，更是別具戰略意義及遠見。

中國石油大學和塔吉克的學校合作設立孔子學院，其目標毫不隱諱。目的就是要「為當地採礦與冶金企業培訓中文人才」，以及確保持續為塔中礦業有限公司（Tazhong Mining Co., Ltd.）提供「中文人力資源支援」。[20]雖然我們從來沒有遇過在這處機構學習過中文的塔吉克人，我們倒是遇過一些塔吉克人，直接在語言班級中獲得企業招聘，或者是為了進入中國企業或為商人工作，而選擇學習中文，這意味孔子學院試圖推開的那扇門，早已敞開一大半。

約瑟夫．奈伊特別指出，「一個國家達成目標，有時候跨國企業的重要性更甚於其他國家」：[21]中亞的中國無疑就是個例子，在中亞地區，中國足跡幾乎踏遍了國營企業。其他章節業已說明過，中國龐大的國營企業正在改造中亞地區的物質基礎設施，而且部分扮演重要的角色，協助拓展軟實力。華為在烏茲別克（可能還有華為所經營的其他國家）提供到中國的訓練，培養當地的中階管理人員。[22]在喀布爾，我們聽說中冶在小銅礦（Mes Aynak）工程案的廣大工地釋出一棟建築，用於教導當地人中文。然而，什麼時候會開放，這就是完全不同的問題。在土庫曼，除了請來珍妮佛．羅培茲，中石油也和其他企業一起資助土庫曼的新國際石油與天然氣大學（International Oil and Gas University）。在哈薩克，我們拜會當地學者，他們說，中石油委託他們完成寫作企畫，而這些有利可圖的企畫聽起來像是要撰文吹捧中國在中亞地區的角色及影響力。

不過公司是由員工做為代表，有些中國企業試著尋找會一些俄語的管理幹部，由此才能跟當地的對口人員互動。在烏茲別克，在一次晚餐的機會，我們和三名電信公司的員工會面，他們因為語言能力而被派到烏茲別克。這兩男一女都取了如謝爾蓋（Sergei）等俄羅斯名，來烏茲別克將近一年，分別對於自身的經歷無不心生一種矛盾的情緒。謝爾蓋大學修讀俄語，被公司派來這裡，這是他第二次派駐外國，不過是第一次能夠使用俄語。這次派遣他比較有辦法接受，因為年紀尚輕的老婆可以一起過來。他老婆穿著我們幾個星期前在中國看過的最新流行服飾，各方面完全仰賴他和他的朋友。

他們三人組成了白領領導小組，協助中國產業慢慢滲透進封閉的烏茲別克市場。眼前這三個安靜的年輕人跟米夏（Misha）形成對比，米夏是中國商人，受到一些烏茲別克朋友的邀請，在另一天晚上和我們共進晚餐。他菸一根接著一根抽個不停，餐點幾乎碰都沒碰，他告訴我們，他不需要翻譯人員，因為他會說俄語，而且學了一點烏茲別克語。他說，就算他需要翻譯人員，也絕對不會雇用孔子學院的學生——雇用東方研究大學的學生好多了。然而，他遠更感興趣的是讓自己的孩子學英文，晚餐的大部分時間他不斷詢問，到牛津和劍橋讀書有多難，又有多貴。

這兩種互動對比鮮明，在許多方面總結了中國在中亞拓展軟實力的不同面向。一方面，北京利用機構團體不著痕跡地拓展軟實力——透過孔子學院和傳統媒體形式來主導，小心注意當地人的敏感神經，哪怕這樣塑造出來的總體印象微不足道。反之，在米夏，以及和他一樣的其他商人身上，足見強勢進取的作法，這些精明的企業家能看見並一把抓住市場機會，但是對大局不了解，也沒興趣。基本上就是這兩種力量在驅動並形塑當地人對北京的印象：沉默的員工在外國土地上，勤奮、工時又長；或者舌粲蓮花的銷售人員削價競爭，專注於從外國土地上盡可能掙得高一點價格。兩者基本上都是受到市場驅動，這說明了中國在中亞的投資，根本上是以經濟發展為優先重點。這個事實將持續讓中國難以在中亞打造其他形象，不論有多少學生受到吸引前來上中文課。

第六章 傳揚「上海精神」

進入塔什干的區域反恐組織，比我們原本以為的容易多了。在歐洲的一名友人跟中亞多邊反恐世界有深入往來，他幫我們找到正確的電話號碼和電子信箱，我們這才得和對方以取得聯繫，而當我們要求拜會時，該組織意外地歡迎我們。一名年齡不明的中國官員在大門迎接我們，他是從公安局臨時調來的，穿著中國男性平常穿的半正式服裝，淡

北京天安門廣場（Raffaello Pantucci攝影）

色條紋馬球衫和黑色長褲，鑰匙則掛在腰間。他只想用他有限的英文程度說話。他帶我們去見東道主，一名塔吉克將軍——這個組織的現任首長。將軍蓄著翹八字鬍，不禁令人想起蘇聯時代，他滿臉驕傲地告訴我們，他走遍了他的國家與阿富汗的交界。我們到主會議室喝著咖啡的同時，幾個身穿不合身襯衫的魁梧男性，不時記錄著會議內容（其中一人在會議中間顯然是睡著了）。他向我們解釋惡名昭彰的區域反恐組織中心都在做些什麼。「我們的工作人員比聯合國少，」他告訴我們，「但是比義大利大使館多，比美國大使館少。」他邊說，邊分別對著我們各自的國籍點頭示意，同時對自己的玩笑話縱聲大笑了起來。

區域反恐組織中心跟其母組織上合組織一樣，聲譽不佳。背負著不幸的英文字首縮寫RATS，該組織被認為「負責執行上合組織的反恐策略」。[1]很多人都曾探討上合組織，卻很少人真正了解，而此國際組織在西方可見諸多極其差勁的新聞輿論。根據國際人權聯盟（International Federation for Human Rights），上合組織是「侵害人權的工具」。[2]其他組織，如彼得布魯克斯遺產基金會（Peter Brookes of the Heritage Foundation），更是稱其為「獨裁者俱樂部」，認定該組織「是工具，用於消除美國在歐亞心臟地帶的影響力」。[3]傑出的中亞學家亞歷山德．庫利（Alexander Cooley）文雅地稱之為「獨裁紳士聯盟」（League of Authoritarian Gentlemen），並形容歐亞大陸的獨裁者們聚集在此，「努力打造反民主國際陣線，開發一套新的反制策略和區域法律工具」。[4]他們野心勃勃的目標聽起來充滿凝聚力，但我們遇到的人似乎完全不是這麼一回事。

這場在總部進行的會議就是很好的例子。在會議中，透過我們帶去的翻譯人員，那名髮色斑白的塔吉克官員詳盡地告訴我們，他的組織的主要任務是管理資料庫，彙整所有會員國的「恐怖分子」和「恐怖組織」名單。我們追問他資料庫是如何部署運用的，他一逕地反覆回答，他們只負責維護資料庫，確保資料完整翻譯以及資料存放安全。他進一步告訴我們，他們正在探索如何在網路上處理事情。這項工作是在二〇〇七年第七屆上海合作組織國家領袖高峰會首次提出的，接下來每年，無論如何都會提到，但是鮮少確鑿的證據顯示，二〇一二年哈薩克人所提議的「網路警察」已經成立。[5]「區域反恐組織中心看起來還在摸索自己的角色定位。

大約一個月後，我們在北京上合組織祕書處，有了個機會向他們詢問其獨特的職務與目標。我們到北京時，適逢舉辦年度上合組織國家領袖高峰會，北京的主幹道長安街裝飾著該組織的旗幟和標誌。天安門廣場中央——一九八九年六月四日自由女神像附近——擺放著一個巨大的三角形基座，周圍滿是花朵，巨大的組織標誌樹立其中。來自城外的家庭紛紛到花壇旁拍照。當我們開口問，他們看起來不太清楚花壇的意義，反而對會說中文的外國人比較好奇，還想要跟我們合照。城裡的熱門話題是哈米德·卡爾扎伊（Hamid Karzai）總統代表他的國家前來，這意味著中國和阿富汗正在商討重大的協議。卡爾扎伊總統以「觀察員」國家的身分前來，並正式加入組織，他兩面下注，同時跟中國簽署雙邊協議，建立兩國之間的雙邊合作機制。在祕書處，一名親切的哈薩克外交官和他的俄羅斯副官迎接我們。兩人說著中文夾雜英文，不過當我們提問，阿富汗新加入這個組織代表什麼意義，他們倒是回答得乾脆：「我們不曉得。」

＊＊＊

上合組織一開始的用意並非如此。該組織是在冷戰的餘燼中誕生，一開始稱為上海五國，由中國及其前蘇聯鄰國所組成：哈薩克、吉爾吉斯、塔吉克和俄羅斯。一九九四年，總理李鵬造訪中亞時，走訪了哈薩克、吉爾吉斯、土庫曼、烏茲別克和蒙古，並首次非正式提出組辦上海五國的議題。這趟旅行因為李鵬的病情而延後一年，也避開了當時被戰火蹂躪的塔吉克。他在塔什干發表演說，大談中國在中亞地區要扮演雄心萬丈的角色。

為了中國和全世界的光明未來，中國將竭盡全力管理好自家的事務，堅定推動獨立的和平外交政策，與所有國家發展友好關係與合作，尤其是鄰國，恪遵和平共存的五項原則，並且為亞洲和全世界的和平、穩定與發展，貢獻新的力量。[6]

這步邁向中亞的第一步，呈現出中國普遍贊同至少需要和周邊的地區合作，和鄧小平一九九二年開創性的「南巡」一起及於巔峰；「南巡」試圖展現中國開放貿易，而且已經把一九八九年天安門大屠殺造成的破壞拋諸腦後。鄧小平南巡，促進了中國南部及沿岸的發展，李鵬造訪中亞，也是意在促進歐亞大陸發展。

到了一九九六年，事態發展可謂順利，四月二十六日，江澤民在上海招待俄羅斯葉爾欽、哈薩克納扎爾巴耶夫、吉爾吉斯阿卡耶夫、塔吉克埃莫馬利・拉赫蒙，共同簽署「史無前例的五國邊界協議，將近八千公里長的前中蘇邊界解除軍備」。[7]這項具有重大歷史意義的協議促成了「上海五國」會晤，一個月後，李鵬在北京主持一場國際會議，討論「新絲綢之路」，他在會中說，歐亞鐵路連結將扮演主角，促進中國與歐洲之間的經濟連結及發展。[8]這場序幕揭開了一系列的討論，包括二〇一二年溫家寶在烏魯木齊發表演說所討論的「新歐亞大陸橋」，以及後來的絲綢之路經濟帶——中國主席習近平一帶一路的基本路線。

一九九七年，莫斯科舉辦國家領袖會議，會議期間，確立了組織原則，焦點著重在各自的邊境地區將解除軍備。之後的會議地點在阿拉木圖（一九九八年）、比什凱克（一九九九年）、杜尚別（二〇〇〇年），期間共同簽署了文件，「帶來重要的貢獻，維護中亞地區以及全世界的和平、安全、穩定，大幅豐富了現代外交和區域合作實務，對國際社會具有廣大的正面影響力」。[9]

這些有著正面意含的空洞聲明，掩飾了從一開始便存在於組織核心的緊張關係。在上海和莫斯科的前兩次會議，除了中亞各國參與多國討論之外，中國和俄羅斯另外舉行了雙邊討論，中俄重申兩國的「策略夥伴關係」——繼當前的後冷戰時期所帶來的混亂之後，建立這層關係的重要性，在於能夠減緩中俄之間的緊張。俄羅斯一開始並未正視上海五國會晤。一九九八年，俄羅斯國家領導人葉爾欽沒有參加高峰會，而是派外交部長葉夫根尼．普里馬可夫（Yevgeny Primakov）代理。[10]一九九九年，根據俄羅斯新聞報導，葉爾欽還是覺得沒必要參加，但是和江澤民通過電話後，「半是威脅半是利誘地」前往比什凱克。當時俄羅斯新聞摘要的報導如下：「葉爾欽傾向稱之為『邊界五國』的『上海五國』，並非任何形式的政治同盟或聯盟：既沒有組織架構，也沒有行政機關。就因為這樣，不一定要由國家領導者來出席會議。」[11]打從初期階段，俄羅斯就沒有特別認真看待這場元首聚會，如同一名知名的西方觀察家後來告訴我們的，俄羅斯主要是把這場會議視為「遏止中國」的辦法，也就是持續參加中國用來拓展中亞影響力和連結的組織。[12]

然而，在二〇〇一年九月之前的世界，外界對於上海五國有不同的解讀。在《新聞週刊》（*Newsweek*）的一篇文章中，睿智的美籍漢學家兼布魯金斯學會（Brookings Institution）學者季北慈（Bates Gill）博士說，上海五國「象徵在世界上有其他國家，正試圖建立沒有美國參與的安全相關機制。」[13]上海五國從邊界劃定團體，逐漸發展成潛在的區域安全組織，暗示著地緣政治正出現一些重大改變。尤其是中國願意在幕後出力，推動聯合國以外的多國安全組織，此舉被認為意義重大，證明了在國際事務上確實有潛力得以發展另一種新極端。對中國而言，這是在表達「新安全概念」（New Security Concept），以不干預他國事務為中心思想。在這個階段，中國處於

「和平崛起」的初期，目標為在國際事務上，緩緩提升到具有影響力及權力的地位，同時避免引發人們過度擔憂。

就國內而言，上海五國會晤除了協助劃定中國西方邊界之外，不確定是否有其他功用。對江澤民而言，上海五國有助於實現「西部大開發」的廣大願景，其目標是促進開發歷史上開發不足的中國西部地區。與中亞鄰國建立堅固的連結，不僅有助於管控劃分不清的邊界，也有助於處理北京始終憂心的問題，亦即好鬥的維吾爾族。二〇〇〇年五月，槍手開槍攻擊自新疆造訪吉爾吉斯的中國官員代表團，在事發後的逮捕浪潮中，吉爾吉斯當局把矛頭指向維吾爾族異議分子。大約在相同時間，俄羅斯新聞界一些傳聞四起，維吾爾人正加入車臣在阿富汗承辦的訓練營。相關的中國當局向他們在香港的基地和外交駐點發布警告，提及可能會成為鎖定的目標。中國也與塔利班聯繫，試圖了解現況，希望塔利班能保證，這些團體不致對中國構成威脅。

到了二〇〇一年六月的高峰會，顯然有更多事情即將發生，領袖們再度齊聚上海，參加年度會議，貴賓席上多了一名新成員，這次他跟各個領袖坐在一塊，而不是像在杜尚別時一樣，以觀察員身分參加：烏茲別克領導者伊斯蘭・卡里莫夫（Islam Karimov）。當時有一則俄羅斯報導說，他的加入「削弱」了這個組織，而且卡里莫夫的目標，是要加強烏茲別克在跨區域競爭中的力量，打敗新崛起的區域強國哈薩克。[14]不過，中亞地區的總體反應是正面的，他們認為這個新組織能增加所有會員國在國際事務中的影響力，並且凸顯這次締結同盟的重要性。有人認為，這是一種新的多邊組織，而且會員國的總人口數相當於全球人口的大約五分之一（不過中國占大多數），將能夠與世界上最強的超級強權美國抗衡。由於當時中國與俄羅斯和華府的關係分別都降到了冰點，因此此同盟可謂好事一樁，亦能讓中俄兩國在其他方面加強合作的力道。

就北京看來，這可是領導人江澤民帶頭取得的中國外交重大勝利。時事評論讚揚他的「上海精神」見解，是凝聚這個組織團結一心的共同願景。[15]國際關係正在打造一種新的精神，「支持互相尊重，求同存異，經過證明，不同文明背景和文化傳統的國家，若想要和平共存，這是唯一的務實選擇」：[16]這是非常中國的構想，聚焦於彼此雙贏與和諧的利益。

當然，現實又是另一回事了。確實，這個中國的構想是擺在這個新組織的核心，但是這並非這些公開外交聲明所暗指的多國理想願景，更切確來說，這是中國的說法，意指上合組織著重在對抗北京全力打擊的「三惡」，亦即「恐怖主義、分裂主義、極端主義」。這最終提供了將組織團結在一起的凝聚力。當時俄羅斯新聞界看出了這個面向的重要性，以及「上海六國」如今已「變成反恐聯盟」。[17]

最終，對抗激進團體、恐怖分子網絡和反國家組織，成了六國全體共同面對的問題。當時俄羅斯正在面對第二次車臣戰爭，國內正遭逢一系列殘忍的恐怖攻擊，北高加索也持續爆發地面血腥衝突。烏茲別克則面對費爾干納谷地爆發的國內暴動，吉爾吉斯也受到威脅。炸彈在塔什干市區爆炸，烏茲別克面對的問題表露無遺。塔吉克雖然結束了血腥內戰，但是緊張氣氛依舊，戈爾諾—巴達赫尚州（Gorno-Badakhshan）持續為杜尚別製造問題。哈薩克唯恐這些問題也會在國內嚴重爆發；而中國官員曾經在比什凱克被激進的維吾爾人殺害，一九九七年在新疆伊寧又爆發最新一次暴力動亂。吉爾吉斯遭逢最嚴重的問題，一九九九年和二〇〇〇年夏天，南部的激進分子進犯。他們雖然把問題往後推延了，但是顯然，以阿富汗做為基地的恐怖團體，已威脅到穩定的局勢。

上合組織中，諸多會員國與阿富汗接壤，經過證實，阿富汗確實是激進網絡的巢穴，而且向來是毒品的主要來源。二〇〇一年在上海的開幕典禮上，哈薩克總統納扎爾巴耶夫致詞時說，阿富汗是「恐怖主義、分裂主義和極端主義的搖籃」，凸顯了組織裡的共同擔憂。不過除了這些擔憂，對於構成反國家的活動，所有會員國一逕抱持相當過度的觀點，他們不願姑息政治異議，並視其為小跳板，輕易就會演變為激進好鬥。換句話說，對抗恐怖主義，是他們一致認同並支持的團結旗幟。因此，果然不出所料，看看第一次會議的結果，不只氣氛融洽，對抗恐怖主義和跨國威脅這部分據說大有斬獲，包括宣布設立區域反恐組織，一開始打算設在比什凱克，最終於二〇〇四年在塔什干成立，並致力於對抗恐怖主義的行動，後來繼續加強力道，因為九一一事件之後，美國和西方全力聚焦在和中亞有所關聯的國際恐怖主義。

然而，二〇〇一年九月十一日的攻擊後，美國如此大張旗鼓返回中亞，竟讓上合組織陷入了進退兩難的困境。五年後，研究上海五國的知名中國學者趙華勝指出，美國回歸會引人質疑上合組織是否有能力處理自家後院的問題。一些組織的會員國——違反組織規章——竭誠歡迎美軍進入他們的國家，設立基地，他們對於組織規章多麼不重視，由此可見一斑。這凸顯出各個國家都認為，跟美國打好雙邊關係，重於區域合作。由此衍生而來的首要問題，則是「上海合作組織所提出的原則和主張是否仍有意義？」[18]

換句話說，打從創立開始，這就是個嚴重矛盾、曖昧不清的組織，創立的目的是要對抗恐怖主義，但對於自家後院發生的大規模恐怖攻擊事件，卻沒有太多反應。而且會員國之間不僅沒有團結在一起，反而各自為政，與美國建立密切的雙邊關係，此舉可能會把美國這個敵對的強權帶回中亞。這個組織在動人的承諾中誕生，被會員國們灌輸了美好的樂觀主義，但似乎第一次跨欄就絆倒了。

中國官員和學者總愛談歷史。和中國專家對話，至少都會提及某一段歷史，並強調中國對於正在討論的話題一點都不陌生。這般影射的目的有二：一是強調中國對於正在討論的議題關注已久，而且是主事國；二是申明中國能記得很久以前的事。中國人大多以相對有耐心的時間軸來觀察一切：中國願意等待觀察事態如何發展。由此觀點來看，便會認定上合組織一開始的這些問題只是一時的打嗝，最後會自行消失。最終的願景，是建立中國與歐亞心臟地區的永久連結，必須能夠承受短暫的政治問題，並且展現出中國完全跟這個地區永遠綁在一塊。就許多方面來看，上合組織無疑是後來的一帶一路的初期構想。

* * *

自二〇〇一年成立以來，上合組織完成了很多，卻也成就得很少。組織最初的基礎架構已大幅穩固且有所進展：來自各國內閣的部長參加高峰會，討論如何協調各國的政策。在安全方面，各國內政部和國防部每年都會齊聚開會，規畫大規模軍事演習，動用重型裝備，諸如飛機、戰車以及大陣仗的部隊，演練「反恐」作戰。定期舉辦大型多國作戰演習，稱之為「和平使命」（Peace Missions）。這些演習大多給中國和俄國機會，測試全新裝備——甚至有某個偏激的俄羅斯觀察家曾經指出，早期的演習單純只是讓俄羅斯人有機會向一些重要的消費者炫耀新裝備。[19]

與此同時，中國特地在上合組織的支持下，與鄰國塔吉克和吉爾吉斯，定期舉辦規模比較小的雙邊或三邊軍事演習——「天山」演習，取名自附近的天山山脈——其中也包括規模較小的「反恐」作戰，聚焦在邊境安全，以及與三國共有的零星荒地有關的議題。在上合組織的支持下，中國跟俄羅斯舉辦第一次大型軍事演習，著重在中國擔心的大規模事件，並且讓俄羅斯藉機展示他們急欲賣給中國的相關裝備。北京站在最前線，推動設立「阿富汗聯絡組」（Afghanistan Contact Group），這點出中國擔憂的另一個問題。此舉的目的就是要讓上合組織扮演更重要的角色，控制那棘手的鄰國惹出來的安全問題，多數人無不直接忽視這重要角色，其他人則以花言巧語來閃避。

除了安全領域，上合組織在一些其他方面也進一步加強功能。在經濟上，相關部長會定期開會，討論「協調」。透過組織，許多工程案已著手進行，包括一些合作興建道路的工程案，以及一些在吉爾吉斯和塔吉克的基礎建設工程案（由中國出資）。造訪奧什時，我們不時聽聞，有一處「小區」（micro-rayon）可能正在組織的贊助下重新開發，但是沒人能幫我們指明或者告訴我們到底在哪裡。中國經常被認為是最熱中推動上合組織提升經濟合作的推手：中國的戰略專家熱烈談論成立一家隸屬於該組織的開發銀行和一處自由貿易區。二〇〇三年五月的高峰會期間，胡錦濤闡述了為何「經濟合作是上海合作組織的根基與優先要務」。[20]

若和北京以外的任何人討論，他們都會認為這些想法不切實際。上海合作組織自由貿易區似乎過度樂觀；而中國試圖促成開設開發銀行，二〇一二年在北京主辦高峰會時，便提議投入一百億美元，與會所有人聽了無不沉默以對。二〇一三年年中，我們在上海參加一場該組織的會議，聆聽一名知名的中國經濟學家發表演說，內容談論開發銀行相關事宜，而他所根據的，則是幾年前的資料。[21]這個構想沒什麼進展，處處受阻，遲遲懸而未決。而且果然不出所料，塔吉克和吉爾吉斯最支持成立開發銀行的構想——吉爾吉斯的領導者自始至終都說這個主意好極了，提議把祕書處設立在比什凱克。二〇〇五年成立的銀行聯合體（Interbank consortium，簡稱「上合組織聯合體」）是該組織所成立最接近開發銀行的機構，讓所有會員國的開發銀行機構得以聯手合作。

二〇一八年六月的青島高峰會後，中國宣布設立一處中國—上海合作組織「示範區」，著重在發展中亞地區的各大產業；此舉或許反映出中國長久以來冀望推動的構想，即把上合組織當成促進經濟和諧的工具。實際上，這看起來比較像是展示中國企業的機會，這項企畫案在二〇二〇年十一月啟動，根據報導，其中涵蓋的企業案，總計價值八十六億美元，[22]且重點多在中國科技企業，除了做為中國的一項經濟計畫之外，能實現多少成果，仍有待觀察。

誠如該組織祕書處一名外交官所說的，問題在於，「上合組織所有會員國的經濟政策和經濟局勢都不同」。[23]或者某知名的中國專家說得直白：中亞地區「擔心經濟受到中國支配」。[24]前面幾章一再看見，中亞國家雖然求助於中國的經濟力量，但同時也戒慎恐懼。一方面，求助於中國能帶來投資和富裕，另一方面，卻又擔心面臨受宰制的風險，變成中國的行省，完全仰賴中國的財富和慷慨。目前，或許僅烏茲別克的部分地區例外（還有中亞處處可見的貨品貿易），上合組織的成員國都是依賴採礦工業的經濟體，一旦礦物原料開採完了，這種經濟策略就會終結。而這類國家較長期的解決方案是，開發經濟基礎設施，用以生產精煉產品，提升價值鏈，這正是中國當前在做的事，中亞當然也想分一杯羹。可惜中亞也發現，這是項難以達成的挑戰，尤其中國的世界工廠就在隔壁，以規模經濟來看，中國無疑是令人畏懼的競爭對手。

在這樣的背景下，上合組織提供中國相對安全的保護傘，以進行投資，參與開發中亞。當一切事務掛上組織的旗幟，立刻就會變成多國事務，亦即已經是（或讓人以為是）達成共識的事。當然，實際上，實現上合組織經濟願景的遠大計畫，大多進展嚴重落後，一來是因為中國的計畫野心太大，造成實際執行有所延宕；二來單純因為並非每個會員國都認同那些計畫，進而加以阻撓。例如，一開始中國提議拿出一百億美元設立上合組織開發銀行，可用於啟動計畫。只是，那筆錢至今都仍未使用，因為全是中國出的。必須由董事會來決定錢要投資到哪裡，由此開發銀行才得以運作。然而，如今僅這麼一個投資者，中國必須點頭同意，讓其他完全沒有投入一毛錢的國家擁有同等的決定權——而此刻，中國看起來完全沒有意願。中國反倒跟俄羅斯建立雙邊投資工具，聚焦於能取得共同利益的計畫案；同時中國也透過政策性銀行，提供優惠貸款給哈薩克和烏茲別克。中國也分別設立亞洲基礎設施投資銀行（Asian Infrastructure Investment Bank）和絲路基金（Silk Road Fund）；後者屬國家基金，著重在一帶一路投資。這兩個機構都是用於推動中亞的工程案。中國也投資開設新開發銀行（New Development Bank），又稱為「金磚五國銀行」（BRICS Bank），由巴西、俄羅斯、印度、中國和南非這五個金磚國家聯合資助（其中至少三個國家同時是上合組織會員國）。至少此時中國似乎對設立上合組織開發銀行失去了興致，如今每年高峰會期間，至多也只是會提到這件事，而吉爾吉斯領導者通常還是會認定這是個好主意，並提議把祕書處設在吉爾吉斯。

然而，最害怕中國支配經濟的國家不是中亞國家，俄羅斯日益察覺到，就經濟面來看，上合組織是中國支配中亞地區的種子，而俄羅斯依舊視中亞地區為自家的戰略後院。俄羅斯一開始所在意的，和失去控制權的戰略重要性有關，但是一段時間過後，俄羅斯更擔憂中亞有可能變成跳板，導致國家遭到不受控制的經濟和戰略滲透。起初，根據我們聽到的說法，俄羅斯把上合組織當成掌控中國在中亞活動的工具。該組織有集體決策程序，而對這些地區的領導者莫斯科可是很有信心的，俄羅斯自然認為，保持一定的參與度就能箝制中國的行動。本章前面談過，大體上來說，莫斯科是很輕蔑這個組織的，葉爾欽總統甚至不想出席某些會議。這樣的觀點已經隨著時間改變，因為他們意識到，中國不只利用上合組織這個媒介來控制中亞地區，中國的持續活動，其實已經開始改變北京在俄羅斯後院的影響力。俄羅斯的因應對策是，繼續參與其中，但是不斷設法在等式中加入各種元素，讓中國難以施展戰略，無法利用上合組織做為擴張經濟的工具。莫斯科也拿出自家後蘇聯時代的各種工具來抗衡，介入中亞地區各項事務，重申支配霸權，或者至少維持在這場賽局中的熱度。

例如，俄羅斯重提哈薩克總統納扎爾巴耶夫率先提出的想法，想要成立歐亞經濟聯盟。這本質上就是要重返蘇聯，聯盟背後的原則就是，成立一共同體，讓所有成員國在經濟上緊密交織在一起，猶如俄羅斯所領導的集體安全條約組織（Collective Security Treaty Organization）——近似北大西洋公約組織，而非上合組織。這個想法被視為只是一種概念停擺數年後，二〇一四年，莫斯科終於達成目標，把這個機構向前推進，和哈薩克、白俄羅斯簽署協議，重新奪回一些經濟主導權，掌控了前蘇聯的部分地區，首先莫斯科獲得一定程度的主導權，加深了與努爾蘇丹和明斯克的連結。歐亞經濟聯盟起初由白俄羅斯、哈薩克和俄羅斯組成，後來日漸擴大，亞美尼亞和吉爾吉斯加入（接著繼續討論讓烏茲別克和塔吉克加入），把供應貨物、自由流動、資本與服務的共同市場結合在一起，目的就是要讓人人都能更容易進入彼此的市場，複製歐盟創造的模式。然而，實際上，歐亞經濟聯盟讓莫斯科獲得巨大的控制權，促使歐亞經濟聯盟經濟體中營運的俄羅斯企業獲得更高的影響力。

對中國而言，這可能會破壞上合組織設立自由貿易區的野心，中國心懷更崇高的計畫，冀望設立一處經濟區域，由中國主宰，根據自訂的程序來發展貿易，但是這樣的盤算可能會被封鎖在俄羅斯所控制的邊境。歐亞經濟聯盟也可能破壞中國和會員國之間的雙邊貿易。我們在北京聽聞一則有趣的辯論，提及中國政府裡對此分為兩派：商務部裡的人認為，設立一區域進行貿易，範圍直達歐洲，是有好處的；反觀外交部裡，則是唯恐此舉會對中國與中亞之間的貿易產生具體影響。[25]一派的論點是，倘若歐亞經濟聯盟成功，可能有助於和整個中亞地區的貿易；另一派則擔心會影響雙邊貿易。我們在前面的篇章談過了，駐吉爾吉斯當地的外交官對這些憂慮滿不在乎，若只看數字的話，無法全盤釐清加入歐亞經濟聯盟對吉爾吉斯和哈薩克的經濟到底造成了什麼影響。

從北京的國際貿易宏觀來看，中國和中亞的貿易只占總體的一小部分。北京承擔的風險是，與中亞國家的雙邊貿易一旦受阻，將直接傷害到新疆，如此一來，可能會對中國的關鍵目標造成負面影響，中國與中亞建立經濟關係，其中的關鍵目標正是為了促進新疆發展。因此，我們可以理解，為什麼中國想要透過上合組織加強經濟連結，企圖保有控制權；不過我們同樣可以理解，為什麼俄羅斯深恐徹底失去中亞，同時也可能讓自己因而更直接暴露在中國的經濟力之下。

但是我們在中亞各地一再聽聞的說法是，上合組織是一種全新的組織，有別於舊式。除了經濟與安全方面，該組織更進一步發展文化面向，便是普丁總統尤其支持的，甚至協助開設上合組織大學。該大學有五十四所附屬大學，目的是要讓學生能在組織裡的另一個會員國待一年——鼓勵學生修習對組織或區域整合有用且有益的科目。這個模式在許多方面複製了歐洲伊拉斯謨（European Erasmus）課程——在歐洲大學之間提供類似的交換學習。在烏魯木齊，我們有幸造訪新疆大學，當時學校正在主辦與上合組織大學有關的教務會議，接待我們的是本章前面介紹過的那名微酣的教育人員，他當時的目標是到英國旅遊。[26]多年後，我們在中國中秋前往塔什干，在公共廣場恰巧遇到上合組織贊助的展覽，內容介紹該組織會員國的主要城市，鼓勵人們前往觀光。上合組織如今已贊助多場馬拉松比賽、電影節、多次專屬於新聞工作者的文化旅遊，還有一個青年組織「上海合作組織國家青年平台」（SCOLAR），以及其他活動。

從西方執政當局的觀點來看，這一切再再指出該組織缺乏凝聚力，但是成排等待獲准成為會員或夥伴的其他區域強權，可就不這麼認為。搪塞多年後，上合組織總算有了讓新會員加入的程序規章。未想其中明顯的潛在會員，諸如蒙古或土庫曼，不是興趣缺缺，就是被迫捲入更大的區域或全球政治，只能繼續觀望。而上合組織也並沒有真心想要這個地區的其他國家加入。馬哈茂德．艾哈邁迪內賈德（Mahmoud Ahmedinejad）總統統治的伊朗認為，該組織能夠讓伊朗加入看似與美國敵對的非主流國際組織，他可以藉此強化伊朗對抗華盛頓的力量。於是，在俄羅斯的支持下，伊朗試圖取得會員資格，北京卻認為，這麼做不妥，因為這勢必會引發和美國之間的緊張關係（這是中國在外交政策上的首要擔憂）。艾哈邁迪內賈德赤裸裸地表達對美國的敵意，想激化上合組織對抗美國，致使伊朗變成不受青睞的人選。儘管如此，德黑蘭仍迫切地申請加入，最後卻被告知，永遠無法成為會員，原因在於伊朗正受到聯合國制裁，而這違反取得會員資格的條件。二〇一〇年，艾哈邁迪內賈德在前往高峰會的途中得知此事，當下大失所望，改道參加當時在上海舉辦的世界博覽會。此次外交問題能夠解決，讓所有人得以保全顏面，北京著實鬆了一口氣，這幾乎是顯而易見的。然而，門始終沒有關，伊朗仍具觀察員身分（蒙古、阿富汗和白俄羅斯也是），至今也持續準備成為會員。

基於其他原因，有些國家，上合組織是無論如何也不希望加入的。二〇〇五年，阿斯塔納高峰會期間，各國領導者明確拒絕美國取得會員資格。當時，所謂的「顏色革命」（Color Revolutions）浪潮越演越烈，並席捲前蘇聯國家（烏克蘭橘色革命，喬治亞玫瑰革命，吉爾吉斯鬱金香革命），使得中亞與西方之間的關係相形複雜，因為據信，美國政府暗地裡支持所有的顏色革命。加上二〇〇五年五月在烏茲別克爆發的安集延暴動（最後烏茲別克政府以暴力鎮壓，受到多數西方國家嚴厲譴責），這一切在在顯示，要求民主化的暴動風潮可能會席捲中亞地區，這無疑是會員國的思維及領導階層所深惡痛絕的。我們詢問美國外交官時，他們否認美國曾要求加入會員，並且指出，根據其組織方式，美國總統一開始可能得以某種「觀察員」的身分參加會議——這完全不是美國外交能接受的事。

不過上合組織已經找到途徑邀請其他國家加入。來回討論許久後，巴基斯坦和印度在二〇一七年正式被帶入這個大家庭。這兩國分別在中國及俄羅斯的支持下加入會員，不過兩國一起加入，令該組織不禁擔憂被捲入兩國的棘手衝突——如在喀什米爾——乃至四分五裂。然而，其實並沒有發生這樣的事，反倒證明，兩國有意願參加該組織主辦的反恐聯合訓練演習，這也反映出上合組織的實際潛力。不過，印度對巴基斯坦的憤怒並沒有就此消退，在二〇一九年的高峰會，印度外交部長便帶來一則口信，全力抨擊巴基斯坦背信棄義，資助該地區的恐怖團體。而中國和印度之間更近期的緊繃關係，看起來並沒有影響到該組織，印度方的與會人員仍在其中積極活動，總理莫迪（Modi）在二〇二〇年的國家領袖高峰會中說，他期待未來能跟組織合作，推動更多事務。

阿富汗顯然將是另一個加入組織的可能國家，只是由於國內動亂，導致入會困難。撰寫本書之際，美國和北大西洋公約組織即將完成撤軍，一旦完成撤軍，上合組織應該怎麼因應，以及如何實際幫助阿富汗解決長期以來的問題，對此會員國是否能達成共識，仍是未知數。中國長久以來想方設法讓上合組織多方參與阿富汗的事務，一再要求阿富汗聯絡小組積極介入，或是把阿富汗的議題排到組織的議程裡，可惜終究徒勞。其實，北京看似已經漸漸不再把該組織當成在阿富汗採取實際行動的有益工具，甚至設立了全新且獨立的小規模橫向機構——四國軍隊反恐合作協調機制——邀請阿富汗、中國、塔吉克和巴基斯坦的軍隊參謀長，共同協調並討論中國和阿富汗接壤的瓦罕走廊（Wakhan Corridor）附近的邊境安全問題。後面會再進一步詳細探討上合組織和阿富汗事務，而針對我們此際探討所關乎的重點在於，創立四國機制，清楚反映出，北京對於上合組織沒能處理阿富汗問題一事相當的不滿。中國顯然還沒放棄推動上合組織更積極的解決阿富汗問題（例如習近平在二〇二〇年領袖高峰會中致詞，便將此事列為重點之一），並透過四國機制，建立另一個更直接的單位，著手解決阿富汗安全問題。

任何國際組織的會員資格本來就跟政治有關。所有成員國聯合做決定，越多人參加會議，就意味著有越多票數，人人無不想方設法確保自己能掌控多一點選票。中國分析人員告訴我們，俄羅斯企透過讓新會員加入，設法削弱組織的凝聚力。他們說，這類似英國對付歐盟的手段，倫敦一再要求擴展成員國數量，以確保核心成員無法維持支配權。會議中的聲音越多，能達成的共識就越少。[27]而英國脫歐一事，上合組織是如何因應的，我們至今仍沒有答案。

當然，這一切的問題，有個沒那麼多陰謀論的答案，一名駐北京外交官這麼告訴我們：

> 沒人反對新成員加入。但是想像一下，眼前有六個朋友聚在一起，其中一人說，我想邀請我的朋友加入。另一人說，沒必要，我們六個已經夠多了。另一人又說，我不認識你的朋友。不管怎樣，最後都會由這六個朋友一起做決定。

即便這番話是為了強調決策過程有其難度，卻也道出上合組織的一個現實狀況：每個人都有發言權，因此每個人都可以拖延程序。在決策上，上合組織跟歐盟一樣，採行全體一致通過的作法，因此受制於任何一會員國對決議的疑慮與否。更遑論，兩個最大的會員國其中之一，對該組織有著根本上的不信任，以致著實難以看出要如何快速加強凝聚力。

＊＊＊

不過，有可能我們對於上合組織的判斷根本錯得離譜。來到華盛頓，你會發現，多數人對其抱持蔑視的態度。訪問華盛頓期間，其中一站便是五角大廈，我們意識到，分析人員大多認為上合組織會員國之間的爭吵簡直令人貽笑大方，他們很想再聽新的趣聞（那次造訪期間，人人都還在談論中國軍隊出現在塔吉克，據說這讓杜尚別的俄國國防人員大為光火，因為他們沒有事先接獲通知）。在北京，我們訪談過的外國外交官無不對該組織感到好奇，但是他們看起來對其行動並未有絲毫恐懼。大部分的華盛頓分析人員把焦點放在中國和俄羅斯在根本上的不合和衝突，並認為那無非就是個空洞的機構。他們斷定上合組織能做的事有限，那不過是專制獨裁者共組來抬高威望的組織。只是巴基斯坦和印度的加入，多少混淆了獨裁主義這個面向的分析，而同時，雙方持續衝突，只會凸顯其核心的根本不合。二〇一九年在北京的一次會議，面對一專家小組，其成員來自全新擴展的上合組織的各個國家，我們當下提問，該組織在將近二十年的歷史中，實際取得了什麼成果，與會者不由得笑了起來，並答道，透過這種方法來追求成果，是西方人的觀念。從他們的觀點來看，上合組織光是能持續存在，就某些方面而言便是最好的成果。在北京，我們詢問某個有影響力的外交政策智庫裡的中國專家，能否清楚說明上合組織實際取得什麼成果，他微笑的告訴我們：「什麼都不做，就是什麼都做。」

這或許是我們從上合組織中學到的重要一課。這不是用來成就任何事情的機構，而是用來加強發展彼此關係及緊密度的組織。就實際而論，上合組織舉辦了很多會議，卻很難具體指出達成哪些成果。就連初步推動組成該組織的前身上海五國，也是相當近期才決定成立的。雖協商多回才確立了邊界，但是對中亞的許多人而言，邊界依然是爭論的焦點。到了二〇一九年，塔吉克人民依舊氣憤難耐，他們的國家在劃界協商中奉送出領土。至今仍有傳言四起，指出讓與中國的領土上可能有哪些寶石，而且整個領土商議就是兩國嚴重摩擦的根源。在杜尚別，一名消息靈通的圈內人告訴我們，其實，協商人員還因為與中國協商的辛勞，而獲得表揚並獲頒獎章。我們訪談的塔吉克官員一再強調，在必須進行邊界劃分協商的上海五國成員國中，塔吉克割讓的土地在中國取得的總領土中，占比是最小的。但是上海五國改組成上海合作組織的將近二十年後，此事始終是討論焦點，反映出爭議不但懸而未解，還引發了緊張關係。

更重要的是，儘管會員國存在緊張關係（包括初期受俄羅斯輕視），上合組織仍持續存在，並擴展會員國。如今印度和巴基斯坦加入，意味著該組織得以誇耀自身治下涵蓋大約全球的半數人口，以及五分之三的廣大歐亞大陸。又儘管存在著其他的緊張關係，會員國的領袖和觀察員還是定期開會，持續策畫前行的道路。會議期間，他們或許大放厥詞，說得比做得好聽，但是在短短的成立時間中，該組織已經展現了韌性和力道。上合組織奉行漸進主義，採行非常中式的觀念來維續生存並制定政策。該組織不批評任何會員國，拒絕譴責彼此國境內發生的任何暴虐行徑。舉凡專制獨裁的會員國，或在國內行事違反西方人權標準的會員國，無不對此多所讚賞。不過正是這個事實，闡明了這個群體所引發的危機，在這個地方，反民主得以日益壯大，展示自身擁有的國際支援。雖然所有的會員國或許都會以不同方式獲得該組織所提供的國際支援，但是因為該組織長期存在而受益的，其實是中國。

二〇〇五年對上合組織至關重要，就在這一年，顏色革命席捲前蘇聯國家，直抵中亞，導致吉爾吉斯的阿卡耶夫在混亂中遭推翻。同樣在二〇〇五年五月，烏茲別克在安集延鎮壓抗議人士，官方對著一群人開火，當場殺害的人數至今未知。這兩起事故，還有尤其是西方的反應，讓上合組織會員國具體明白了何以區域多國架構組織相當重要。吉爾吉斯爆發革命的肇因，其實是經濟問題、長久以來的部落和種族緊張關係以及吉爾吉斯整體局勢脆弱。但是喬治亞和烏克蘭爆發顏色革命後，自此，這兩個國家徹底脫離了自蘇聯解體後便存在的後蘇聯秩序，而全球媒體的解讀是，吉爾吉斯正在發生一樣的事。

一股擔憂之情遍及中亞的其他政府，他們唯恐自家可能也會發生一樣的事。許多人擔心西方支持的民主派會在他們的領土上宣傳民主制度，進而產生影響力，同時也日益憂心美軍初步入侵阿富汗後，到底會在他們的後院待多久。其實，吉爾吉斯的革命可能比較獨樹一格，肇因是地方衝突，而非另一次所謂的顏色革命。可是，西方似乎認定吉爾吉斯發生的事，意味世界秩序正在改變，這著實令上合組織成員國政府更是擔憂。五月時，西方便迫不及待地出聲譴責烏茲別克在安集延的暴行，結果可想而知。烏茲別克趕走駐紮在喀什—喀納巴德（Kashi-Khanabad）的美軍，熱情擁抱上海合作組織的兄弟，並認為他們是更令人自在的夥伴，不若製造動亂的西方。中亞人或許喜歡前往西方國家進修和觀光，反觀領導階層，他們可是很擔心西方民主會引發混亂。

然而，正是二〇〇五年，中亞地區各國具體明瞭為什麼需要互相支援，來對抗變化無常的西方；二〇〇八年則凸顯了在中亞地區，尤其在上合組織內部，為何占上風的其實是中國。雙方互相挑釁數月後，二〇〇八年八月七日，喬治亞決定採取果斷的行動，對付南奧塞梯（South Ossetia）的分裂主義者；南奧塞梯位於和俄羅斯接壤的邊境地區，長久以來就是強烈反第比利斯（Tbilisi）思想的發源地。俄羅斯旋即出手保護南奧塞梯人，並且以此為藉口，入侵喬治亞。西方再度怒火中燒，歐盟譴責俄羅斯的行為，華府裡的上上下下無不要求美國採取行動，保護這個北大西洋公約組織盟友。俄羅斯於是向上合組織尋求國際支持，並要求該組織聲明支持俄羅斯，結果卻遭到拒絕。見識到俄羅斯在前蘇聯的領土上展現軍事霸權，中國不覺心驚膽戰了起來，同樣的情緒更在已獨立的中亞人心中產生共鳴。俄羅斯的舉動不只在中亞境內各個獨立國家之中樹立起危險的先例，也令各國更加不安，唯恐俄羅斯也會這樣入侵各國的領土。哈薩克尤其懼怕此先例將在他們與莫斯科的關係中發酵。哈薩克和俄羅斯有很長的交界，北方居民有很大一部分是俄羅斯民族，總統納扎爾巴耶夫年事已高，領導階層即將更替，當時位在首都阿斯塔納的當局認為，呈現在莫斯科面前的這般局勢，可說是和喬治亞如出一轍。納扎爾巴耶夫退位後，要是普丁不喜歡接任的人，莫斯科可能也會出手干預。這起事件造成的餘波，進一步強化了中國在上合組織與中亞地區的掌控力道，即中國得以透過繼續奉上經濟大禮及其他手段，持續鞏固掌控權。

六年後，親克里姆林宮的亞努科維奇（Yanukovich）政府垮台，俄羅斯故技重施，聲稱對克里米亞的主權，並入侵烏克蘭東部地區。莫斯科再度尋求上合組織各國的支援，而且再度遭到拒絕，但是這次北京更謹慎以對。上合組織支持中亞核心的多數觀點，主要反映早先的擔憂，憂心克里姆林宮攻擊喬治亞。不過該組織也更清楚理解莫斯科所持的論點，擔心西方的民主軍隊已經讓烏克蘭有所動搖。北京對這件事的解讀，近於二〇〇五年，而非二〇〇八年——也就是傾向認同屬顏色革命性質，而不是分裂分子鬧事。從這個角度來看，上合組織比較著重的焦點是，在俄羅斯和中國的影響範圍裡，支援盟國，挺身對抗混亂無序的民主化西方。儘管如此，各國擔心俄羅斯的行為，有利於中國操控中亞，我們甚至還聽到一些耳語傳言，建議納扎爾巴耶夫拜訪北京，明確要求，倘若莫斯科在哈薩克故技重施，中國應該介入，但是始終無法證實傳言的真偽。

上合組織基本上是中國創立的，而且盡量避免樹敵。若是跟相信上合組織的中國戰略家交流（並非所有的中國戰略家都相信該組織，我們在北京時，遇過一人，他很自豪成為在公安部不受歡迎的人，因為他曾提交報告給新任命的區域反恐代表，內容大多是對該組織及其前景的負面批評[28]），他們會列出多不勝數的論點，大談該組織是如何刻意放慢發展速度。其中一人提及設立自由貿易區的美好前景：「設立自由貿易區有兩種方式：你可以劃定一目標區域，接著建造而成；也可以促成漸進整合。中國偏好走第二條路。」[29]思想家們會告訴你，俄羅斯主導了許多倡議，一副是在跟上合組織爭搶地盤的樣子，但是那些倡議根本無法和上合組織相提並論，因為那些根本是在回應不同的需求。上合組織不需要成為軍事組織，畢竟這是集體安全條約組織在中亞所扮演的角色；也不是歐亞經濟聯盟的競爭對手，因為經濟層面仍在發展中，組織架構也差一大截，而開發銀行也並非必要，因為有許多其他開發銀行涵蓋中亞地區。總之，中國對於該組織的抱負和成就表現得很是含蓄。

不過更為重要的是，對北京而言，上合組織並非用於強加規範或控制，而是在中國的指導下，促進和諧凝聚。外人觀察該組織，可能會認為根本是大國強行控制小國，但若身在其中會發現，其實該組織高度落實聯合決策及共識。所有會員國都有否決權，因此，必須所有會員國都同意，才能推動事務。他們幾乎未從組織取得實質的好處，這意味影響力並不大。不過本來就沒必要，對北京而言，該組織的目的，就是要營造團結及授權的感覺，而實際上什麼都不必付出。習近平定期出席活動，願意尊重面積比中國一個省還小的國家，如此謙卑，令中亞人尤其賞識。中國戰略家總是熱中強調，他們打心底認為中亞跟俄羅斯截然不同——二〇一八年年中，一群資深人民解放軍思想家對我們說，俄羅斯其實未將中亞視為獨立國家，而是俄羅斯的延伸領土。相較之下，中國認為中亞各國是外國，擁有自主權。不論外人是怎麼評論中國蠻橫、壓倒性的影響力，在該組織的背景裡，中國就是樂見外人是如此看待他們的行事作風，這點愛面子的中亞人都了解。

中國玩的遊戲，是有意識的增量遊戲（譯按：增量遊戲又稱點擊遊戲，操作簡單，只要反覆點擊，玩家就可增加等級）。若造訪以上合組織為中心所創設的各個機構，足見中國的貢獻最顯而易見，卻也刻意保持隱晦。例如，高峰會一旦在較貧窮的會員國舉辦，如吉爾吉斯或塔吉克，一般而言，中國便會提供財務上的資助。在會議召開前的幾個月，高階安全官員會前往中亞地區，其中一項任務便是分送資金，支付活動經費。直到很近期，才有報導提及此事，不過其實近幾年早就有例可尋了，或許是因為中國逐漸在上合組織中愈見明顯地顯露其意圖。

二〇一八年，我們造訪上海政法學院的一個機構，發現有另一個面向明確表露了這個作法。上合組織國際司法交流合作培訓基地（China National Institute for SCO International Exchange and Judicial Cooperation，簡稱上合培訓基地）於二〇一四年成立，當時的吉爾吉斯總統阿坦巴耶夫和當時的中國安全主官孟建柱，聯合主持典禮。[30]此機構由中國公安部出資打造，用於強化邊境守衛及內政實力，為會員國及觀察員的安全部隊提供各式各樣的訓練課程。課程由上海法政學院與來自上海各地的教授來授課，為期數個月，讓被派去受訓的軍官體驗中國，並且了解中國如何解釋反恐立法與實務的國際規範。我們詢問是用哪種語言授課，對方說大多用英語，因為很少教授能說流利的俄語。其實能用英語授課的教授也沒那麼多，以致有時會遇到需要翻譯成兩種語言的情況——主要是漢語翻成英語，有時則需要把英語翻譯成最適當的各國語言。很難想像中國正在傳授大量有用的資訊，而且聽說參加課程的學員裡，最專業的是俄羅斯軍官。其他學員大多把受訓當成度假，這樣的態度中國顯然並不反對，因為這有助於加強中國在學員國家的軟實力影響力。當然，不言而喻，這也給中國的情報單位帶來明顯的招募機會，以及在鄰國派駐重要部隊，協助北京促成軟性安全連結。

毗鄰大學主校區，坐落著幾棟嶄新的建築，我們在此聽聞上合培訓基地的最大問題是，快要沒有學員可以訓練了。訓練目標並非低階官員，而是處於職涯中期的邊境和警察部隊的上尉和上校，此想法是希望著重在各國部隊的職業幹部，而非每年新招募的人員。這表示，每個系統會有越來越多軍官幹部體驗過中國，與中國有連結。上合培訓基地協助會員國訓練的軍官幹部比例越來越高，根據報導，如今是更進一步協助對話夥伴——包括白俄羅斯人，甚至可能還有土耳其部隊。

我們在印度和巴基斯坦剛加入該組織時造訪，這表示當時開放軍官申請參加訓練的資格幾乎沒有限制。中國認為，這樣能與外國部隊建立深厚堅固的連結，那些外國部隊終究對中國很重要，一方面可以戍守中國邊境之外，一方面可以保護各國邊境。有些邊境一旦沒有處理好，可能會殃及中國，例如阿富汗的邊境。而誰知道這些課程會傳播什麼樣的連結與資訊？有多少參加課程的人最後會升官？這種在安全領域強化關係的長期作法，在後面的章節會更深入探討，不過就上合組織而言，目的就是要展現更為長期的行動計畫，以及潛在的影響力。

新冠肺炎肆虐期間，上合組織又向前走了一步。二〇一九年，該組織換了新領導者，即烏茲別克的前資深安全官員弗拉迪米爾．諾羅夫（Vladimir Norov），他曾擔任烏茲別克主要戰略研究智庫主席（在此之前任職於內政部）。在他的領導下，上合組織看起來更有活力、創意。比方說，是年中旬，阿里巴巴（相當於中國的亞馬遜）創辦人馬雲與他和幾名上合組織的領導層級會面，討論阿里巴巴要如何跟他們合作，讓更廣大的會員國社群加強連結。隔年新冠新冠肺炎肆虐，馬雲承諾為會員國提供支援，隨後一架架飛機，便運載醫療救助物資，送抵各國首都。三月時，上合組織又展現另一個面向的功能，與名為「偉東雲教育」的中國線上學習平台簽署協議，在與病毒相關的隔離期間，協助提供線上學習。阿里巴巴與上合組織合作，主辦線上網路研討會和健康高峰會，讓中國和會員國的醫生參與。為了展現該組織不是只與阿里巴巴獨家合作，祕書長也跟京東集團（JD.com）的高階領導階層公開見面。京東集團是另一家中國線上銷售市場，早期便投資中國及上合組織聯合在青島創辦的「示範區」：青島的這處廣大園區，主要用於培養相關企業，前往和上合組織相關的國家承攬工程案。根據報導，有數十億美元分配到這項企畫案，大多由中國科技公司出資，園區開幕前的那幾個月，顯然他們一直跟上合組織的領導階層會面。除了推動這些活動之外，中國還在中亞地區做了許多事，包括贈送疫苗、提供醫療救助和支援，並和主管當局合作，確認如何實施隔離政策。

事後證明，跟阿里巴巴的合作關係，意義格外重大。阿里巴巴已經負責絕大多數的郵資和包裹運送，包含中國、俄羅斯和上合組織的中亞會員國。越來越多貿易移轉到阿里巴巴之類的線上平台，中國很可能可以實現對該組織和中亞的展望，建立更長期的經濟連結。繼二〇一九年年中簽署的協議之後，那年稍後又簽訂另一項協議，同意俄羅斯網路公司Mail.ru和阿里巴巴創立合資企業，設立一全新的超級平台，整合跟這兩家線上巨擘連結的所有公司，包括電子商務、社群媒體以及支付平台。最終結果便是將中國和俄國的新經濟緊密連結在一起，而且有可能還會特別利用阿里巴巴的絕對影響力，進一步促成更有利於中國的局勢。上合組織在二〇一九年和二〇年花費許多時間，促成阿里巴巴和其他中國電子商務、電子支付供應商，推動眾多活動，由此可見，上合組織逐漸變成一種全新的工具，讓中國得以滲透中亞，乃至更遠的地方。上合組織或許還沒找到辦法，實現北京長久以來在中亞地區憧憬的經濟願景，但是李鵬的新絲綢之路願景，或許仍有可能透過上合組織實現。

第七章　新萬里長城

我們注意到有個中國商人正在排隊等待搭機。我們一向搭機往來於中亞各地之間，其實少見中國人搭機旅行於各國首都之間，相對之下，倒是有很多班機往返中國。由於我們困在比什凱克平凡無奇的候機室，百無聊賴之下，索性晃過去攀談。他一見外國人竟然會說點中文，不禁起了好奇心，便打開話匣子告訴我們，他的工作是在中國中車擔任經理兼工程師。雖然對於正在進行哪項工程案，他未具體說

中國新疆紅其拉甫口岸的邊境哨站（Sue Anne Tay攝影）

明，卻非常想向我們炫耀，在杜尚別我們即將前往的地方，他可是人脈廣闊。他拿手機裡的照片給我們看，照片裡有個身材高大、表情嚴肅的塔吉克安全官員，一身全套軍禮服，而他就站在那個官員身旁。就在他再次向我們保證他的人脈有多重要時，一個年輕的吉爾吉斯人走了過來，他身著軍裝，以中文詢問我們是不是在用中文聊天。確定之後，他馬上加入對話，直說很高興有機會練習。而他竟然認得照片裡那個面容嚴肅的軍官，由此或許證明了那個中國籍新朋友的塔吉克友人果真是重要人物。

眼前這名吉爾吉斯軍官曾被派到南京參加中文訓練課程，雖然音調平平，但是還算流利。十一個月的課程期間，他的確學會了一些中文，但他更喜歡南京市中心那些令人興奮的事物，以及其廣大的腹地。他尤其熱中跟我們分享他發現的妓院和夜市。他跟所屬的邊境守衛部隊的幾名中階軍官一起被派去參加課程，所有課程全由中國政府資助。眼前我們這些會說中文的外國人無寧是場奇遇，令中國商人不覺輕聲笑了起來。接著我們便分道揚鑣，各自搭機去了，自然，離開前毫不意外地合拍了些自拍照。

二〇一三年年底的這次巧遇，讓我們早早便一窺中國與中亞的安全關係有多深、多複雜，我們著手進行計畫時，其實並未多加思考這件事。我們開始研究中亞的中國時，對於中國和中亞的關係，有個不變的說法（但是最近逐漸有所改變），認為雙方的關係完全建立在經濟和貿易之上。一帶一路出現後，雙方關係重新定義，主要建立在基礎建設和採掘活動之上。只是我們從未察覺，雙方在維安上有合作關係。反倒是大部分的分析指出，北京和莫斯科達成了協議——不論是祕密或是公開——中國負責經濟，俄羅斯負責安全。但是我們展開探究中國和中亞關係的計畫後，便意識到這個結論看起來太奇怪。首先，我們完全認為，中國之所以對中亞感興趣，是出於國內安全考量。中國想要中亞安全、開放、有連結、繁榮，如此一來，中國自家位於中亞的領土，也就是新疆，也才會繁榮，進而穩定。歸根究柢，中國對中亞的想法，便是立基於國家安全這個目標。

這項考量在中亞更是當務之急。一如先前的章節我們談過的，中國很擔心包括新疆和邊境另一頭的中亞好戰分子，同時。這些年來，無論是中國外交官、商人、出訪的達官顯要等，在吉爾吉斯都被眾多團體鎖定為目標，而這些團體無不被推定跟維吾爾族的好戰團體有關（在某些案件中，後續調查發現確實如此）。在為本書進行研究期間，二〇一六年，中國駐比什凱克大使館遭到汽車炸彈攻擊。後續調查揭露一網絡，和敘利亞的維吾爾族團體有關聯。幾年後，我們追問吉爾吉斯安全官員，要求回答關於那次攻擊事件的問題，他們駁斥說，那跟國際恐怖主義沒有關聯，直指那不過是當地的「政治」暴力事件。我們問這是什麼意思，他們持續含糊其辭，卻暗示吉爾吉斯人認為，那次攻擊事件牽扯到明確的不滿情緒，而不滿的對象正是中國人，不是別人。重點是，這次攻擊確實以中國人為目標，沒有牽扯到更廣泛的國際因素，卻是把矛頭指向了維吾爾族人。儘管少有證據可以證明其他國家有類似的網絡，但是中國仍然擔心，可能會出現這類的威脅，或者來自中亞的其他團體，有可能直接威脅到新疆或中國。那次攻擊事件過後，中國的安全監察部門就戰戰兢兢地深恐塔吉克可能會發生類似的事件。

第二，我們在中亞也發現，中國和俄羅斯之間存在著高度不信任，因此北京看起來極其不可能會直接把在中亞的安全利益，拱手讓給莫斯科。我們訪談的中國官員和專家一再表達鄙視俄羅斯，同時又會在公開場合保持友好的模樣。莫斯科處理冷戰後的蘇聯解體，被北京視為教科書範例，警惕自己，倘若政府出現那樣的變革，可不能這麼處理。在莫斯科一場重要的活動中，我們目睹一名中國頂尖的俄羅斯觀察家，以一口流利的俄羅斯語大談中俄兩國的關係，滿場展現幽默，引用杜斯妥也夫斯基的話，在擅長挖苦人的莫斯科聽眾面前竟博得滿堂彩。接著午餐席間，一個俄羅斯友人稱讚中國學者的語言能力，笑說他的俄羅斯語說得比俄羅斯人還好。未想短短一年後，我們卻在北京看到同一名學者，他在一群歐洲專家面前，嚴厲譴責俄羅斯，抱怨他們多麼難共事。他說，中國深感自己是迫於無奈才和俄羅斯建交的，因為中國遭西方排擠，北京當然更樂於接近歐洲。這幾年，我們在莫斯科也一再聽聞俄羅斯專家持相左的言論。顯然雙方都在討好聽眾，卻也凸顯出，雙方根本極度不信任彼此。

中俄關係對雙方或許在戰略上都很重要，而且由於共同對抗西方，近幾年變得更是緊密，然而，雙方其實互不信任。早年的中俄分裂埋下了嚴重的根基，而亦敵亦友是我們此時想得出來的最好詮釋，不過仍感覺不夠到位，雙方視彼此為重要的戰略盟友，但是這之間毫無信任可言，更是惶惶不安於有朝一日終將反目成仇。在我們進行討論之際，這樣的情況一再出現，無論中俄任何一方和我們對談，總是不一會兒就在我們面前抱怨起不在場的另一方。俄羅斯人總是二話不說就抱怨起中國人，而中國人也只要稍微激一下，當下就會回嘴。

在我們多次的訪談中，不論是私下或公開，緊繃氣氛總是顯而易見。討論雙邊貿易一再引發爭議，偶爾新聞媒體還會演出諜對諜戲碼。二〇二〇年年初，有傳言揭露，俄羅斯（聯邦安全局ＦＳＢ）逮捕知名學者維樂禮・米科（Valery Mitko）教授——聖彼得堡北極社會學協會（St Petersburg Arctic Social Science Academy）會長。身為退役海軍上尉，他遭指控出賣俄國潛艦艦隊的軍事機密給北京。[1]一年前左右，哈薩克便上演過類似的事件，一名精通漢學的知名學者，因為出賣國家機密給中國而遭到逮捕，該學者曾經在新總統卡辛—究馬・托卡耶夫（Kassym-Jomart Tokayev）與中國往來時，提供建言。[2]前國家安全委員會官員康士坦丁・西羅耶日金（Konstantin Syroyezhkin）被判十年徒刑、喪失公民身分，意味著他一服完刑，就會遭驅逐出境。[3]這個結論只是再再說明俄羅斯和中亞地區的關係密切，同時，在這場競爭中不時會遭遇到中國。

關於華為的爭論以及俄羅斯是否應該雇用華為來建造國內的５Ｇ網路一事，為莫斯科清楚闡釋了存在於關係核心的緊張問題。一方面，俄羅斯（尤其是情報機關）唯恐中國自此深入其數位與科技基礎設施，另一方面，他們又有點受限於選擇。我們在莫斯科時有所聞的說法是：「看看實際上是誰在支持我們。」他們或許不信任中國人，但是他們承認，在戰略層面上，跟他們站在同一艘船上的是北京，而不是用以取代華為的西方首都，這表示莫斯科必須選擇中國企業。

以此為背景，北京反而仰賴莫斯科，以保障在中亞不斷成長的資產和利益，似乎是不合邏輯的說法。而令上述推論更顯漏洞百出的是，北京最在意新疆，而對新疆以及全面掌控中國，於中國共產黨而言實屬重要，這說明了為什麼單純認為中國負責經濟、俄羅斯負責安全的論點，根本邏輯不通。在中亞當地也不見這般景象。在一次造訪比什凱克期間，事實清楚呈現在我們眼前，我們一一拜會智庫和各部會，一再聽到「中國負責經濟，俄羅斯負責安全」這句話，唯獨外交部的一名官員反而告訴我們：「嗯，其實，中國剛剛幫我們的邊境護衛部隊蓋了新的總部。」[4]

之所以引人入勝，令人忍不住一窺究竟的原因是，開發這項工程案期間，中國在軍事領域的自信心可是增強不少。此前對安全事務大多消極被動，中國越來越常展示軍事實力，拓展安全勢力的範圍，不只用於增進中國獨占的直接利益，目標似乎也是漸進式地鎖定將中國長期置於中亞地區的安全機構中。莫斯科曾經以為自己獨有的，隨著時間逐漸被侵蝕。在〈第八章〉，我們將把焦點放在阿富汗——令北京惶惶不安的安全問題，如一道危機四伏的陰影，潛藏在中國一心在意的中亞穩定的背景中。不過，在此我們要探討的是，中國不斷擴增的安全勢力範圍，以及在上合組織以外的中亞關係。從提供邊境支援與裝備，到語言訓練和新冠疫情的救助——中國與中亞的軍事關係，跟在其他地區一樣占盡優勢。

＊＊＊

在〈第一章〉我們強調過，關於中國在中亞的安全勢力範圍，可以追溯到好久以前的歷史。西元七五一年爆發聲名狼藉的怛羅斯戰役，阿拔斯王朝的軍隊遭遇唐朝軍隊，人們探討中國與中亞的關係時，經常以這場戰役做為歷史起點。這場大規模衝突由阿拉伯軍隊獲勝，這是阿拉伯與中國軍隊唯一一次在戰場上遭遇。這場衝突的起因提供了有趣的論點，駁斥現代中國認定中亞地區會造成安全威脅的觀點。逃脫的石國王子召集軍隊，支援他對抗唐朝，進而引發了這場衝突，中國唐朝是遭捲入，而非主動尋釁。帝國邊境爭執向來是把該地區的君王及其軍隊捲入，至今亦然，中國邊區的爭議逼得本來滿不在乎的北京，更是認真思考區域安全的問題，有時甚至得部署兵力來反制。雖然最終結果不若唐朝對抗阿拔斯王朝的那般衝突，但是北京意識到自身仍必須建構防禦屏障，防範潛藏在邊陲的暴力威脅襲擊中國。這次威脅可能與中國本身直接相關，而且對中國共產黨而言，在某些方面造成的威脅，高於八世紀那些互相爭戰的君王。

塔吉克本身尤其可做為實際範例，一探中國在中亞地區逐步擴大的安全重要性和心力。我們試圖直接追查，自然是困難重重。這個主題以及塔吉克境內據報中國部署軍隊的地區都很複雜。二〇一二年一次早期造訪杜尚別時，我們聽到傳言說，中國軍隊正沿著塔吉克與阿富汗的交界部署。我們跟一名移居當地的美國人半蹲著吃當地特有的起司玉米片，邊喝著啤酒，他在中亞時，一副花太多時間在網路上追查陰謀論的樣子。他直截了當地說，他很清楚，在敏感的戈爾諾—巴達赫尚州、塔吉克與阿富汗交界上的守衛哨所，有中國軍人在站崗。他告訴我們，我們只要追查中國在塔吉克的採礦利益，就能找到他們。先找出礦區，再尋找離礦區最近的邊境哨站。

我們心有疑慮，卻還是記下他的觀察，繼續下一段旅程，後來竟在同一趟旅程的一次會議中，聽到塔吉克口譯人員又說了類似的事。然而，這次消息來源似乎更為可靠。她親眼見到軍人，她聲稱，她在村莊附近走動時，都會見到穿著軍服的中國男子。我們仍有所懷疑，追問她是否看錯，但是她堅稱自己看見的就是中國軍人，而且我們當時在訪談的那個人，也點頭表示認同她所說的話。當然，我們無法證實這一切的真偽，這次造訪，我們訪問過許多接近官方的人，每個都否認有這種事。我們繼續前往穆爾加布（Murghab）和霍羅格（Khorog），同樣難以找到能夠證實這件事的人，不過倒是人人都對中國的建設讚不絕口，對阿迦汗（Aga Khan）滿心崇敬。在跨越邊境、延伸到阿富汗境內的帕米爾高原，有龐大的伊斯瑪儀派（Ismaili）族群，這表示該地區和國家是阿迦汗及其基金會的主要關注焦點。我們造訪時，看見山側有白石刻著讚美阿迦汗的字句；然而，我們卻很少遇到大力稱讚杜尚別政府的人。

關於塔吉克有中國軍人的傳言，往後消聲匿跡了幾年，直到二〇一五年造訪比什凱克，我們才又再聽到傳言，根據報導，沿著塔吉克與阿富汗交界的偏遠地區出現中國軍人。這次傳言來自一名人脈廣闊的外國人，他說聽到的消息很可靠，來自俄羅斯外交人員，他們很氣憤塔吉克讓中國在那裡部署安全部隊。一年後，傳言正式獲得證實，塔吉克政府正式宣布，已經邀請中國協助建造邊境哨站。這則報導指出，政府已經指示國家安全委員會（State Security Council）跟中國合作，沿著塔吉克與阿富汗交界建造十一處邊境防衛哨站，以及一座訓練基地。[5]大約就在此時，塔吉克與中國正公開舉辦其中一場雙邊聯合訓練演習。

二〇一七年年中，我們在華盛頓跟幾名官員談論中亞的中國這個話題，又提到了這個傳言，結果證實了傳言屬實，而且他們樂見這件事挑起中國和俄羅斯之間的緊張關係。這也進一步證實了我們在當地聽到的傳聞所言不虛。我們收到的報告指出，當地大使館得知基地和訓練演習一事時，大動肝火，而為何塔吉克會決定加入中國主導的四國機制來解決阿富汗問題，完全未與集體安全條約組織的夥伴商議或討論，更是大惑不解。關於用於處理阿富汗問題的四國機制，〈第八章〉將再深入討論。到了二〇一八年，關於中國在塔吉克的論述又有新發展，國際危機組織（International Crisis Group）發表了一份報告，其中的消息來源證實，的確有中國軍人在戈爾諾—巴達赫尚，並詳述他們就在「聯合反恐中心」。[6]隔年二月，《華盛頓郵報》（*The Washington Post*）的記者夏馬（Shaimak）實際走訪該地，果真撞見了幾名中國軍人。[7]不久後，《華爾街日報》（*The Wall Street Journal*）便報導，中國軍人正逐漸取代邊境上的塔吉克軍人。[8]

接著，我們向北京的中國專家問起關於後來的這些事，他們的反應是樂觀其成。為什麼中國軍人不應該在那裡？他們這麼反問。中國擔心阿富汗境內的安全問題，中國不確定塔吉克是否有能力兌現承諾。二〇一六年，中國駐比什凱克大使館遭到攻擊後，我們也聽到中國安全觀察家同樣的說法。此外，中國在塔吉克遭遇的威脅，確實也可能跟中國有直接的關聯，也因此這一切都更加重要了起來。

這種程度的擔憂，有助於解釋為何中國軍人會出現在塔吉克。人民武裝警察部隊被部署到那裡，協助盟國強化邊境，最終的目的，正是要協助保護中國的安全利益——也就是聯合防衛。北京那名中國專家說，這種合作模式是複製湄公河三角洲（Mekong Delta）模式，在湄公河三角洲，中國部隊與緬甸、泰國、寮國的部隊，三方進行聯合巡邏，以應付危害中國的犯罪威脅。在此背景下，罪犯殺害了一群中國漁民，中國因而加強安全來應對，最後創立一平臺，與鄰國直接合作，應付跨境安全威脅。東南亞實施的計畫大有進展，拘捕並處死罪犯，因此中國繼續推行這套計畫以確保安全。而正在塔吉克發生的事，只是局部複製此架構，中國安全部隊與鄰國密切合作，最終目的是要解決中國的安全顧慮。[9]這一切似乎沒有不合理之處，這個解釋也有助於合理化為什麼出現在鄰國的是中國的安全部隊。將近十年間，說法從一口否定，變成公開接受承認，凸顯出中國在解決任何議題前，始終保持警戒。

這樣一點一滴慢慢揭露出日益增加的中國軍隊駐守外國邊境，是中國處理中亞安全爭議的獨特手法。這是個多名中國專家都不願詳談的話題（甚至不一定十分清楚），當我們探問關於當地的問題，他們只提供很少的資訊。被派駐外國的中國軍人，不太可能會想要跟外國人說話，哪怕是只會講一點點爛中文的外國人，再說不管怎樣，通常只有在偏遠地區才看得到他們。不過顯而易見的是，我們造訪該地區的整個期間，中國軍人和傳言無不甚囂塵上。從分工的角度來談，中國的安全勢力範圍正逐步入侵俄羅斯在中亞的傳統領土上可是千真萬確的事。不過，北京做這件事的手法是，漸進式的改變當地情況，所以等到改變成為公開的祕密後，一切早已完全融入當地結構，自有其合理的理由。書寫本書之際，顯然跟生活上的每個其他層面一樣，中國已經相當深入地滲透到中亞的安全層面。

＊＊＊

從許多方面來看，這並不令人意外。人們不用花太長的時間便能看出，中國長久以來對中亞向來有安全顧慮及野心。前面章節談過，其安全顧慮的焦點是激進的維吾爾族和跨境連結；野心則透過上合組織就能一目了然。上合組織是非聯合國的第一個國際組織，內建中國參與其中的強力安全機構。中國密切參與創建，也因此，中國十分清楚該機構著重並聚焦在中亞安全事務（儘管中國也明確希望上合組織朝向經濟領域）。此外，中國舉辦的第一場雙邊軍事演習，是二〇〇二年跟吉爾吉斯聯合進行，而且是在上合組織的主導下舉辦。此次的天山演習早於數年後才舉辦的「和平使命」演習——規模遠更大，並受到俄羅斯左右——不過天山演習所強調的，是中國老早就有興趣與中亞安全部隊建立連結。決定率先與吉爾吉斯舉行聯合演習，說明了中國對吉爾吉斯深感不安，因為一再目睹當地的官員及商人遭到襲擊，也害怕各國的維吾爾族進行跨境串聯，而中國不相信地方當局能夠解決這些問題，由此更是平添了對這些威脅的恐懼。於是中國透過上合組織發展更直接的關係，索性創辦一機構解決恐怖分子的問題，這麼做看來是再自然不過了。

不過經過一段時間後，中國的注意力和安全行動，在許多不同面向一再增加，而且一如在其他領域，人們關注的焦點經常是中國投入的一個面向，反而忽略了其實中國同時也透過雙邊及多邊組織來運作。上合組織持續發展，這我們在前一章談過了。然而除了上合組織，中國也已經跨越邊境，步步進入中亞的安全機構。從提供救助和支援，到逐漸轉變成販售軍備，最後轉變成為中亞地區建造科技骨幹，中國不僅正在拓展並加深整個中亞地區的安全連結，同時也把自己深植於中亞的未來。

中國對中亞地區的軍事援助不多（特別是跟莫斯科相比），但是在過去幾年始終如一。或許始於一九九〇年代末期的某個時間點，不過由於缺乏資訊，難以計算出一絕對的數字。有些報導指出，早在一九九三年，中國就開始向塔吉克提供軍事援助（在其內戰期間），[10]無奈難以追查明確的細節。中國在一九九〇年代起，明確支援吉爾吉斯，一開始雙方簽署協議，中國每年資助大約七十五萬美元，包括制服、通訊設備、無線電站、夜視設備。[11]據傳塔吉克在早期那些年，也接受了類似程度的援助，有報導指出，一九九三年到二〇〇八年之間，中國資助了約莫一千五百萬美元。[12]

有報導進一步指出，中國在一九九〇年代也資助過哈薩克和土庫曼。一九九七年到二〇〇三年之間，哈薩克獲得約莫三千萬人民幣（四百五十萬美元），包含科技援助、通訊設備和運輸工具。[13]多年後的二〇一五年，中國贈送三十輛貨車和三十輛高承載量的聯結車給哈薩克，價值三百二十萬美元。[14]資助土庫曼的細節幾乎難以釐清，不過專家與駐阿什哈巴德的外交官曾經指出，中國在各個不同的時間點，為土庫曼的安全機構提供支援。[15]詹姆斯敦基金會（**Jamestown Foundation**）的一份報告指出，中國在二〇〇七年借了三百萬美元給土庫曼，用以購買「精密設備」，還款條件不明。[16]除此之外，在當地，我們偶爾會聽到傳言說，在土庫曼邊界附近運作的中國企業，可能提供了一些資助給保護他們的軍人。我們無法查證這些說法，也無從得知這些人是私人的安全人員、軍人或其他人員，抑或單純只是我們的聯絡人想像出來的虛構人物。然而，我們在土庫曼首都阿什哈巴德的國慶日遊行中，的確親眼目睹中國的軍事裝備。

救援資助是透過國防部的補助金來提供，通常由國防部部長或總參謀長造訪期間同意並簽署；中國公安部也會提供補助金，贈與對口單位。有新聞報導指出，中國贈送制服、通訊設備、辦公室家具和機械，[17]更近期又贈送了未具體說明類型的運輸工具。[18]二〇一四年，援助升級到興建軍官的宿舍與營房，塔吉克和吉爾吉斯都有。[19]二〇一四年之所以升級援助，是因為中國明顯加碼資助這兩國，國防部部長常萬全宣布，中國將資助塔吉克「數億美元」，[20]並且再資助吉爾吉斯一千六百萬美元。[21]二〇一七年，總參謀長房峰輝造訪比什凱克，宣布再贈與一千四百五十萬美元鉅款。[22]這些數字都有可能被許其亮將軍二〇一八年十月造訪時給超越了，只是相關細節並沒有公開。[23]二〇一八年稍早，中國兵器工業集團（China Ordnance Industry Group）捐贈VP11巡邏車給塔吉克，協助在戈爾諾—巴達赫尚的邊境部隊，加強巡邏該區。[24]

本書前面曾略提到一有趣的觀察，或許足以解釋中國的一些捐助。二〇一三年在上海的一名中國對談者指出，每當由比什凱克或杜尚別舉辦年度上合組織高峰會時，會前不久，總會有一名中國高級官員造訪，期間北京會捐助資金，協助支付活動經費。二〇一三年的高峰會時間尤為延遲，我們進一步調查才得知，是因為吉爾吉斯在等中國提供資金。二〇一九年六月的比什凱克上合組織高峰會舉辦前，公安部部長趙克志造訪比什凱克，提供約莫三千萬人民幣的資金，其中包含維護高峰會安全的經費。[25]

但是並非所有的中國軍事援助都是無償的，隨著時間過去，北京的國防承包商逐漸在中亞發現機會，尤其是在較富裕的國家。或者是比較想呈現出強國形象、不想被認為是在接受救濟的國家。尤其是哈薩克、土庫曼和烏茲別克，一律購置高端裝備，若是在以前，他們可能會向俄羅斯承包商購買。有時候，他們用以物易物的方式來購買，用碳氫化合物資源交換武器。根據報導，土庫曼和烏茲別克都曾經用天然氣，支付FD-2000紅旗九遠程防空導彈系統。[26]

有個顯而易見的例子足以證明中國活躍於中亞地區的防禦軍事產業界，那就是每年在哈薩克舉辦兩次的哈薩克防務展（KADEX Defense Expo）。防務展在二〇一〇年開辦，快速發展的哈薩克防禦產業得以有機會展示商品（中國已表達感興趣，與哈薩克派拉蒙工程公司簽署授權合約，可能會購買裝甲車[27]），同時也提供機會，讓地區的主要參與者有一場所向地區客戶群直接展售。自首次開辦以來，中國就從未缺席，不過值得注意的是，中國的參展規模與相關報導，都逐年增加。二〇一八年納扎爾巴耶夫總統出席展覽，發表完開幕致詞並參觀哈薩克自家的展覽館後，還特意參觀了中國和俄羅斯的展覽館。[28]

同樣值得注意的是，報導指出的中國軍事銷售，通常意指相對高端的軍用平臺。哈薩克購買了中國的翼龍無人機平臺，[29]以及陝西飛機工業集團的Y8F200W軍事運輸機。[30]後者的買賣可能會令俄羅斯難堪，因為這款飛機是改良自蘇聯製造的安托諾夫An-12，北約代號「幼狐」（Cub）——也就是說，以前是向俄羅斯購買的。土庫曼也購買了無人飛行載具平臺[31]、紅旗九防空導彈系統、[32]以及可攜式防空飛彈系統（MANPADS）。[33]最後，烏茲別克也買了較高端的狙擊步槍、[34]FD-2000紅旗九防空導彈系統、[35]以及無人機。[36]據報導，塔什干甚至促成了一筆交易，把專業知識轉移到當地，在當地開設一家工廠，組裝並製造無人機。[37]

在軍事設備等敏感領域跟當地人合作，或者在當地提供投資機會，協助發展中亞的工業基礎等作法，正是中亞各國政府求之不得的，而這在科技界更是家常便飯。烏茲別克長久以來就是中國華為和中興通訊在中亞地區的中心，[38]這兩家公司在中亞都有開設已久的工廠，做為在中亞銷售產品的基地。這兩家公司主要是製造商業軟體和硬體（中興通訊公司二〇一一年在中亞地區設數據機工廠，[39]二〇一三年設手機工廠；[40]華為從二〇〇六年起，就在中亞生產手機），[41]長久以來，也是中亞的主要科技硬體供應商，建設國家電信基礎設施，為教育體系、醫院以及鐵路與石油基礎設施，提供科技解決方案。

和安全比較具體相關的是，主要由華為開發的「安全城市」計畫已經在杜尚別實行[42]，據說阿斯塔納（今努爾蘇丹）也同步跟進，[43]比什凱克和奧什亦討論這類計畫案許久。在吉爾吉斯，華為遭遇到了問題，當地人強力反彈，導致計畫案被迫中止，或者至少延後，中國諸多其他貿易商也遭遇過相同的問題。然而，二〇一九年，有人揭露，中國的監視技術供應商「中國電子進出口總公司」，正在供應設備給吉爾吉斯，讓城裡的監視器具備臉部辨識功能。[44]

在民間與軍方之間的交界地帶，華為、中興通訊公司和海康威視（監視器供應商）等硬體設備，在中亞無所不在，包括軍隊使用的通訊設備，以及官邸和私人住宅使用的監視攝影機。我們在其他場合見識過，中國產品便宜又容易買到，因而吸引各個階層的地方安全部隊（與一般人民）。品質或許不牢靠，但是這往往不重要——只要產品具備的功能與應有的功能類似就夠了。除此之外，中亞所使用的中國器材設備日益增加，如境外的新疆中國企業所提供的臉部辨識技術、線上應用程式、大型資料儲存服務；而且有報導指出，中國把人工智慧設備賣到中亞地區。

這一切在在指出，中國正把自家開發的各種「監控國家」器材，提供給中亞政府。其目的單純是要加強中亞潛力，或是增加中國安全部隊的力量，或是盜用中亞的情報資料庫，就不得而知了。不過，這是中國在中亞地區安全結構上，逐步發展更深層影響力的另一個層面。

儘管面臨中國廣泛的銷售和影響力，俄羅斯的法規依舊鞏固了中亞安全領域正在發生的許多事。上合組織慢慢踏入這塊領土，但是俄羅斯仍透過根深柢固的連結，以及集體安全條約組織之類的組織，支配著這塊領土；集體安全條約組織長期與中亞會員國合作，協助將其法規提升到俄羅斯的標準。中國持續發展在這個區域的勢力範圍，不過顯然已經逐步深化其所到之處，其中一部分的作法就是增加採用自家設備，如此，便有必要進一步深化連結及全新的規範。

不過局勢瞬息萬變，中國和中亞地區持續存在緊張關係。前面強調過，華為在中亞地區絕非隨心所欲。更遑論還有其他問題。二〇一九年年底造訪中亞期間，我們與安全官員談論他們面對的問題，包括處理恐怖主義造成的安全威脅，以及網路上傳播的激進思想。多數政府認為，這方面的主要問題來自西方和俄羅斯的網路平臺，反觀土庫曼，則提及最難用的應用程式其實是中國的「互聯網即時通訊辦公室」（IMO），卻也是土庫曼最廣為使用的（臉書、推特、微信、VKontact以及其他較常使用的應用程式通常都被封鎖了），不過他們實在很難跟中國的公司直接聯絡上。每當他們向中國的對口單位求助，總是無法獲得回應。看起來，獨裁者也不是一直都相處融洽。

儘管中國的這一切活動，我們還是隨時要注意俄羅斯這重要角色。在硬實力軍事銷售和連結上，俄羅斯仍然是領先群倫的供應商，蘇聯遺留下來的連結網絡，持續掌控著軍事採購結構和訓練。軍人和軍事建築仍裝飾著蘇聯時代的圖樣。然而，北京日漸成為未來的供應者，為中亞地區供應通訊技術、無人機方面的現代科技以及一些較為昂貴的商品，如導彈系統等（經常還包括中國製造的武器，其設計上模仿俄羅斯裝備，讓習慣使用俄羅斯裝備的軍隊輕易便能上手）。如同在許多其他領域，俄羅斯即將失去這個市場。在某些方面，討論這整件事，也如實反映出俄國境內愈發爭論不休的中國的科技和軍事銷售。

＊　＊　＊

二〇一二年年底，我們跟當地人共乘一輛計程車，從杜尚別長途拔涉到霍羅格。儘管我們付的錢，可能遠多於跟我們共乘那輛豐田Land Cruiser的所有當地旅客，我們最終還是選擇這種交通方法，因為我們發現，飛機根本不必列入選項。我們詢問後得知，班機無法確定，因為兩地的天候不佳；而且就算我們買了機票，萬一有更重要（或關係更好）的人決定要搭飛機，我們可能就會被踢出名單。所以我們最後認為，搭長途車是相對好的選擇，另一個原因是，由此我們能更仔細觀察這個國家。約莫兩個小時的車程，終於抵達霍羅格，我們先在此過夜，接著才又搭車長途拔涉到穆爾加布，前往此行的目的地，一探在闊勒買口岸（Kulma Pass）的中國邊境。

從霍羅格到穆爾加布的旅途中，我們不得已得跟兩名要回家的工人共乘，這兩人不只屁放個不停，還用破英文外加比手畫腳，不停問我們黛安娜王妃的事。回程時，我們決定自行付全車車資，這也讓我們有機會可以不時地請司機停車，而且我們也才能夠仔細尋找巴許岡巴茲這處小村莊，旅遊手冊上說，那裡有個中國軍官的陵墓。手冊上以浮誇的詞句描述那座無名軍官的墓「象徵中國影響帕米爾高原的高潮」。藉機帶我們前往遺址的那個吉爾吉斯農人（我們花了好一番工夫，才遇到這麼一個知道我們在找什麼的人），回程時，自得其樂地用蹩腳的俄羅斯語告訴我們，以前瓦罕到處都是吉爾吉斯人，他們幾百年前曾經英勇擊退中國人。

我們去的時候，以為那是一名軍官的墳墓，然而，後來我們找到資料指出，那可能是一名商人。無論事實為何，這意味著中國在中亞地區的安全與貿易圈早已混為一談，因而投射出長長的陰影。我們一再聽聞相關的傳言，部署在中亞各地的軍隊就不用說了，光看數字（還有語言、制服、武器以及教義思想）就很清楚，俄羅斯仍是掌控力量，然而，中國不斷入侵，逐漸拓展其所及之處和範圍。在巴許岡巴茲的這座陵墓的相關資料，不僅指出、更是清楚說明了貿易與安全之間的界線已模糊不清。

就北京看來，安全和穩定來自繁榮，不只國內的新疆如此，中亞也是如此。這有助於解釋，為什麼整個中亞地區同時以安全和經濟為焦點。但是要透過經濟繁榮來實現安全及穩定，有賴時間與耐心。這也是人們經常討論的陳腔濫調——中國戰略耐心政策（strategic patience）——但在中國思考和規畫的某些面向上，卻也是顯而易見。觀察中國在中亞的安全勢力範圍及其長影時，最能清楚闡明現實狀況的，無疑是正在中亞各地培養的某些個人層面安全關係。這些關係不會在一夜之間出現，而是來自長期建立關係與發展，培養了好幾年才會結出果實。

最能清楚說明這點的，莫過於二〇一八年到北京拜訪某個和人民解放軍有關聯的智庫，並會見研究中亞和俄羅斯的知名專家。那次會面談了尋常的話題（特別聚焦在阿富汗以及一些關於哈爾福德．麥金德的問題——包括他們很好奇，為什麼英國觀光客對中亞如此著迷），不過就在我們要離開之際，其中一名東道主親切地說要載我們到最近的地鐵站。我們走出去後，他開始告訴我們，他們最近接待中亞代表團的事——也談到他們最近訪問塔吉克和烏茲別克，並發現兩國的副參謀長都在中國國防大學接受過高等培訓，我們不覺會心微笑了起來。我們在塔什干的一次會議中，曾聽過另一件趣聞，跟眼下的消息相呼應。一名塔吉克高階安全官員提到他在中國完成博士學位。另一次造訪杜尚別時，我們聽說，中國安全智庫學者會在當地的國家安全機關待一段時間，而接受我們訪談的人竟也十分訝異，怎麼會有那麼多中國學者前來此處，而且又在那棟建築裡待那麼久，看起來這些官員正在執行交流與訓練任務。在哈薩克，擔任過總理的現任國家安全委員會（National Security Council）主席卡里姆．馬西莫夫（Karim Massimov），深度遊歷過中國；總統托卡耶夫中文流利，接受過中國培訓。在吉爾吉斯，我們拜會總統的一名資深顧問，他說中國開設一門專業的高等訓練課程，讓擔任政府最高職務的吉爾吉斯官員參加。

姑且略過這些趣聞，其實中國幾十年來一直在為中亞的安全部隊，開辦各式各樣的課程，開辦這些課程並不是那麼容易，第一個問題就是，大多時候，必須克服嚴重的語言障礙。一九九〇年到二〇〇五年期間，有十五名哈薩克軍官被送到中國受訓；二〇〇三年到〇九年之間，又有六十五名到中國上課。[45]二〇〇四年，報導指出，大約三十名吉爾吉斯軍官接受過訓練；[46]二〇〇八年，根據報導，兩國簽署協議，每年送十名軍官到中國接受訓練。[47]二〇〇六年，報導指出，塔吉克的邊境守衛人員即將前往中國接受訓練，根據推測，跟那名吉爾吉斯軍官到南京參加的課程是一樣的。[48]二〇〇八年，根據報導，塔吉克軍隊有約莫三十名成員，到中國軍事院校接受訓練。[49]雖然這些數字相當有限，卻也反映出中國始終不斷地全面邀請中亞安全部隊前前往國內受訓。

除了上述這些訓練課程以外，前面還提到，上合組織在上海的培訓基地也舉辦了訓練課程。到了二〇二一年，上合培訓基地計畫讓來自會員國的參訓軍官總數達到兩千人左右。[50]這並不專屬於中亞人，二〇一八年我們造訪時，印度和巴基斯坦的國旗的高度已經跟創辦會員國一樣。除此之外，我們聽說，他們正在跟白俄羅斯和土耳其討論，是否也要協助兩國訓練一些軍隊。[51]儘管如此，我們訪談幾名教師，他們明確記得的，一直都只有中亞人和俄羅斯人，他們還特別強調他們見過的中亞人有幾人（坦白說，他們可能是因為知道我們感興趣的是中亞人，才特意這麼說）。上合培訓基地的成員都是來自邊境與警察部隊的中階軍官，由主要負責國內安全的機關「公安部」提供資金。隸屬於公安部的中國警察機關，也提供警官，做為中國貢獻的人手，到塔什干的反恐組織擔任工作人員；公安大學則加強與中亞地區各地的對口單位連結。在烏茲別克，他們出資設立一處模擬中心，並且派內政部部隊前往北京，培訓中國的警校學生，學習烏茲別克文化和歷史。[52]在新冠肺炎肆虐期間，駐塔什干大使館的公安部官員與當地的對口人員開會，討論他們在中國是如何實施強制隔離政策。[53]

與中國國內安全機關的這層連結，也相當值得關注，說明了中國與中亞在安全關係上一個更重要的細節。中國有多個不同的安全部隊，但是近期在中亞活動稍有增加的只有人民武裝警察。人民武裝警察是準軍事組織，聽命於中央軍事委員會（指揮中國所有軍事機關的中央機關），主要在處理國內安全問題。性質屬於憲兵部隊，用於因應大型示威抗議，鎮壓叛亂，或者在必要時，在國內提供重型的武裝防護。根據報導，在塔吉克，由中國協助興建的邊境哨站中，戍守人員是武警，同樣也是武警部隊被派到阿富汗，提供訓練及支援；武警部隊在哈薩克、吉爾吉斯和烏茲別克，與對口單位進行聯合演習與巡邏。中國與哈薩克在二〇一四年簽署協議，二〇一六年展開巡邏；二〇一九年才與吉爾吉斯和烏茲別克舉辦聯合演習。[54]武警的這些行動促成中國在中亞的安全任務，與中國國內安全應對機關得以更直接地有所連結。

這一切作為，都是與上合組織平行進行，如同雙方直接合作，再度反映出，中國習於透過上合組織運作，接著又一副再透過鄰近組織如法炮製的樣子。在連雲港論壇的活動中，又可以找到另一個範例，連雲港論壇是公安部每年主辦的活動與論壇，廣邀全球各國的執法機關齊聚一堂——包括國際刑警組織、歐洲刑警組織、非洲警察組織、東協警察組織、聯合國毒品和犯罪問題辦公室以及中國創辦的上合組織，與瀾滄江湄公河綜合執法安全合作中心（Lancang-Mekong Law Enforcement and Cooperation Center）。論壇著重在改善新歐亞大陸橋梁的安全與執法連線，中國正在歐亞大陸廣泛從事數不清的安全活動，因此特別著重與中亞的連結，這個論壇便是其中一項。[55]中國透過論壇與區域夥伴合作，成為他們加入國際組織的管道，並且與廣受認可的國際組織站在一起，以鞏固自家組織（上合組織）。

中國在中亞地區的安全勢力範圍的最後一根支柱，是快速發展的私人保全產業，我們始終無法在中亞實地親眼目睹，不過倒是在北京見識過。就我們的判斷，其成員大多曾擔任安全官員、中階管理人員，還有眾多分析人員在市場上發掘機會，以為進軍有安全疑慮的中國國營企業提供建言。中國的私人保全產業在二〇一〇年代中期起飛，當時越來越多中國企業開始在國外遭遇安全問題，於是北京中央政府提出呼籲，希望各個企業要開始更加關心安全問題，聘雇人員加強安全。以前他們大多花錢了事，或聘雇當地保全人員，而這個市場目前發展成國內私人保全產業。資金充裕的企業會選擇跟國際公司合作，如美國士瑞克安防（G4S）或控制風險

（Control Risks）等獨霸市場的西方企業。二〇一八年，法規開始實施，強制規定各個企業必須提供更明確的事實，證明公司規畫了解決安全問題的方案，加上習近平力促在國內增加這類企業的比例，繼習推動其他中國軍隊改組政策之後，又為近期自軍隊隊伍的諸多軍人中的某些人創造了大好機會。

在中亞，我們始終無法明確知道，這些人會被派到哪裡，但是顯然，北京和保全公司勢必施加壓力，必須讓他們進入中亞。我們曾聽到傳聞，後來新聞也曾報導，哈薩克政府承受極大的壓力，必須讓中國私人企業進駐。[56]在吉爾吉斯，我們看見的報導中指出，他們從二〇一五年就進駐了。在烏茲別克和塔吉克，資訊始終模稜兩可，但是跟在吉爾吉斯的中國企業簽約的公司（像是紫金礦業或華新建工），也在塔吉克營運，由此看來，那裡似乎也有一些跨境活動。在吉爾吉斯的研究人員二〇二〇年便完成了詳盡的當地報告，內容分析了在當地營運的企業，並指出至少有六家在中亞勢力範圍廣大。他們的活動包含提供保鑣、安全評估、工地內部保全等。[57]少有證據可以證明，這些公司積極進駐阿富汗。

中亞雖然偶爾會出現問題，但是區域內大抵算是穩定。中國企業和當地人之間無疑關係緊張，然就這些緊張關係的本質來看，中國保全人員進駐，似乎不太可能會改善情況。反倒是，這些企業看來是要為在那裡工作的人員提供訓練，讓他們有能力規畫並緩和局勢，以及因應如何解決偶發的威脅。二〇一五年，我們在北京參加一場有幾家企業參加的圓桌會議，與會人士則是他們要提供保護的中國企業管理階層。企業管理階層連連抱怨保全人員對他們強加的限制，指明他們去那裡單純是要完成計畫案。我們在中亞遇到的中國商人和管理階層經常受到這種限制，而他們又經常遭遇當地人的怒氣，執行任務因而受到阻撓。他們認為，自己到那些地方是要完成工作的，無法理解為什麼自己需要被保護才能完成任務。然而，二〇二〇年的抗議事件撼動吉爾吉斯，包括幾次抗議事件，中國工廠或採礦工地等都被憤怒的當地人團團包圍，中國利益可能飽受威脅一事竟在眼前上演。中國私人保全公司理論上應該有辦法遏止這些安全威脅，實際上卻沒做到，由此可見，當地中國企業能取得的安全保護仍相當有限。

嚴重的安全威脅確實會出現，在個人層面是發生在中國商人、貿易商或外交官身上，在戰略層面則來自與中亞接壤的動盪地區，因此必須在當地取得各個層級的保護，但是在較高的安全層級，中國需要在中亞境內取得安全保護，以利最終促成國內安全。俄羅斯始終視中亞為緩衝區，防範歷史上大多由阿富汗爆發的問題；中國如今的作法也大同小異，明瞭這塊緩衝區的益處。但是對北京而言，安全領域再度波及經濟領域，因為中亞地區也是新疆長期維持國內穩定的關鍵管道。極度擔憂安全問題波及到經濟問題，加上必須提升中亞安全穩定，才能確保中國國內安全，二〇一四年習近平訪問中亞地區時，在發表談論新疆的演說中，就明白地提到這些交錯複雜的問題。[58]

北京認為，中亞安全與國內安全息息相關，需要硬實力才得以確保成功，這不僅是為了保護中國的具體利益，也是為了協助達成更為長期的目標。中國大力投資中亞的安全部隊，而安全部隊的潛力也在發展中，是否能取得有效的成果，始終不明確。二〇一六年比什凱克大使館遭到攻擊，便凸顯了這一點，而從塔吉克的中國軍人越來越多一事，就可以清楚看見中國的擔憂。甚至在此之前，中國外交官與商人偶爾遭到攻擊，就明顯呈現出中亞地區的危機四伏。

要確保鄰國安全穩定，其中一個辦法就是加強其他鄰國的內外安全部隊。這或許得以解釋，為什麼北京日益聚焦於拓展勢力範圍，向外部署傳統上以國內為聚點的武警——不只要協助武警加強能力，應付可能出現的跨境威脅，還要到世界各地汲取經驗，並提升各國部隊的能力，促成各國內部穩定。換句話說，中國把國內的安全防護範圍擴及到中亞，是為了再度確保國內自身安全。

儘管中國活動如此頻繁，撰寫本書之際，北京是否已經在安全領域上達成目標，取得絕對優勢，仍是未知數。莫斯科仍是裝備與訓練的主要提供者，而且俄羅斯語持續廣為使用。每當莫斯科舉辦軍事閱兵或活動，中亞領導者們一定會出席。另一方面，中國逐漸拓展，進入中亞生活的這個領域，就像中國在中亞地區的許多活動一樣，進展可謂牛步，軌跡卻是徑直向上的。北京終究不太需要公開制止莫斯科在中亞地區的活動，因為俄羅斯看似沒什麼控制能力。除了擔心中國的優勢及影響力之外，俄羅斯也未必否定其長期利益。莫斯科甚至一副相忍為國的樣子，以確保在對抗美國上，能獲得中國的地緣戰略支持。中國持續不斷向前走，強化連結，打開市場，拓展勢力範圍，直到最終實現想要達成的目標。世界以前仰賴美國維持安全及穩定，但是二〇一八年在塔什干的一場會議中，我們聽到一名哈薩克專家頗有先見之明地說：「美國強權下的世界和平，到二〇二〇年就會結束。」我們似乎看見「中華治世」嶄露頭角。

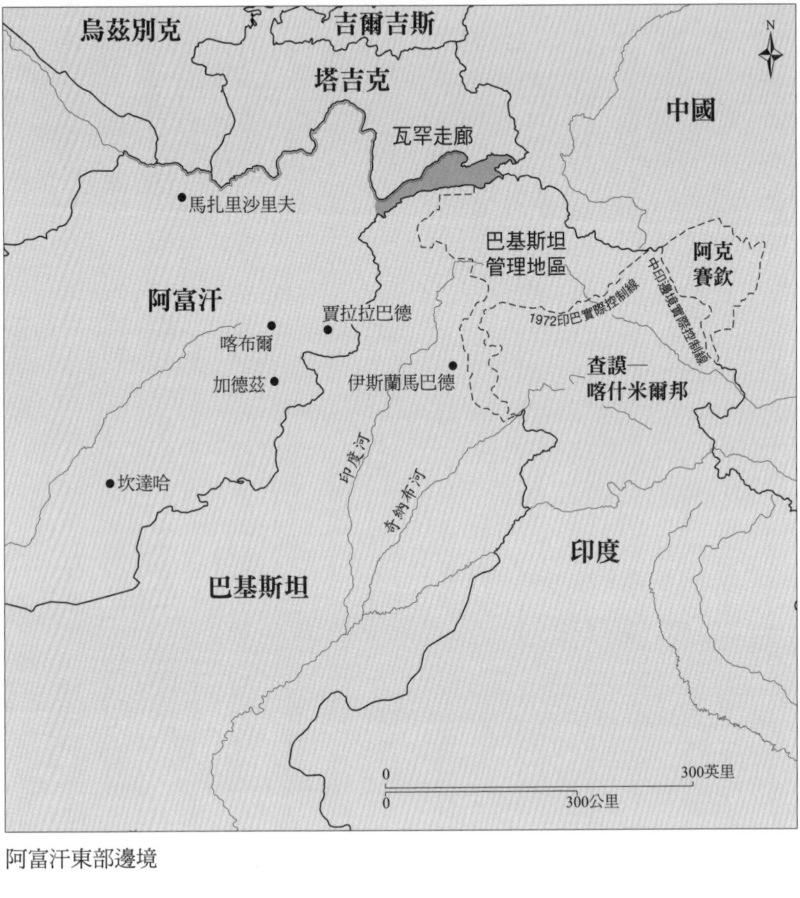
烏茲別克
吉爾吉斯
塔吉克
中國
瓦罕走廊
馬扎里沙里夫
巴基斯坦
管理地區
阿克
賽欽
阿富汗
1972印巴實際控制線
中印邊境實際控制線
賈拉拉巴德
喀布爾
伊斯蘭馬巴德
加德茲
查謨—
喀什米爾邦
印度河
坎達哈
奇納布河
印度
巴基斯坦
0
300英里
0
300公里

阿富汗東部邊境

第八章　承接阿富汗問題？

「我其實不是專業嚮導。」法理（Farid）說道，「我有塔吉克州立大學（Tajik State University）經濟學學位。」要是沒有法理，從法扎巴德（Faizabad）到阿富汗北部薩爾普勒省的路途，我們肯定會完全迷路。儘管他聲稱自己是業餘的，他卻有著神奇的本領，能注意到與周遭地貌融為一體的塵土小徑有所改變，神預測出下一個轉彎處。這次旅行的預算不高，我們索性搭乘他們所說的軟皮車（soft vehicles）。而且，重要的是，我們必須一直保持移動狀態、知道該往哪走，才有可能降低遭到攻擊的機率，因為有許多民兵遊走於長著灌木的沙漠和周遭山區之間。

法理的學歷是阿富汗這個地區的特色。他是塔吉克人，來自阿富汗偏遠的巴達赫尚地區，他跨越北部邊界到塔吉克，躲避一九九〇年代的戰亂。他做過各式各樣的零工，動用了許多家族人脈，這才有辦法就讀蘇聯時代的塔吉克州立大學。阿富汗北部省分有許多塔吉克人、烏茲別克人、土庫曼人，和在舊俄羅斯帝國境內的同胞關係密切，而法理便是其中一人。正是這些家族、親族的關係，協助維繫北方聯盟（North Alliance），並在千禧年更迭之際，抵禦塔利班。

同樣是這些關聯，助長了毒品走私，通過漏洞百出的北方邊境。一年前，我們延著塔吉克境內的噴赤河（Panj River）旅行，在二十小時的旅程中，只看到一隊髒兮兮的邊境巡邏隊，隊員全是瘦巴巴的十幾歲少年，步履艱難地沿著邊界走。當時，跟我們共乘計程車的聒噪帕米爾婦女，硬是要我們停車，給他們幾塊麵包，鼓勵他們繼續慢慢往前走。遇見巡邏隊前後，我們都注意到幾名當地村民，滿不在乎地跨越邊界；就算有些村民攜帶大型包裹過境，似乎也不是什麼不尋常的事。

旅行期間，我們有幸造訪阿富汗數次，不過後來喀布爾的一場大災難，破壞了我們的計畫。我們也有幸能前往靠近阿富汗邊境的塔吉克、土庫曼和中國——在塔吉克比較靠近阿富汗邊境，因為其他兩國規定嚴格，要我們保持距離，因此我們只能從遠處觀察邊界。在土庫曼，如果我們取得合法的許可，司機會願意載我們到邊界，但是要取得許可，自然是很困難的——對持美國護照的人尤其難上加難。司機說，反正我們也不會想要越過邊界，他邊大笑邊說，有一次他載幾名波蘭探險家穿越邊境，隔天他們驚恐萬分地從馬扎里沙里夫（Mazar-e Sharif）打電話給他，拜託他回來載他們。我們前面提過了，有一次在新疆，司機把車子停在路邊，假裝車子壞掉了，並順手指向瓦赫吉爾山口（Wakhjir Pass）——連接阿富汗的瓦罕走廊於中國境內的終點——拒絕載我們到更近的地方。這是少數他不願意做的違法行為——有一次就算手邊沒有必要的書面資料，他還是一路載我們到巴基斯坦邊界；還有一次偷偷載我們到塔什庫爾干的觀光景點；又有一次在新疆塔吉克自治區，他載我們走荒野小徑，近距離觀察當地的社區。

中國與阿富汗的關係本身就是個重要議題。不過，阿富汗與中亞的關係也同樣重要。北京認為，喀布爾發生的事和中亞發生的事，兩者息息相關，多數中亞國家也日漸認同，因此試圖將阿富汗融入中亞地區的局勢裡。阿富汗也和新疆境內正在發生的事息息相關，在某些方面，阿富汗對中國造成了最危險的潛在威脅，中國認為，在美國之外，最大的威脅正是阿富汗。二〇一四年年中，習近平發表演說，大致描繪出他對中亞地區的核心憂慮。「美國將軍隊撤出阿富汗之後，藏身於阿富汗與巴基斯坦邊境的恐怖組織，可能會快速滲入中亞。」習近平說，「東突厥斯坦的恐怖分子在敘利亞和阿富汗接受過實戰訓練，隨時可能在新疆發動恐怖攻擊。」[1]演說後不久，烏魯木齊火車站就發生一起自殺式炸彈及持刀攻擊事件。雖然沒有明確的證據顯示這起事件跟阿富汗有關聯，且維吾爾族聖戰士已自稱犯案，這宗攻擊事件再度讓北京的政策制定者看清楚，伊斯蘭教徒或分裂主義者的暴力威脅有多危險，而他們也意識到，在國界另一邊的阿富汗，暴力分子極度活躍。

安全是中國對阿富汗的關鍵憂慮。其中包括阿富汗對中國造成的直接安全威脅（我們前面談過，這個歷史問題由來已久），以及對中國不斷加碼投資的中亞（與巴基斯坦）造成危害。中國投資中亞，最終的目的是希望有助於解決新疆的安全問題。與此同時，自從二〇〇一年九月十一日的攻擊後，美國便在阿富汗派駐大量軍隊。這表示中國的頭號敵人，就在中國的邊境上建造軍事基地。這些諸多面向無疑凸顯出向來被稱為「帝國墳場」——挖苦美國時的玩笑話——的阿富汗和北京之間那千絲萬縷的糾纏。在阿富汗延燒的戰火，訕笑者認為是美國的錯、美國的責任。但是這場衝突就在中國的邊境上開打，北京無法完全坐視不管。

因此，北京的政策制定者理應會把阿富汗列為關鍵國家，但實際上，阿富汗卻鮮少登上中國的頭條新聞，或者不太可能成為習近平待辦事項中，優先要處理的。塔利班政權被推翻後的那二十年內，中國已經在阿富汗兩面下注，挺身而出，承諾協助，但始終沒有實際出手。北京全面建立關係，進行投資，提供安全協助，同時確保自己絕對不用負責任。中國企業承諾協助推動阿富汗境內幾個推不動的最大工程案，逐漸穩定掌控阿富汗可能會對中國造成的直接安全威脅。但是，跟中亞一樣，中國與阿富汗的關係很複雜，牽扯到許多錯綜複雜的人，而每個人又都以數不清的方式相互牽連。旅行與研究期間，我們訪問了曾經買通塔利班的中國官員、熱中研究阿富汗並且深入鑽研其歷史的專家、在九一一事件之前見過塔利班創始人穆拉．歐瑪（Mullah Omar）的人、在這個複雜的國家賣力完成工程案的企業主管，還有能言善辯的外交官，對方恭謙有禮、一心只想達成中國想要的成果，不論阿富汗局勢看起來多混亂。就地理上來看，阿富汗屬於一帶一路的一部分，不過這本來就很明顯，根本不用看一帶一路的所揭示的諸多地圖。

我們始終無法確定中國對阿富汗有何願景，不過我們觀察到，北京與喀布爾的關係相當重要，中國認為，關係若能順利發展，橋到船頭自然直。二〇一一年秋天，在北京跟中國官方智庫會面時，我們暗示說，阿富汗就像破掉的茶壺。坐在對面的中國專家認為，這個茶壺是美國打破的，因此，華盛頓責無旁貸必須把它修好。不過我們又指出，就中亞的地理現實來看，破掉的茶壺是在中國那邊的桌子上。即便中國不用為茶壺破掉負責，但是北京有朝一日將會義不容辭地幫忙清理亂局。中國身為阿富汗最富有的鄰國，著實很難想像中國不想要有朝一日當起領頭羊。智庫學者們聽到這樣的比喻禁不住露出微笑，卻依然堅定不移地認為，亂子是美國闖的，中國才不會幫忙收拾殘局。

＊＊＊

中石油是有史以來第一家到阿富汗領土採油的企業。在蘇聯時代，俄羅斯曾前往探勘，但是大多聚焦於阿富汗的天然氣潛力——輸出阿富汗的天然氣，有助於莫斯科節省龐大的經費，莫斯科對蘇聯各國亦如法炮製。中石油的油井是我們到薩爾普勒省的目的地，離與土庫曼接壤的北方邊界不遠，起初會進行這項工程案，是根據蘇聯地質學家所提出的探勘報告。俄羅斯對阿富汗的資源進行了大量的調查，不過他們並不清楚實際能夠從這些調查中獲益多少，因為他們最終竟捲入衝突之中。

中石油對該地的興趣來自公司的地質學家，他們曾經參與公司在鄰國土庫曼的諸多工程，發現土庫曼境內的阿姆河（Amu Darya）蘊藏豐富的石油，因此認為有機會在阿富汗境內的阿姆河找到石油。[2]其實，中石油較感興趣的，是該地區的天然氣潛力，不過他們知道，先在這個國家展現一番身手，有助於往後實現他們的計畫。一旦他們在阿富汗建立起探勘資料，就能競標以後可能會在該地區發展的天然氣合約。

中石油對該地區的想法並不天真，他們也很清楚自己正進軍阿富汗，而這個國家正因為衝突和黨派之爭而四分五裂，因此他們決定跟瓦坦集團——前總統哈米德．卡爾扎伊的親族拉提．頗頗（Ratib Popal）所經營的公司——合作進行這項工程案。他們也提議興建一座煉油廠，作法如同在吉爾吉斯的情況，希望最終有助於阿富汗提升能源獨立程度。這項工程案在二〇一一年簽署，喀布爾和其他地方都極度樂觀看待，因為這可能意味著，政府國庫終於能夠從國家遠近馳名的龐大礦物資源中獲利。中石油在這個地區的由來已久，而且願意在艱困的環境中經營，由此可見，中石油比其他企業更有可能完成這項工程案。

然而實際情況看起來完全不是這麼樂觀。我們在二〇一二年造訪薩爾普勒省的礦區時，法理花了很多心力要我們不要期待過高：「我從來沒有近距離看過礦區，我有個熟人，他可以告訴我們礦區在哪裡。但是我們不能進去工地。」他和我們詢問的其他當地人都認為，在這片乾枯險惡的地皮上，出現中國國營企業，實在是一種彷彿神話般的不祥之兆。一名蓄著山羊鬍的烏茲別克長者偷偷告訴我們，中國人來這裡是要興建空軍基地，準備趕走美國人：先是俄羅斯人，再來是美國人，接著是中國人，他一邊說，一邊扳著手指數著。

我們找到工地的那一天，工地上正好有一些活動。就相對小規模的鑽探活動而言，中石油的這項工程案卻是一副占地面積很大的樣子，好幾層圍欄和貨櫃做為防爆牆，圍住抽取區，其中包含宿舍、辦公區以及各種安全結構。一整天以來，貨車不斷運送設備與更多貨櫃進去。工地外淨是阿富汗人面孔，卻是貨真價實的中石油商標，三句亮紅色中國漢字的口號很容易辨識。

中石油儘管利用瓦坦集團來協助提供當地的保護及人脈，還是面臨重重考驗。二〇一二年有報導流傳，中國工程師在工地遭到騷擾。我們在阿什哈巴德訪問一名石油公司主管，他說工地曾經被騎著摩托車、手持武器的當地人包圍，有如電影《瘋狂麥斯》裡的場景，他們在工地附近飆車，不讓中國工程師離開。儘管阿富汗已經取得了慷慨的交易條件，還是發生這種事：中石油支付百分之十五的石油權利金、百分之二十的企業稅率，並且將百分之五十到七十的獲利繳交給政府，除此之外，還興建一座新的煉油廠，協助阿富汗能源獨立。即便如此，也無法確知是否足以解決工地的問題，因為瓦坦集團是位於喀布爾的公司，在阿富汗的這個地區並沒有適當的人脈。

他們理應一開始便求助於關鍵人物阿杜．拉希德．杜斯塔姆，他是北方著名的軍閥，多年以來，時不時就在喀布爾內閣裡擔任閣員。不過，中國一發現歹徒要的是錢之後，中石油看來是和杜斯塔姆協商「保護」計畫，這不只中止了攻擊事件，也讓中石油在當地獲得「街頭聲望」，意味著他們的安全問題會有好一段時間減輕許多。然而，我們還是不清楚，這項工程案的一些大問題是否獲得解決，或者現在是否已經開始生產了。之後造訪喀布爾或中國，或者訪問知悉這項工程案的其他人，不論是關於石油生產，或是興建煉油廠，我們都鮮少獲得事證顯示有所進展。其實，已有報導指出，這項工程案如今已經暫停，我們後續會再討論。[3]

根據傳聞，中石油曾經考慮推動重大的區域計畫案，跨越阿富汗北部，連接阿富汗的區域輸油網絡，直接將輸油管線連接到中國。我們訪問北京的中國輸油管線主管，詢問他們對阿富汗的計畫，卻沒料到，竟會聽到五花八門的說法，有些人鉅細靡遺地討論，後來又有人講述當地發生的問題。據說，中石油的輸油管線子公司一度打算在喀布爾開設辦事處，但是到了二〇一九年，似乎就打消念頭了。

要確認這樁交易的諸多細節，幾乎是不可能的。許多當地的報導確認這項工程案已經展開，而且在某個時間點已開始生產石油，但是在哪裡提煉石油，就不得而知了。阿富汗北方到底有哪個鄰國幫忙提煉石油，這著實難以確定，而根據中石油和阿富汗礦業部（Ministry of Mines）的說法，輸出到鄰國提煉好的石油，會以各種類型的石油產品再輸入供阿富汗使用，如汽油和煤油。中石油曾多次指出，原油正由貨車車隊載運，跨越土庫曼邊界，送到中石油所經營的煉油廠。其他報導則指出，其實原油是送到烏茲別克，只不過邊境運輸的爭議似乎也阻礙了這條路線的進展。最後，在二〇二〇年，聽聞這項工程案停滯不動的數年後，我們接獲確切的消息說，其實阿富汗政府對中石油太過失望，已解除合約。據傳聞，中央政府將接管這項工程案，但是我們也聽說，中石油正透過法律途徑，提出辯駁。新的塔利班政權對這一切的問題，會採取什麼樣的立場，則完全難以預料。

中石油的這項工程案相對規模小（根據報導，初始投資金額僅大約四億美元），經歷延宕暫停後，最終完全關閉。而在小銅礦（Mes Aynak）的採銅工程案，規模就大上許多，而且更是重要，只不過，這又是一連串的災難，對眾多阿富汗人而言，更是中國對阿富汗的未來和進步根本缺乏興趣的標誌。只要遇到阿富汗人，詢問關於中國的事，不時就會談到這個話題，而令阿富汗人不高興的其中一個原因，就是中國公司一再拖延。研究期間，我們總會接觸到深入參與國家經濟及採礦事業的阿富汗高官，他們向來是表達正面的希望，期待中國能推動這項工程案，可惜隨著一年一年過去，我們聽到越來越多傳聞說，礦業部急欲解除合約。二〇二〇年，我們可以確定，這項工程案進度幾乎是停滯不前，主導的中國企業在香港交易所向股東報告，將把原本募集來投資小銅礦的資金，重新分配到公司正在進行的其他工程案。[4]

而原本的計畫並不是這樣。位處小銅礦、喀布爾南方三十公里處這項規模耗大卻又充滿不確定性的採礦工程案，以全球第二大的銅礦為中心。二〇〇七年由兩家中國國營企業得標，分別是中國冶金科工公司（簡稱「中冶」）和江西銅業。中國出高價爭取這份合約，總共要投資二十九億美元（不過有報導指出，金額其實高達四十億美元），比第二順位的出價高出五億美元。中國提供阿富汗政府慷慨的合約條款：最高百分之十九點五的權利金，外加給政府八億八百萬美元的獎金，以做為簽約獎金（最接近的第二順位出價為兩億四千三百萬美元）。

根據書面合約，這項工程案應該包含一座燃煤火力發電廠和一條鐵路。我們訪談喀布爾的官員，聽聞起初中國企業在工程案中出標，其實不包含鐵路線，那是同樣在這項工程案中競標的一家哈薩克企業所提出的（即哈薩克銅業，我們在本書前面曾提過）。到了第二次，中國競標公司才提高出價，其中也包括一條鐵路線，最終取得合約。專家們向我們強調，那條鐵路線有點算是奢侈品——其實只要在毗鄰礦區的地方蓋一座加工廠就好，利用現有的道路，由貨車運送加工後的銅礦。然而，阿富汗是個極度匱乏的國家，在小銅礦的所在地洛加爾省（Logar）增建鐵路系統之類的基礎設施，可說是多多益善。」工程案一確定，簡直舉世歡騰，阿富汗終於傳出喜訊了，阿富汗東山再起所需要的鉅額投資終於進來了。在華府，有些人氣惱中國簡直像是從美國提供的保護中獲利。長期研究中亞的美國專家費德瑞克·史搭爾（Frederick Starr）這樣說：「粗重活我們來，現成的果實他們採。」但是同時，也沒人能否認，這結果聽起來對阿富汗有利。[5]

據傳中冶之所以決定承接這項工程案，是因為某個通曉當地及工程案的熱血工程師力促公司承接此案。根據中國新聞的報導，中冶有個高階主管在鄰近的巴基斯坦工作，在美國主導入侵阿富汗之後，馬上發現有機會推動這項工程案。九一一事件發生後，美國入侵阿富汗，當時孫長勝在俾路支斯坦（Balochistan）進行採金工程案。發現在小銅礦的機會後，他提交計畫案給阿富汗的臨時政府，引起了哈米德·卡爾扎伊的注意。接著他便安排參觀行程，邀請阿富汗的礦業部部長參觀中冶在巴基斯坦的一項工程案，以展示公司的能力。不幸的是，他們搭乘同一架賽斯納飛機，途中墜機，機上所有人全數罹難。[6]然而，公司仍堅持繼續推動這項工程案，因為北京中央政府大力推動，並「強制命令」中國的國營企業應該尋求更多的途徑到世界各地發展。

這項工程案以悲劇開場，或許早已預示著未來即將面對的困境。簽下合約後，公司進展分外緩慢。[7]在宣布授與合約的不久前，阿富汗外交部部長帶了一大群代表團前來拜訪北京，並在期間討論採礦與安全問題。中國外交部部長表達心中的擔憂，阿富汗官員當下安撫他，再次向對口單位保證，會優先確保中國勞工在阿富汗工作能夠安全。中國與阿富汗合作期間，安全始終是重大憂慮，不過中國企業（或政府）是否覺得這個問題是無法克服的，我們始終無法從對話中得到清楚的答案。

這項工程案後來停滯不前，中國扯了無數的藉口來解釋為何一拖再拖。二〇一二年造訪喀布爾時，我們聽說工地上已經有許多建築物，其中好幾棟是供工人使用的屋舍、一間幫助他們學習中文的學校，還有給當地人的住宅。阿富汗這地區急需發展，但是這次造訪期間主要談論的話題，是在工地上的考古挖掘。中國公司發現這處礦區後，便與阿富汗政府合作，協助引進一組考古專家團隊，特別是來自法國政府資助的「法國駐阿富汗考古代表團」（**Délégation archéologique française en Afghanistan**，以下簡稱「考古代表團」）。考古代表團成立於一九二二年，曾經協助幾任阿富汗政府，在境內發掘並為歷史文物編目。一九八二年被親蘇聯的政府解散，直到二〇〇二年塔利班被驅逐後，考古代表團才得以重啟。

在小銅礦，國際考古學家與當地人合作，發現了豐富的古文物，包括佛教塑像和其他文物，根據報導，發現的古文物幾乎是源源不絕，而最大的問題是要存放在哪裡。[8]我們訪談了幾位考古學家，他們有很多關於中國企業的事想說，大多是正面的：中國企業非常支持他們，有求必應。根據報導，首席行政官一度在造訪時強調，自己對佛教感興趣，據說在當地的中國工程師，經常過去閒聊，同時也觀看考古學家工作。幾位考古學家都樂觀認為，可以把工程地點的古文物挖完，好讓中國公司進行工程案，而他們也說，並不覺得中國公司曾施加太大的壓力，要求他們完成工作。其實，他們反而懷疑自己被當成「有用的白痴」，讓中國公司有完美的藉口，可以袖手旁觀就好。

我們一再聽聞的狀況之一，便是中國並不急著進行這項工程案的說法。二〇一三年，局勢有了新發展，我們聽到報導說，工地遭到火箭彈攻擊。阿富汗分析人員後來推斷，很可能是憤怒的當地人所為，[9]當時我們正好耳聞攻擊事件背後的一個陰謀論，提及此事是位於巴基斯坦的塔利班高層領導特別下令攻擊的。歹徒只是聽從在巴基斯坦的金主行事，而那些金主則是聽命於中國，要讓中國有個理由撤離工地。[10]然而，其實塔利班是支持工程案的，他們在二〇一六年發出聲明說，不會攻擊該處工地，或在阿富汗進行的許多其他基礎建設工程案。[11]塔利班一副準備接管政府的樣子，迫不及待想讓中國和阿富汗終將一起共事的全區政府知道，塔利班對於阿富汗經濟的看法是明智的，而且與他們各自的政府是可以共存的。中國官員及其顧問對於這些承諾持樂觀的態度，不過我們訪問過一些跟塔利班打過交道的人，我們發現完全相信這些承諾的人並不多。

而相對沒那麼陰謀論的問題，工地也曾遭遇過，其中涉及政府搞砸了與當地人的土地補償協商。當地人對於此事的憤怒導致工地出現種種問題，甚至無止境地與當地村民協商。有一段時間，中國企業抱怨缺乏磷酸鹽，一種煉銅的重要原料。有一次到北京開會，我們親耳聽到中冶的員工說，主管當局在某些方面上，沒有兌現承諾。當地煤礦很重要，將用於為電廠供應燃料，電廠也是為了工地而規畫的，也將協助為工地附近的整個區域提供電力，然而煤礦藏量並不如預期那麼豐富。因此，中國公司要求重新協商，取消某些協議內容。這一切無不表示，中國公司開始抽掉工程案的一些重要內容；而這些當初可是他們承諾會一一實現，好讓自己的投標能夠吸引阿富汗政府。

然而，最令阿富汗人惱怒的是，中國企業遲遲未興建鐵路線，這條鐵路始終都是這項工程案最具雄心的部分，基於各種不同理由，對阿富汗政府、當地人以及工程案本身，都至關重要。這條鐵路不僅能讓小銅礦礦區順利運作，也是附近另一個採礦工程案——即中國未得標的哈吉加克（Hajigak）鐵礦——的關鍵環節。這座鐵礦的經營權由印度公司「鋼鐵管理局阿富汗鋼鐵聯合集團」（SAIL AFISCO）得標，價值超過小銅礦工程案的兩倍。哈吉加克工程案價值那麼高的其中一個原因是，能在阿富汗供應一條足以運行的鐵路。二〇一五年，我們在北京聽說那條鐵路其實並未包含在交易裡頭，中國公司是答應要做可行性研究，調查建造那條鐵路是否可行。[12]先簽下合約，再拖延工程案，接著再回頭重新協商，這就是中國承包商承攬許多工程案的典型手法，而我們在中亞（甚至其他地方）隨處可見——對中國公司而言，簽合約是協商的開始，而非結束。

這項工程案一開始許下這樣的承諾，結果卻是一敗塗地。坦白說，問題的原因不單純只是因為阿富汗境內這些工程。對中冶和江西銅業而言，標到這項工程案時，銅價正高，不久後就下跌了。除此之外，中冶聽從北京命令進軍全球時，其實也做了幾個失準的決定，在公司帳冊上留下一系列欠缺思考的工程案。有一則報導指出，中冶的計畫始終就只是要買下工地，擱置不動，阻止別人取得，等待最佳時機再來開採。[13]到了二〇一〇年代晚期，這件事成了阿富汗人之間的笑柄。二〇一九年，我們訪問阿富汗官員，其說法則是公司要退出中國聯合財團的經營權。然而，誰要接手，就不得而知了。根據報導，哈薩克銅業是下一個最有希望的投標者（我們聽說阿富汗政府正積極招攬[14]），但是該公司顯然不如當初那麼感興趣。前面的章節（第三章）提過，二〇一〇年代中期，哈薩克銅業屢遭揭露醜聞及財產遭竊，最終一分為二——某些相對不明不白的工程案移轉到一家私營公司，而相對單純的資產則放在名為哈薩克礦業的新公司。在此階段他們是否有興趣承攬挑戰如此艱難、命運如此乖舛的工程案，實在很難說。

二〇一五年，在俄羅斯烏法（Ufa）舉辦的上合組織國家領袖高峰會期間，小銅礦議題曾出現在阿富汗總統甘尼（Ghani）和習近平兩人私下的雙邊會談上。兩人討論要成立一跨政府委員會，協助推動工程案。大約就在那個時候，我們問過北京的阿富汗事務觀察家，他們卻對這個委員會一無所知，大多認為那根本是子虛烏有。[15]後來也少有證據顯示有任何進展，過了這些年後，小銅礦成了中國在阿富汗避險的笑柄。到了二〇一六年，中冶這麼告訴股東：

本公司目前正與阿富汗政府協商，修訂小銅礦工程案的採礦合約，其中包括合約範圍、產品計畫、工程案的經濟效率、安全措施與開工條件，根據估算，小銅礦工程案暫時可能不需要鉅額資金。[16]

從那時起直到現在，中冶每年都會發出一模一樣的聲明。

然而，中國企業在阿富汗參與的工程案可不只小銅礦和阿姆河，新疆北新或中鐵十四局集團等中國建設公司，取得了國際金融機構的合約，重建阿富汗的道路。這兩家公司都願意在險惡的環境下工作，也因而吃盡了苦頭。二〇〇四年六月，一群槍手攻擊十四局的一處工地，在昆都士（Kunduz）附近，殺害了十一名工人。塔利班否認犯下這起攻擊案，而一般認為是阿富汗軍閥古勒卜丁．希克馬蒂亞爾（Gulbuddin Hekmatyar）的軍隊所為。[17]而中國企業就是一個勁地刻苦耐勞。有個跟新疆北新關係密切的人告訴我們一件傳聞，新疆北新曾參與喀布爾附近的道路興建工程案。工程進行期間，他們都聽得見附近那座山對面傳來打鬥聲。他們還是照常工作。新疆北新的營地也數度遭到攻擊，不過似乎沒有中國員工受傷，儘管如此，興建道路進度緩慢，招來阿富汗主管當局不少怨言。[18]

這些基礎建設工程案碰到了數不清的問題，中國企業經常抱怨，安全是他們遭遇的最大問題。只是中國企業對阿富汗的安全問題不是感到震驚，就是未做好準備，這樣的態度往往也令人瞠目結舌。有一次，我們在北京訪問曾經在中冶進入阿富汗之前提供建言的幾名專家，我們當下得知，中冶進入阿富汗之前，竟未把安全成本納入考量。[19]一家公司要到戰火頻仍的國家經商，竟然完全枉顧安全問題，委實令人啞口無言。

然而，最有趣的，無非是中興通訊公司和華為這兩家電信公司承包的工程，兩家公司都是在塔利班垮台之前，便前進阿富汗承包工程案。根據安德魯．斯莫爾（Andrew Small）談論中國與巴基斯坦的佳作中所提，一九九〇年代晚期，在巴基斯坦的煽動下，中國試圖和阿富汗的塔利班政府建立「友好」關係，中興通訊公司和華為均負責為喀布爾和坎大哈（Kandahar）提供通訊系統。[20]二〇〇一年九月十一日攻擊發生後，這兩家公司想當然耳，被迫中止工作，尤其華為甚至堅決否認在阿富汗的工程，完全無視證據確鑿。[21]

中興通訊公司和華為很快又再次出現在喀布爾。二〇〇三年八月，華為跟新的阿富汗通訊部

（Ministry of Communications）簽約，裝設八萬七千條數位電話線，大多分布在喀布爾，但是也有一些配置在其他地區。[22]二〇〇七年八月，華為又跟政府簽下一千萬美元的交易，要在阿富汗架設分碼多工擷取（CDMA）網路，阿富汗電信（Afghan Telecom）因而得以在全國提供行動電話服務。[23]二〇一二年，中興通訊公司與阿富汗電信合作，跟阿富汗通訊暨資訊科技部（Ministry of Communications and Information Technology）簽署三千兩百萬美元的交易，為喀布爾的基礎設施提供3G網路與全球行動通訊系統。[24]我們展開阿富汗之行時，阿富汗人已經不難買到行動電話，快速上網更是自不在話下。

除了這些大企業，胸懷壯志的中國商人也零星進入阿富汗。塔利班政權垮台後，假冒成中式餐廳的妓院逐漸出現。一次造訪喀布爾時，我們試著探索中國人在城裡生活的各個面向，便想找家中式餐廳。於是，我們便問飯店接待櫃檯，接待人員告訴我們該怎麼走。抵達目的地後，映入我們眼簾的，是中國人、亮著紅燈的房間、穿著清涼的女子，而正要點餐之際，才意識到根本沒有廚房，當下一頭霧水。我們趕緊打電話叫車離開，另外找一家有廚房的餐廳。

形形色色的中國商人來到阿富汗尋找商機。在北京，我們認識了一些中國商人，他們不知道用什麼方法，竟從阿富汗一些相當危險的地區輸出貴重的寶石。商品打哪來的，他們說得含糊，看來是在所謂的小規模礦區購買，再偷偷運出阿富汗。普遍而言，寶石是中國人獲利的重要來源，因為在中國，這類寶石有相當大的市場。一方面，我們聽說必須付錢賄賂許多塔利班團體，才有辦法把寶石運出阿富汗；另一方面，我們訪談過的中國政府官員，也曾提議要協助阿富汗發展寶石加工能力。

阿富汗的市場充斥著中國商品，阿富汗商人也經常出現在義烏、上海、北京、烏魯木齊的市場。然而，阿富汗沒有固定的班機，而且取得簽證困難重重，因此中國商人要去阿富汗，比阿富汗商人去中國還要容易。在和阿富汗人的大部分談話中，不時便會提及這個問題，特別是我們試著了解中國和阿富汗可能合作的程度而提出討論時。中國官員總習於說，中國渴望支持阿富汗發展，但是說詞幾乎馬上被實際現況推翻。他們指出的一個重大成就，便是開發出一條空中走廊，讓阿富汗能夠把松子賣到中國。松子無疑對少數阿富汗人是重要的產業，但是阿富汗政府希望從中國看到的機會，絕對不僅只於小小的松子。

這凸顯了兩國關係所存在的一個根本問題，中國大談與阿富汗合作，而實際作為卻屈指可數。最清楚證明這一事實的，莫過於早期為了說明一帶一路而提出的藍圖，根本沒有納入阿富汗。但其實，若仔細觀察那眾多路線，可見呈現出一V字型，從新疆向外散射——一邊把巴基斯坦變成中國通往波斯灣的走廊；另一邊則是一條穿越中亞的路線，最終抵達歐洲。阿富汗則位於那個V的頂點，明顯與那兩條路線都相接。在後來的那幾年，有一種說法逐漸出現，亦即中國非常想要把在巴基斯坦或中亞的一帶一路相關基礎建設工程案，連結到阿富汗，只是在當地很難找到太多證據證明，而且巴基斯坦人或中亞人是否有同樣的期盼，也一樣是不得而知。塔什干努力發展與阿富汗的基礎設施連結，反觀土庫曼和塔吉克，似乎比較沒那個意願。巴基斯坦和阿富汗之間，已經有相當壯觀的天然連結和跨境貿易，因此，一帶一路提出的遠大卻模糊的願景，是否必然對兩國會有太大的助益，著實是未知數。

＊＊＊

在我們遭遇到自身的不幸之後（即〈序言〉所提，作者之一的阿亞，在喀布爾慘遭殺害），才意識到中國惶惶不安的阿富汗安全問題，並非杞人憂天。從我們展開研究計畫的好久以前，直到今日，阿富汗人一直飽受一場衝突的折磨，許多人因而喪命。有鑑於此，我們可以理解為什麼中國的投資案和工程案，一再強調安全疑慮是一大問題。中國工人曾經遭到殺害或綁架，而且確實，中國與阿富汗有接壤的交界，儘管位置偏遠。在塔利班掌權的時代，中國擔心的焦點是，維吾爾激進分子可能會以阿富汗的營區做為基地，對中國發動攻擊。中國至今依舊如坐針氈，而不安的心情甚至延伸到對中國在該地區的利益，連帶著還有在吉爾吉斯、巴基斯坦的中國人民和外交使節團一再遭到攻擊。巴基斯坦的攻擊事件，多是因為俾路支人（Balochi）團體氣憤中國人在他們的家鄉省分俾路支斯坦支持伊斯蘭馬巴德，而這些團體在阿富汗正好有基地。有些攻擊鎖定在巴基斯坦的中國人民，由在境外有網絡和基地的團體所為。在那些看似有著陰謀算計的攻擊事件中，經常可以在這些網絡背後發現印度這隻黑手，這反映出北京、德里、伊斯蘭馬巴德之間，自古以來就存在的緊張關係。隨著時間過去，我們同時發現，強調美國可能涉入其中的聲音逐漸出現，阿富汗和中國的高官告訴我們，一開始只是「小小聲」的說著，後來則是越來越公開地說，美國可能在操控阿富汗的維吾爾族團體，藉此讓新疆動盪不安。

中國對阿富汗的隱憂是基於四大面向，其重要性與先後考量，會隨著時間改變。首先，是某些團體把暴力與危險的意識形態從阿富汗輸入到中國，造成直接威脅（根據北京的推測，大多是維吾爾族人）。第二，來自阿富汗的動盪不安所帶來的威脅，已影響到阿富汗附近地區，以及中國在此的利益。第三，中國同時擔心其他的問題，如毒品從阿富汗流入中國。最後，中國對於和中國接壤的阿富汗邊境上有美國的基地及相關人員一事，深感憂慮——這連帶引發中國憂心，美國或印度可能會以阿富汗做為基地，假手激進團體，攻擊中國。

前三大面向從某些方面來看，其實指向同一個問題——阿富汗透過數條不同走道，對中國多少產生影響，並造成安全威脅。而且北京也明白，第四個面向，美國，其實也有可能是這個問題的解方。這兩難的困境，來自矛盾的想法，一方面，中國很清楚，自身需要美國待在阿富汗，以解決該國問題；但是，另一方面，中國又擔心美國遲遲待在中國邊境上不離開。在中亞，烏茲別克透過上合組織有效地解決了這個問題，二〇〇五年，美國譴責殺害安集延的抗議人士，烏茲別克索性採取消極手段對抗，上合組織於是召開會議討論，會員國認為應該驅逐美國基地，未想烏茲別克的美軍基地關閉後，在吉爾吉斯馬納斯美軍基地卻反而擴軍。[25]無論如何，阿富汗的局勢又更加複雜了。

二〇一二年，我們首度造訪喀布爾，當時的焦點是美國即將撤軍。當時歐巴馬總統表示，想讓美國退出他所承接的這場衝突，也已經規畫好撤軍時間表。然而，其實這並不是什麼新聞，北京卻還是花了一段時間才參透這則訊息。一直到二〇一二年，中國才開始認真看待此事，明顯逐漸從保持中立，變成加強介入。西方撤軍留下的潛在安全真空更是明顯後，北京這才明白，自己必須擔起重責大任，促進阿富汗未來更加穩定發展。知名的中亞觀察家趙華勝說，在那一刻之前，中國的作法就只是隔岸觀火，把安全問題丟給美國及其盟國。[26]

中國重新聚焦阿富汗，最顯而易見、意味深長的舉動，莫過於二〇一二年九月底，政治局成員兼安全部門最高主管周永康造訪喀布爾。這是繼一九六六年國家主席劉少奇造訪阿富汗之後，政治局層級的中國官員第一次造訪阿富汗；劉少奇不久後，就在文化大革命期間遭到肅清，而這次也是周永康最後一次以政治局成員的身分，前往外國進行官方拜訪，這實在是耐人尋味的歷史巧合。不久後，他參加他最後一次黨代表大會，接著，他就遭到貪腐調查，最終身陷囹圄。如此看來，拜訪喀布爾或許是中國政治局成員的凶惡之兆。

不過這些都是後來發生的事。二〇一二年年初我們造訪時，討論的焦點是中國在阿富汗與巴基斯坦之間推動的外交進展。二〇一二年二月二十八日，北京舉辦第一次阿富汗—中國—巴基斯坦三方對話，與會人士層級是外交部司長（或是大約同等的職位），會議討論結束一天後，中國外交部部長楊潔篪接見全體與會人士，並予以嘉勉。為了表達中國真心想要與在阿富汗承擔大任的所有人合作，五月時，中國外交部和美國國務院為阿富汗的外交官開設一門聯合訓練課程，十幾名年輕外交官到北京、華盛頓上課，為期十五天，由美國國務卿希拉蕊和中國國防部部長主持開訓典禮。接著六月時，中國在北京舉辦上合組織地區高峰會，國家主席胡錦濤與卡爾扎伊總統簽署雙方「戰略合作夥伴關係」協議，並且歡迎阿富汗成為正式的上合組織觀察員國。

卡爾扎伊總統感謝胡錦濤主席協助促進該國於上合組織中晉升，他說：「要是沒有您的支持，我們實在辦不到。」短短一個月後，在七月二十七日，中國中央軍事委員會副主席郭伯雄將軍和阿富汗國防部部長阿杜．拉辛．沃達（**Abdul Rahim Wardak**），舉行更高層級的會議。會議聚焦在「改善戰略溝通，加強務實合作，致力於雙方戰略合作」。這次會議後，歷史似乎又一次重演巧合事件，喀布爾舉行不信任投票，一個星期後沃達黯然下臺。

無論如何，整體而言，傳達出來的動向再清楚不過。時間接近二〇一四年，華盛頓可能要撤軍了，而中國勢必得介入，承擔起更大的責任，只是到底要介入多少，沒有人說得清楚。體制內顯然有反對者，我們訪問過許多聚焦在安全問題的中國官員和專家，他們明確表達，這個問題是華盛頓製造出來的，中國根本不想蹚渾水。每每提到阿富汗，人們老是稱之為「帝國墳場」，一個至今依舊迴盪不已的綽號。

沒想到，一年後美軍竟然沒有離開，完全破壞了中國為此所展開的一切作為。儘管歐巴馬反覆申明，最終美軍還是未撤離阿富汗。雖然美軍規模大幅縮減，仍舊有能力發動攻擊，並持續在阿富汗駐守基地。只是，我們也沒料到的是，中國境內的局勢竟然變得更為嚴峻了。二〇一四年四月，習近平巡視新疆。由於當地動蕩了一段時間，在此期間，中國爆發數起與新疆有關的事故，甚至散播到全國各地——包括天安門遭到汽車與縱火裝置攻擊，昆明發生大規模刺殺事故，以及新疆本身暴力事件越演越烈。就在習近平即將動身視察新疆之際，暴徒就在烏魯木齊火車站持刀與炸彈發動攻擊。

二〇一四年，習近平談及這些威脅時，他明確地把這些事和阿富汗、新疆連結在一起。北京對於阿富汗這方面的擔憂，解決之道看來便是提出一雙管齊下的策略。一方面，逐步提高介入程度，擴充現行的組織，建構一套雙邊和多邊架構，與在阿富汗的其他夥伴合作。中國似乎將在阿富汗扮演起比以往更加積極的角色，因為中國知道，不論美國要留或去，都可能只是個難以掌控的夥伴，中國不能依賴美國。

二〇一四年七月，中國首次設置阿富汗事務特使一職，任命表現卓越、眾望所歸的前駐喀布爾大使孫玉璽擔任此職。[27]他的任務，便是負責中國和塔利班交涉的聯絡人及協調者。他上任之後，中國、塔利班以及喀布爾政府之間的公開交涉明顯好轉。二〇一四年十月，甘尼總統當選後，隨即表示自己很重視與中國的關係，並決定把北京列為第一次進行官方拜訪的第一座首都。[28]此次拜訪期間，他不只參加中國舉辦的「亞洲之心」程序會議，同時參加了中國政府舉辦的一場閉門會議，為與塔利班正式和談協商打下基礎。

隔年年初有傳言說，中國更是積極從中斡旋，安排和談；而且我們在北京和官員會面時，對方曾說到，他們十分樂意擔任東道主，主辦未來的任何一次和談。[29]到了二〇一五年五月，塔利班的高層代表與阿富汗高級和平委員會（Afghan High Peace Council）的代表在烏魯木齊開會。[30]七月另一回合的談話在巴基斯坦舉行，中國的與會人士也在會議中發揮了作用。[31]後來又在挪威舉辦多邊二軌會談，阿富汗政府代表與塔利班代表盡皆出席。[32]一名中國與會人士告訴我們，在那樣的形式下，和坐在對面的塔利班代表對談，實在不太適當。

中國支持的和平路線看來即將開花結果，直到二〇一五年七月底，突然有消息走漏，塔利班領導人穆拉·歐瑪其實在二〇一三年就死了。這個消息導致一切討論胎死腹中，塔利班陷入混亂，內部領導階層展開鬥爭，爭奪成為穆拉·歐瑪的繼位者。這也導致中國所提供協助變得複雜，因為到底要跟塔利班方面的哪個夥伴合作，或者中國可以在哪一環節擔綱大任，突然變得相當不明確。當時我們訪問中國專家，他們看來也只能兩手一攤，甚至暗示他們早就料到這個情況（平心而論，有些專家在之前訪談中便曾指出，事有蹊蹺，因為好久沒有看到穆拉·歐瑪露面——有些阿富汗觀察家已經懷疑好一段時間了）。

伊斯蘭馬巴德和喀布爾相互指責對方，最終導致緊張關係急劇升溫，造成阿富汗官方更難以完全信任地進行協商。當時，和我們對話中國官員，幾乎是馬上改口說，要不要強硬介入，支持阿富汗政府與國家安全部隊，得由美國決定。[33]他們更進一步指出，在還無法確定塔利班方面的主要協商者之前，談判可能不會有太多結果。

不過中國似乎持續接觸。事實上，北京從很久以前就一直在塔利班內部安插聯絡人，時間始於塔利班最後一次在喀布爾掌權。中國是跟阿富汗打交道的少數國家之一，不過大多是透過在伊斯蘭馬巴德的聯絡人。在早期，其所在意的面向看來是確保阿富汗的問題不致擴散到中國；並要求塔利班管好阿富汗的維吾爾族團體。我們訪問過的一些中國專家曾在一九九〇年代晚期拜訪統治阿富汗的塔利班，他們說，拜訪期間，他們得知阿富汗有許多維吾爾族激進分子時著實驚訝。[34]根據報導，塔利班當局再三向中國人保證，會防止這些人從阿富汗對中國發動攻擊。[35]維吾爾族團體是否聽令塔利班，始終無解；就像賓拉登違背對塔利班的承諾，進而攻擊美國。不過可以確定的是，維吾爾族並沒有離開阿富汗的訓練營。我們後來訪問去過塔利班統治的阿富汗以及待過蓋達組織經營的訓練營的人，他們向我們坦承（亦有其他人證實），在訓練營裡，的確看到眾多的維吾爾族人。

美國一公開高喊著要離開後，中國就一副蓄勢待發、開始善用其聯絡管道的樣子，以促成直接合作，協助保護中國在阿富汗的長期利益。中國不只試圖從中斡旋，促成塔利班、巴基斯坦和喀布爾政府三方進一步交流，更是想法設法要美國加入討論。二〇一二年，美國和中國開辦聯合訓練課程；二〇一五年十二月，在伊斯蘭馬巴德舉辦的亞洲之心會議期間，美國、中國、阿富汗和巴基斯坦的代表齊聚會面，著手成立一新的外交討論小組，稱為四方協調小組（Quadrilateral Coordination Group）。於是，四方協調小組開始試著讓各方再度齊聚，成員之間，感覺也真的又變得親近了。

可惜，最終仍無濟於事，不過北京看起來更積極掌握機會，實踐概念，與阿富汗各方夥伴進行多方交涉。到了二〇一〇年代中期，北京已經針對阿富汗事務，進行許多雙邊、多邊和極少邊交涉。在塔什干的一場會議中，一名阿富汗高階外交官告訴我們，他在那些不同會談之間奔波，深感精疲力竭。[36]他不清楚那些會談實際上能帶來多少效益，不過中國對口單位似乎認為很重要，無論如何都要參與；而他們也堅持著，盼望多少會有結果。和我們對話的其他阿富汗人對於北京參與閉門會談，就說得尖刻許多。一名前高階國防官員在德里一次早餐席間告訴我們，他們被迫丟棄中國移交的大部分設備，並聲稱「上面長滿蟲子」。令他們格外莫名的，是中國移交的同方威視（Nuctech）機場安全設備，據聞，那些設備根本沒辦法啟動，而更尷尬的是，同方威視的主事者是胡錦濤的兒子。[37]有人自稱手握證據，可以證明中國買通並且提供軍事裝備給塔利班，某個中國聯絡人向我們證實此事部分屬實，他自稱曾親自交錢給塔利班。[38]

我們始終無法獨力證實此事，不過這確實證明了，北京對於在阿富汗的進展更有信心了。二〇一五年十一月，中國國家副主席李源潮造訪喀布爾，慶祝雙方六十年的外交關係；接著，二〇一六年三月，人民解放軍總參謀長房峰輝將軍造訪。房峰輝的造訪看來更具意義，因為那似乎是成立一全新的極少邊區域組織的開端，不久後，便於二〇一六年八月首次在烏魯木齊召開會議。四國軍隊反恐合作協調機制的會議由阿富汗、中國、巴基斯坦和塔吉克的軍隊參謀長出席，「在一系列的領域互相協調支援，包括研究並判斷反恐情勢、查證線索、情報共享、提升反恐能力、聯合反恐訓練與人員訓練」，而且「這些協調合作將僅限於這四國」。[39]

我們反覆問一個問題，但是始終未獲正面回覆，那就是為什麼需要創立這個機構？它的許多任務，理論上都是上合作織能做的。阿富汗不是正式會員國，而中國使之成為觀察員國，照理來說，應由上合組織來提議這類開會的地點。我們意識到，四國機制顯示出，中國不相信上合組織願意或能夠做出任何有益於阿富汗的事。因此，北京認為，有必要創立一全新的區域群組，直接處理中國對阿富汗的安全疑慮。中國邀請瓦罕走廊周邊所有國家，邀請各國高階安全官員齊聚開會，由此，中國有助於確保自身的邊境安全，並且開創出一種自身得以監控的合作模式。這個組織也正式確立了人民解放軍在阿富汗的責任與任務。在此之前，我們認為，就北京的觀點看來，與阿富汗的關係是由情報管道主導的。

不只創立四國機制，中國也開始更是公然彰揚自身是如何出力提升其他會員國的安全。在巴基斯坦，這些舉動大多是意料之中，不過是一些進行已久的行動的延伸，不過顯而易見的是，北京逐漸特別致力於為吉爾吉特—巴爾蒂斯坦的部隊提供協助及支援——此舉太過爭議，因為正是那片領土引發了與印度的爭端。然而，更引人注目的是，對阿富汗與塔吉克的捐助，中國也毫不遮掩。在阿富汗，中國揭露已興建一座基地，並直接提供資金給巴達赫尚的一支山地安全部隊，當地人也詳述，曾目睹中國軍人在該地區巡邏。

至於塔吉克，在該國和阿富汗戈爾諾—巴達赫尚地區的邊境上，據說中國為塔吉克的邊境守衛興建了約十幾處邊境哨站，以及一座中國部隊駐紮的基地。在許多方面，中國在塔吉克的作為都是最具爭議的。前面曾提過，二〇一五年我們造訪中亞時，和我們對話的外國人說，當地俄國大使館憤怒不已，因為莫斯科未被告知四國機制的成立，以及中國部隊的部署。[40]而當我們在莫斯科詢問此事，人們總表現得分外謹慎，態度相對尊重，不過大多強調，中國在當地無論做什麼，都會和莫斯科商量。[41]我們在北京時，人們則是嗤之以鼻，並認為他們當然得在塔吉克駐軍，因為兩國邊境相鄰啊。[42]而更深層的原因，則是中國根本不相信塔吉克當局能夠有效確保安全，在在凸顯出中國日益有所動作，確保自己在該地區的安全利益，特別是保護與阿富汗接壤的邊境地區。中國本質上就是在創造一處絕對的安全緩衝區，以防阿富汗的威脅直接擴散進入中國。

* * *

阿富汗在許多方面都可以做為完美的範例，用以詮釋我們的中心概念。中國注定要在阿富汗扮演重要的角色，卻又刻意避免。阿富汗的其他直接鄰國都沒有全球影響力、金融力量以及安全考量，以致什麼也做不了。然而，中國從未經歷過這樣的局勢，不可能自此下定決心，在阿富汗這樣的國家考驗自身這方面的歷練。中國曾經說，阿富汗是遠大的一帶一路的一部分，一邊連接中巴經濟走廊（China Pakistan Economic Corridor），另一邊連接本書主述的絲綢之路經濟帶。其實，中國與阿富汗之間的實際經濟連結，正是阿富汗出口松子到中國，以及在瓦罕走廊架設光纖纜線，協助阿富汗得以連接上網。規模較大的採掘工程案都失敗了，沒有兌現任何創造財富的承諾。若在喀布爾談及一帶一路，人們只有一逕的好話，也希望聽到更美好的諾言，只是他們還在等這個諾言實現。

中國關心自身在阿富汗的安全利益，也明白局勢可能會進一步惡化，不過中國的解決之道主要是封鎖自己，鞏固自家邊區，強化最近的鄰國邊區，嚴防交界處可能會出現的威脅。阿富汗商人仍舊難以取得入境中國的簽證，班機也不固定。在一系列的多邊交涉中，中國曾經主動請纓，擔任和平掮客、主辦者、討論者，只是從來沒當過仲裁者。沒人可以說中國現在什麼事也沒做，中國現在做得絕對比以前多。同時，儘管中國在阿富汗顯然有著龐大的利益，並且扮演重要的角色，卻不會挺身而出，擔任起領導角色。北京完全有當王牌選手的行頭和潛力，只可惜北京已經做出戰略決定，要繼續自場外觀察。少有證據顯示，目前在塔利班領導的政府執政初期，局勢已有所改變，這種漸進主義式的作法，是否真是阿富汗所需要的解決方案，仍有待觀察。

第九章 聯繫全球——絲綢之路經濟帶

中國國家主席習近平在努爾蘇丹（哈薩克首都，當時稱阿斯塔納）的納扎爾巴耶夫大學發表演說，提出了中國在該地區的外交政策新願景，一看到這則報導，我們感到一股強烈的認同，不過或許這麼說顯得傲慢了。稱之為絲綢之路經濟帶，聽來既像在澄清，同時也像是在證實。這有助於解釋，何以二〇一一年十月美國國務卿希拉蕊在清奈闡述美國版的新絲綢之路，我們會聽到那麼大聲的反對意見。這也讓我們覺得，我們研究中亞和中國，不只是研究中國的另一層國際夥伴關係，而是具有更重要的意含。習近平決定在阿斯塔納展開一系列的演說，闡述一帶一路，這似乎清楚傳達了中亞對他更廣泛的外交政策願景及思維很重要。演說的幾個星期後，我們在北京，一副堂而皇之的樣子，對著滿臉狐疑的外國外交官說：「這將是習主席的重大外交政策概念。」

誠然，這的確傲慢，但是我們之所以有這樣的想法，無非是因為在此之前，我們已經花了一年時間，在中亞的中國邊境旅行，訪談過多名專注研究該地區的中國專家和官員。雖然我們始終無法確定一清楚的戰略願景，但是可以清楚感覺到正在發生什麼事。中國試圖發展新疆，而為了達成這個目標，中國必須推動新疆鄰近地區的發展。這是正向的外交政策規畫，中國可以得心應手地操控的權力槓桿。中國極其不想被認為使用強硬的高壓權力，因此運用自身所能掌控的經濟工具：政策性銀行、雄厚的財力、廣大的國內市場與生產基地、基礎建設企業等。這些有力的工具在相對貧窮的國家足以扭轉局勢，相較於排列大型戰車陣形，這些工具對北京來說，反而更容易掌控並謹慎部署，也更有可能刺激環境改變，達成中國的最終目標。

正因為這樣的想法，才會形塑出我們的認知：這將會是中國正在追求的廣義外交政策願景的輪廓。我們認為，北京的思想家都明白，中亞過去超過十年來發生的事，是可以移轉到其他地方的典範，只要有必要的工具，便能相對輕易地移轉。這為中國帶來一種外交概念，本質上建立在不會引發爭議的論述，論及開放市場以及致富，這個正面的願景，很少人能反駁。

我們後來目睹一切的發生，並證實了這一點。習近平決定在阿斯塔納展開推銷一帶一路，接著又在雅加達發表演說，更進一步談論二十一世紀海上絲綢之路（結合在阿斯塔納的演說，便是一「帶」和一「路」了，不過矛盾的是，「路」竟會在海上），在在凸顯了當下的中亞，在這個廣義的願景中，意義重大。習主席把自己的商標印在中亞正在發生的事情上，接著又進一步轉換，使其成為中國對外合作的典範，在其他每個地方都依樣畫葫蘆。

就追查得出來的範圍而言，一帶一路概念的路徑有一些不同的根源，其中最重要的，也最常被引用的，莫過於時任北京大學（在中國相當於牛津大學）國際戰略研究院院長王緝思教授的著作。二〇一二年十月，他寫了一篇文章，呼籲中國「西進」。[1] 文章的主旨提到，中國長久以來過分聚焦於跟美國和中國東部沿海地區的關係，這樣不只有損中國內陸地區，也錯失了潛藏在中國西方邊境的寶貴機會。王教授寫了下面這段論述，如今回頭讀來，簡直就像後來一帶一路的早期概述：

> 首先，中國必需擬定總體計畫，與多方國家合作，以確保石油和其他大宗商品運送到中國西方邊境的供應管道保持暢通。大致上可分為三條路線——南方、中間、北方——我們可以快速興建一條「新絲綢之路」，並由中國主導。這條「新絲綢之路」從中國東部港口延伸出去，穿越亞洲與歐洲的中部，到西方的大西洋東岸與地中海沿岸國家。中國也應該盡快打造一條從西部地區橫越印度洋的主路線。[2]

這個概念是在二〇一二年發展出來的，據說當時王教授花了許多時間造訪與中國邊境接壤的國家，而不是美國，這個概念在習主席掌權那年，勢必傳遍了北京的政治圈。雖然一帶一路的概念與王教授的文章大有關聯，但到底是不是這篇文章觸發此倡議的概念，也就不確定了。二〇一九年初期曾出現一種說法，即提出概念的人其實是樂玉成，他擔任過中國駐哈薩克和印度大使，後來又晉升為外交部副部長。二〇一五年，我們與位於上海的上海社會科學院共同籌辦一場會議中，特地邀請王教授參加，會議中，我們意識到他在談論個人在催生一帶一路的概念中所扮演的角色時，態度很是謙虛。然而，他特別提到，他喜歡這場會議的標題「中國轉向歐亞」（China's Eurasian Pivot），他告訴我們，這就是為什麼他一開始會接受邀請的原因：[3]此標題跟他的觀點一致——中國「西進」，有一部分是在回應歐巴馬的行政團隊所倡導的戰略——華府的「重返亞洲」。[4]

不過，雖然王教授的想法在催生一帶一路的概念上，很可能出了一些力，但是真正的構想其實深深根植於中國的戰略思想。我們在前面的章節曾談到，就許多方面來看，中國總理李鵬在一九九四年從新疆展開中亞之旅，進而開啟了當代的絲綢之路談話。造訪中亞期間，除了戰火延燒的塔吉克，他走遍了每個國家，接見商業代表團和領袖。在塔什干，他在卡里莫夫總統面前致詞，內容提到「中國極度重視與中亞各國以及烏茲別克的關係，我們願意努力建造一條新的絲綢之路，展望未來與下一個世紀」。[5]根據俄羅斯新聞社「俄通社—塔斯社」（ITAR TASS）的報導，卡里莫夫在阿拉木圖對哈薩克的商業界發表演說時，說了下列這番話：

> 需要運輸設施和通訊工具，才能打造新的「絲綢之路」。李鵬闡明其中關聯時指出，此

次造訪對達成協議有多重要。他認為，中國和哈薩克必須全力確保歐洲與亞洲之間這座運輸「橋」能有效運作。[6]

報導指出，這次造訪的焦點是經濟機會，而其中許多機會之後會變得愈來愈為人所知，諸如在阿什哈巴德討論建造從土庫曼到中國的運輸管線。另一個焦點是，中國要確保中亞國家會盡本分，確保維吾爾族分裂主義者無法把中亞地區當成在新疆挑起動亂的本營。李鵬在塔什干停留期間，引用報導中所言，卡里莫夫如是說：「我們一定要再三強調中國在中亞地區所扮演的角色，中國致力於遏止分裂主義意識形態，確保中亞地區和平穩定。」[7]時值鄰國塔吉克陷入內戰，從報導可以看得一清二楚，李鵬每到一站，便會針對維吾爾族異議分子設下底線。有些報導指出，中國之所以採取這種相對強硬的路線，是因為之前曾經請當時的俄羅斯情報頭子（後來擔任總理）葉夫根尼・普里馬可夫（Yevgeny Primakov）居中斡旋，試圖與中亞的維吾爾族領袖協商。由於最終未取得承諾，以致李鵬此行，有一部分是為了確保中亞的領導人隨時準備協助中國解決對分裂主義者的擔憂。

李鵬在這次造訪期間闡述的廣義概念願景，他在往後訪問中亞地區的歐洲端，以及後來他在北京舉辦會議時，都發表了相呼應的演說。一九九二年，中國領導人鄧小平正在進行著名的「南巡」，開放中國經濟；新疆當地政府也嘗試如法炮製，舉辦烏魯木齊貿易展覽會（Urumqi Trade

Fair），促進當地與鄰近地區的貿易（類似於前幾章曾提過的中國亞歐博覽會）。李鵬於一九九二年出席第一屆烏魯木齊貿易展覽會，約莫同一時間，中國和哈薩克之間的第一個邊境市集在霍爾果斯開放。在李鵬造訪新疆，以及後來一九九四年造訪中亞之間的兩年裡，多數中亞領導人都曾訪問過北京，並在脫離蘇聯的束縛後，開始與中國建立關係。

隨後在一九九四年，李鵬訪問歐洲——同時停留德國、奧地利和羅馬尼亞。與他隨行的，是人數眾多的商人代表團，談論的焦點是經濟機會，以及中國如今正在開放。然而，這發生在天安門廣場大屠殺後的短短五年，即便金融媒體大張旗鼓的強調中國開放所創造的機會，李鵬在多處停留點仍遭到公開譴責。

或許這有助於解釋，為什麼起初談到當時中國想要跟中亞一起打造新絲綢之路時，大多著重在如何讓中國與新疆成為主要幹道，將中亞的貨物與商品運送到中國沿岸城市，其最終目標是促進亞洲例如日本的經濟繁榮。一九九四年李鵬總理造訪期間，關於土庫曼向外輸送的運輸管線，其重點在於把新疆變成連接點，連接到中國以及其他地方。一九九三年，日本官員訪問北京，他當時已經跟日本討論過這個想法，他接見當時的三菱社長槙原稔，談論聯合進行可行性研究，想要建造一條輸氣管線，輸送土庫曼的天然氣，先橫越中國，再穿越海洋，送到日本。[8]這個想法一直都在，只不過無法確定日本是否仍是目標終點。二〇〇〇年，江澤民造訪阿什哈巴德，兩國簽署雙邊協議，協議明確指出，「雙方同意針對工程案，進行可行性研究，打算根據中國工程案的實際進度，鋪設一條連接土庫曼和中國的天然氣管線，將天然氣從土庫曼西部輸送到東部」。[9]

這個願景所包含的，不只有天然氣。一九九四年十月，李鵬繼續推動新絲綢之路概念願景的下一步，並邀請俄羅斯與中亞五國的運輸部部長前來參與會議，討論區域連結的想法與新絲綢之路。在這次會議中，他也宣布停止原先的慣例，中國不再用以物易物的作法與中亞國家貿易，改用現金交易。報導指出，中亞官員和商人參訪中國沿岸城市，探索潛在商機，想要把這些城市當成連接點，將商品運送到世界各地。納扎爾巴耶夫總統格外看好這個願景，並跟中國簽署了協議，開放阿拉山口，讓中國和哈薩克在一九九〇年使用鐵路運輸，貨物在一九九二年十二月開始流通。一九九六年七月，江澤民第一次到哈薩克進行國是訪問，納扎爾巴耶夫總統強調：「我們可以合作解決很多問題，包括復甦與發展絲綢之路。」新疆境內推動提升鐵路連結，李鵬總理與江澤民主席也都親自認可，讓知名的南京鐵路線穿越新疆，連接南部的喀什到吐魯番。

不過就許多方面而言，在歷史上的這段時期，在「西部」中國的另一個方向、從雲南向南延伸出去，可以發現更重要的外向運輸走廊。在這裡，局勢看來截然不同。一個是明顯正在瓦解的超級強權，而且雙方曾爆發過衝突，仍舊得劃定邊界，北京寧願找幾個相對貧窮的國家合作，這些國家跟中國同樣貧窮的邊境地區，有著根深柢固的經濟和種族連結。中亞和新疆確實有相似之處，東南亞和南亞之間人口稠密的邊境地區，與中國雲南接壤，就某些方面而言，遠遠更加複雜。這個地區人口稠密，天然資源豐富，與亞洲部分極度富饒的區域相連。中國認為必須成立組織，協助串連起中國和這個地區，促進雲南發展，於是在一九九九年八月，雲南社會科學院邀請來自中國、印度、緬甸、孟加拉等超過一百名學者及專家齊聚昆明，參與會議討論。這次會議結束時，確立了一份綱要，後來則催生了「孟中印緬經濟走廊」（Bangladesh-China-India-Myanmar Economic Corridor）。這次會議提出了六個關鍵主題：

- 中國、印度、孟加拉、緬甸之間的區域合作，有何實際與戰略意義；
- 中國（雲南）、印度、孟加拉、緬甸之間的經濟、貿易和技術合作（包括工業、農業、觀光業、金融業），是否可行；
- 研究如何建立中國、印度、孟加拉、緬甸之間的溝通管道和網絡（包括開放與重新興建道路、飛機航線、水運路線、鐵路）；
- 中國、印度、孟加拉、緬甸之間的經濟合作有何前景與基礎；
- 制定門戶開放政策，為中國、印度、孟加拉、緬甸創造貿易與投資環境；
- 為中國、印度、孟加拉、緬甸之間的區域合作，建立架構。[10]

「昆明倡議」（或通稱「孟中印緬經濟走廊」）聚焦在提升基礎設施和開放市場，憧憬透過與鄰國合作，來促進中國發展，其要旨和後來的一帶一路論調前後呼應。幾個月前，一九九九年三月，在北京舉辦的第九屆全國人民代表大會中，江澤民實際提出比較廣義的願景。那年稍後，「西部大開發戰略」在演說中具體說明，並且在一九九九年六月十九日，刊登在《人民日報》的頭版上，這個願景指出，「時機成熟了」，應該加速發展中部與西部地區，此事「應當成為黨的主要戰略任務」。[11]

這一切不禁讓人再度想起，一帶一路是王緝思的思想所闡述出來的，只不過他又進一步提出看法：中國必須停止依戀美國與中國的太平洋沿岸地區。一帶一路宣布後，我們訪問了王教授在北京大學的一些同事，其中幾人提到，他很訝異自己的文章竟然被那樣解讀。我們聽說，他的重點主要是要提醒北京，中國也必須留心整個西部地區，西部不只需要投資，同時也潛藏著重要的地緣政治戰略機會。從王教授的觀點來看，當時全世界都向東看著的中國，「中國不應該把眼界局限在自己的沿岸和邊境，或是傳統上的競爭者和夥伴，應該制定戰略計畫，『向西看』，『向西進』。」[12]

＊　＊　＊

到了二〇一〇年，世界似乎又想起了麥金德。二〇一二年，我們前往新疆大學和學生交流，學生感興趣的是，想了解新疆地區與中亞要如何融入更大的歷史洪流中。數年後，我們在中國的一所軍事院校討論類似的議題時，與會者反問我們一系列關於麥金德的問題，特別是為什麼歐洲專家對這片領土這麼有興趣；以及偉大的英國地理學家麥金德的想法，為什麼如今仍如此吸引著人在倫敦的我們。有人暗指英國人著迷於「大博奕」，世界各地那些喜歡紙上談兵的地緣戰略學家總是熱中於討論「大博奕」。不過引人注目的是，這種思維已經開始大幅滲透到更廣泛的地緣政治討論裡，人們對此提出的理由五花八門，不過許多地區性與全球性的強權，逐漸把注意力集中在歐亞的心臟，以致麥金德的思想再度變得實用。彼得・梵科潘（Peter Frankopan）教授的巨作《絲綢之路：從波斯帝國到當代國際情勢，橫跨兩千五百年人類文明的新世界史》（*The Silk Roads: A New History of the World*），可能是最精準攫取到這種心思的文獻，並引發一股歷史洪流，把注意力重新聚焦於歐亞心臟地帶，亦即麥金德所定義的，歐亞心臟地帶是掌控「世界島」的關鍵。[13]

王教授也曾在著作中指出這股趨勢。他是位嚴謹的學者，貫穿歷史，分析各個強權，意識到中國的歐亞腹地所具有的地緣戰略重要性，並認為那是必須投資、掌控的一片領土。他有條不紊地指出每個強權在中亞的特殊利益，最常把分析的要點放在中亞地區的天然資源。他還推斷，中國若專注在他所定義的「西亞」地區，或許比較不會跟美國起衝突，甚至可以主動提供合作機會。他提到，華府在這方面已先發制人，搶先了北京一步，二〇一一年在清奈，希拉蕊發表演說

（還有那一年的一系列會議），大談要創造新的絲綢之路，本實上，正是要把中亞的能源資源和能源匱乏的南亞緊緊綁在一起。[14]

希拉蕊所闡述的願景充滿雄心，而且確實在習近平之前，便清晰描繪出新絲綢之路的概念（不過先前曾提到，李鵬早於希拉蕊提出此概念）。在清奈的演說中，她說要建造的，「不若字面上所指的單一通行道路，而是一片國際性的網狀組織和經濟運輸連結網絡，也就是要興建更多鐵路線、高速公路、能源基礎設施等」。[15]不過這般願景的核心，在許多方面上再再顯得目光狹隘，而且主要奠基於建造一條南北向的走廊，連接起中亞和南亞，最終把阿富汗連接到這片區域。在這個節點，美國已經在阿富汗打了將近十年的仗，歐巴馬在競選期間承諾，會退出他所承接的這場衝突。為達到此目的，華府的策略是擊潰敵人，爭取阿富汗周邊地區認同，呼籲鄰國承擔起更重要的角色，因為這些鄰國終將面對美國撤軍後所留下的局勢。而這個計畫甚至擴大至想辦法要在阿富汗與中國合作，這部分在〈第八章〉談過。

顯然，華府要退出阿富汗的夢想，是促進新絲綢之路概念的主要推力，但是美國要動用哪些資源來實現願景，就沒那麼清楚了。有幾項工程案的確標示為計畫的其中一部分——例如土庫曼—阿富汗—巴基斯坦—印度管路，或中亞南亞電力連接工程案（Central Asia-South Asia electricity connectivity projects）——但其實這些想法都已經蘊釀好一段時間了。連接中亞和南亞，是出自長久以來國際討論和思考這片區域時所凝聚起的概念；而更進一步連接起中亞的想法，亞洲開發銀行（以及其他機構）已經談了好幾年了。

當我們和中亞人談及美國新絲綢之路願景時，總是被問到，實際上，到底是要他們做什麼，接著大多不了了之。他們討論並感興趣的焦點，往往在於美國到底要為他們的國家做什麼。在中亞人眼中，美國這宏大願景，不過是對中亞的偶然萌生的興趣，他們根本不以為意。就中亞人的觀點來看，舉凡希拉蕊先在印度發表聲明，接著又進一步提出關於阿富汗的一系列討論，已反映出華府的重點所在。

在華盛頓或中亞地區的美國大使館會見官員時，我們始終感覺不到美國對中亞有堅定的願景或戰略。不過雙方確實有許多合作，而且有鑑於美國制度和預算的規模，這意味著美國即便只出棉薄之力，相較於他者，也可說是相當實質的付出了。可惜，中亞向來不是優先重點。我們一直以為，起初幾年，華府單純認為與中亞維持關係，是阿富汗戰爭所必須附帶處理的問題，最近則是為了要對抗中國。北京先後宣布絲綢之路經濟帶和規模更宏大的一帶一路，中國便定義了絲綢之路這個專門詞語，以致其他人毫無空間可以依照自身願景來調整。然而，美國新絲綢之路持續在美國國務院傳開，官員偶爾發表演說，試圖讓美國重新聚焦於自身定義的新絲綢之路。不過，美國已透過更大的架構和中亞地區合作：即五（中亞）加一（美國）——而中國（和其他國家）亦跟進仿效，創造出自己的中亞五加一模式。美國對於一帶一路的因應對策，仍處於初步階段，川普總統透過藍點計畫清楚闡述了這個願景，計畫協助開發重要基礎設施，在全球推動明確的開發目標，以對抗一帶一路。拜登總統執政時，在七大工業國組織（G7）中，大力推動這項計畫，在二〇二一年康瓦爾高峰會宣布「重建美好世界」倡議，其主旨便是，建議全球建造一套全新的基礎設施，只是仍未擬定具體的細節。

而又有另一個強權，更高分貝地宣稱要在中亞地區提出重大的地緣戰略，那就是俄羅斯，並以此對中國在中亞進行戰略包圍而引發的日漸擔憂做出回應。在關於上合組織的章節中，我們曾談到，莫斯科起初認為，該組織讓俄羅斯得以控制中國在俄羅斯後院的活動，莫斯科最終發現，中國活動已滲透進俄羅斯本土。上合組織在二〇〇〇年創立之前不久，普丁總統造訪俄羅斯的遠東地區。他在海蘭泡（Blagoveschensk）發表演說，強調若不盡速做出回應，莫斯科便會失去遠東地區。他說：「如果我們不認真發展俄羅斯的遠東地區，再過幾十年，遠東的大多數俄羅斯居民就會說起日語、漢語和韓語……我們眼下談的可是根本的議題——也就是遠東地區的存亡。」[16] 這更像是內憂，不是外患，卻也反映出莫斯科深恐東部地區逐漸脫離掌控。由於俄羅斯自認為擁有接壤的鄰近地區，這種自以為是的國土延伸之感便實際反應在蘇聯瓦解後的中亞。二〇一一年，普丁準備結束短暫的總理職務空窗期，他心知肚明，俄羅斯的鄰近地區正逐漸脫離莫斯科的掌控。他打算鞏固掌控權，於是宣布贊同創立歐亞經濟聯盟。[17]

普丁總統想要創立的這個組織早已有了基礎。一九九四年蘇聯瓦解後，哈薩克總統納扎爾巴耶夫在莫斯科國立大學（Moscow State University）發表演說，呼籲創立「歐亞聯盟」（Eurasian

Union）。一名前蘇聯共產黨官員跟大多數中亞同僚一樣，並非真想要蘇聯瓦解，他認為納扎爾巴耶夫的呼籲，本質上就是以不同的名義，重新創建蘇聯。這個想法跌跌撞撞了好一段時間，在幾年間逐漸加強馬力，俄羅斯終於透過全新的共同經濟協議，把集結在不同團體的前蘇聯國家，又一次團結在一起。除此之外，前蘇聯國家也同步推動創立其他組織，像是獨立國家國協（Commonwealth of Independent States），或集體安全條約組織（Collective Security Treaty Organization），嘗試維持各國之間在蘇聯統治時期便存在的某些連結。

歐亞經濟聯盟（以此名稱，與歐洲經濟聯盟區別開來）為這些不同的替代聯盟提供更穩固的根基，並且讓莫斯科在大部分的議題上，穩穩地掌控主導權，因為一切事務都是依照國家經濟規模來決定的。這個願景類似歐盟，不只著重在邊境和協調關稅，也著重人民、貨物和服務的自由移動。二〇一五年，我們來到歐亞經濟聯盟祕書處（歐亞經濟委員會），聽聞莫斯科對於歐亞經濟聯盟的規畫後，我們簡直是無言以對，舉凡從共同貨幣，到數位工具、關稅、稅金、鐵路標準、基礎設施的一致性等，一切討論無不暗中滲入政治。我們清楚感覺到，儘管受訪者一再否認，其實歐亞經濟聯盟跟歐盟本身十分相似，主事者盤算著的最終目標，便是政治一致性。[18]

這就是為什麼俄國的願景會遭遇問題，而且這只是諸多原因裡的其中一個。王教授在談論中國「西進」的文章中指出，莫斯科嚮往「以裏海地區和中亞聯盟國家做為後院」，堅決「繼續在這個地區採取傳統立場」。[19]每個人，包括歐亞經濟聯盟的其他會員國，無不清楚意識到這一點。在中亞，一開始同意加入歐亞經濟聯盟的，只有哈薩克（這似乎是意料之中，因為率先明確提出這個想法的，正是納扎爾巴耶夫總統），但是到了撰寫本書期間，吉爾吉斯業已加入，而且歐亞經濟聯盟也正討論讓塔吉克和烏茲別克加入。不過每當我們訪問哈薩克的專家和官員，他們對於成為歐亞經濟聯盟的會員國，總是沒什麼好話可說，同時指出，俄羅斯並未因此把機會開放給哈薩克企業，反而更有利於俄羅斯企業進入哈薩克的經濟領域。再者，吉爾吉斯加入時，甚至擔心起扼殺與中國的貿易。第一年，事態看起來便是如此，但是最終貿易量好像穩定了下來，只不過疑慮更是加深了，眼下所擔憂的，是非法貨物與違禁品可能透過吉爾吉斯大量湧入更廣大的歐亞經濟聯盟領域。總而言之，歐亞經濟聯盟的會員國身分，會對中亞與中國的關係造成什麼負面影響，目前難以釐清；但是同樣難以釐清的是，中亞在經濟上的獲益，是不是跟俄羅斯一樣多。

俄羅斯所面臨的挑戰是，歐亞經濟聯盟的部分用意，是要維持某種程度掌控中亞（以及前蘇聯的其他國家），並且把中國排擠在外。但是同時，普丁卻也顯然急著想要抓住中國製造出的一些機會。二〇一三年三月，習主席遵循中國長久以來的傳統，在每一位新上任的中國領導人出訪時，都是率先造訪莫斯科。普丁乘機演出一場大戲，強調他想要加強兩國關係，「利用中國的風，來推動我們的經濟航行」。[20]這套矛盾的戰略，意味著莫斯科對中亞的一切憧憬，都必須想辦法取得平衡，一方面要阻止中國擴張（或者至少要控制中國擴張），一方面則要確保莫斯科仍然能夠與中國有所往來。

當然，俄羅斯的這些想法，最終都沒有考慮到中亞人的需求。在政治與民眾層面上，中亞人仍舊親俄大於親中（或者對美國抱持比較正面的想法[21]）；政府層面自然同樣親俄，卻也清楚意識到，中國所提供的經濟機會有多重要。此外，中亞國家是相對年輕的國家，在獨立後的這段時間，逐漸體會到獨立的好處，並開始積極提高聲量，表達自身獨立國家身分，唯恐被歐亞經濟聯盟政治綁架。雖然莫斯科持續輕描淡寫這些政治面向，看起來，卻又無可避免地暗中書寫在屬於歐亞經濟聯盟的未來的那片沙地上。

歐亞經濟聯盟和中國之間的接觸，在二〇一五年五月來到高點，當時習主席訪問莫斯科，慶祝「偉大的衛國戰爭」（Great Patriotic War）七十週年。歐亞經濟聯盟的所有領導人都出席了，但是我們聽說，普丁仍親自與習主席簽署協議，打算串聯歐亞經濟聯盟和中國的一帶一路，卻未通知人在莫斯科的其他國家代表團。[22]這就是俄羅斯的一貫作風，而我們也發現，俄羅斯在歐亞經濟聯盟的行徑始終如此：只在乎自身利益，未必會進行（惱人的）商議，大費周張的要其他會員國一起出席那或許只是其中任一國希望召開的會議。莫斯科主導，其他會員國不管樂見與否，一律只能接受。無可否認，俄羅斯是歐亞經濟聯盟所有其他會員國的主要經濟夥伴，這表示俄羅斯想在若干領域協調出一致性，也是很合理的。同時，所有會員國都有各自不同的顧慮，擔心莫斯科會著手決定他們的對外選擇。再者，把一帶一路和歐亞經濟聯盟串聯在一起，這樣的想法也多少缺乏清楚的邏輯——因為這兩個概念截然不同。一帶一路是習近平的外交政策願景，歐亞經濟聯盟則是相當具體的經濟組織，有祕書處，也有章程。這兩個組織能夠以相同地位簽署協議，這樣的想法實在毫無道理可言。不過這也反映出，就北京和莫斯科的觀點來看，這兩個組織單純只是地緣戰略的重大概念。

還有其他國家也明確提出不同的願景，冀望與歐亞心臟地帶合作。南韓與日本都曾提出類似的觀點，主要聚焦於透過歐亞大陸橋，促進與歐亞地區的連結——這是引用「新歐亞大陸橋」此更為宏觀的概念，而中國領導階層談論擴及整個中亞的願景時，不時地也會談起同樣的概念。一九九七年，日本首相橋本龍太郎發表演說，言明他看見了新世界秩序從冷戰的餘燼中出現，而日本又是如何看待這新世界秩序，尤其是中亞和高加索國家所構成的「絲綢之路地區」。[23]這番討論是在呼應當時北京提出的絲綢之路願景，並透過太平洋，把這些國家重新連結到全世界。而中國在這個世界願景中將是重要幹道，而不只是跳板而已。

南韓也採取類似的策略，致力於促進繁榮的經濟，善用中亞的豐富礦藏。透過少數留居中亞的韓國人社群，以中亞人擅長的族群關係，和首爾創造出自然的聯結，促使韓國政策推行更是順利。定期前往韓國的烏茲別克移民勞工僅區區幾萬人，相較於到俄羅斯工作的人，實在微不足道。而烏茲別克政府一直以來，便想效法韓國發展的典範（從專制政府，到混合式經濟制度，包括各式各樣的個人自由，結合中央集權式的經濟規畫和政府管理），以致首爾成為中亞地區的潛在夥伙，占有令人玩味的一席之地。

對日本和韓國而言，中國位於兩國與中亞國家之間，並構成阻礙，導致日韓必須與北京維持良好的關係，這條經濟走廊才有辦法順利運作。一九九〇年代，這並不是問題，日本尤其有益於協助中國停止鎖國，走入世界。從二〇〇〇年代起，陸續出現幾次高度緊張時期，為他們致力的成果平添幾許複雜因素。一九九七年，日本首相橋本龍太郎發表了具有先見之明的演說，指出：「由於地理位置關係，日本與中國相鄰，導致日本對中國的外交政策存在一些問題。」[24]往後數十年間，中日一再爆發衝突與對抗，讓這番話顯得更是意味深長。

談到這裡，也應該談談歐盟。身為歐洲人，遊歷中亞地區期間，我們大多尋求歐盟的專家和官員幫忙，偶爾也跟專研中亞的歐盟官員合作。歐洲長久以來便認為，有必要和中亞地區彼此連結，可惜歐盟內部政治之複雜，意味著偶爾會受制於任期六個月的主席國輪值制度（意思就是說，歐盟各國在中亞有不同程度的利益，導致每段任期對中亞的關注度忽高忽低），即便官員與商人構成的核心骨幹成長茁壯，已在中亞各地推動大規模投資及援助計畫案。以一共同體而言，有人說歐盟是中亞的最大經濟夥伴，依理應該是中亞地區相對重要的戰略參與者。可惜，歐盟的中亞政策看起來搖擺不定，一方面想要個別與中亞地區國家合作，一方面又想要與中亞五國共同合作。歐盟始終未明確表達一更廣泛的戰略願景。因此，歐盟的許多國家仍興趣缺缺，而跟中亞已有合作的國家，則傾向致力於自身狹隘的利益，並沒有試圖推動集體合作。二〇一五年，歐盟與中國合作，建立歐中互聯互通平臺（EU-China Connectivity Platform），打算促成一帶一路和歐盟之間的可能合作關係。我們訪問的官員常說，中亞是個有趣的地區，透過這個平臺，我們大可跟中國討論實際合作，卻很少看到實質的進展。

伊朗也曾試探跟中亞交流的可能性，並促成不同程度的合作。伊朗主要著重在塔吉克，借助共同的波斯種族，然而，如今雙方之間卻遭遇重重困難，因為伊朗和塔吉克政府撕破臉，拉赫蒙總統現在跟沙烏地阿拉伯走得比較近。這是利雅德或是杜尚別促成的，外人並不清楚，未想結果竟導致兩國對彼此的敵意倍增，而且德黑蘭的立場也明顯改變，不再像塔吉克的血腥內戰剛結束後那樣，扮演起支持者的角色。中亞地區的其他國家都對伊朗抱持強烈的懷疑，中亞的世俗領袖小心提防伊朗這個神權政治革命國家。土耳其也曾幾次嘗試跟中亞合作，但是除了在文化領域上，以及促成一些經濟連結，大多無疾而終。除了俄羅斯以外，土耳其在許多方面都是中亞地區最理所當然的夥伴，卻始終無法像地區內的其他國家一樣，與中亞深入配合。

談到中亞地區的潛在競爭者，印度也總是會被提及。總理莫迪（和前任總理阿塔爾・比哈里・瓦巴依和曼莫漢・辛格一樣），高調地訪問中亞，並在訪問期間，大談要逐漸強化中亞與印度之間的連結。卻是遭遇重大阻礙。飽受戰火蹂躪的阿富汗，以及充滿敵意的巴基斯坦橫擋在中間，導致印度與中亞之間的直接運輸變得極為複雜。不過，德里沒有因此打消念頭，反而長期呼籲開放伊朗的恰巴哈爾港（Chahbahar），讓印度的貨物能夠自由運抵中亞，並與鄰國伊朗交好。

但是，儘管數年前簽署了協議，我們仍不清楚，這項計畫是否有所進展。我們會談的伊朗專家紛紛表示，他們無可奉告，但是中國的執行主管直接證實，德黑蘭一直來尋求他們協助，希望這座港口能夠建造完成。

儘管如此，每當我們在中亞旅行，總是受到熱情接待，也觀賞了很多寶萊塢電影；每當飛經阿什哈巴德，不時地會遇到印裔英國人的大型旅行團。土庫曼航空（Turkmenistan Airlines）已經建立一條航線，連接英國伯明翰（許多有錢的印度僑民居住於此）到阿姆利則（最大、最神聖的錫克教廟宇位於此），因此，在阿什哈巴德機場的清晨時刻，總會見識到這麼一些特殊的景象。

印度在中亞地區最具戰略意味的舉措，就是利用塔吉克的軍事基地，這屬於超前部署，用於向阿富汗提供裝備與支援。印度與塔吉克簽署雙邊協議，德里的親密盟友莫斯科似乎也幫忙背書。印度獲准使用並且協助擴建塔吉克的兩座基地——艾尼（Ayni）和法可（Farkhor）空軍基地。艾尼位於杜尚別之外不遠處，法可則位在與阿富汗的交界附近。這兩個地點讓德里得以方便進出阿富汗，不用取道巴基斯坦。雖然這項部署可謂大費周章，不過，看起來並沒有太多後續行動。德里似乎仍在使用這條路線，卻始終沒有想辦法把它變成一更大規模的戰略行動；印度要利用這兩座基地的消息首次曝光時，還大肆宣傳將有更大規模的行動。印度多次嘗試與中亞地區進行戰略合作，結果總是不如預期。二〇一三年，我們與印度的駐杜尚別國防武官共進愉快的午餐，聽說印度正在協助興建軍醫院，而且我們強烈感覺到，印度與中亞的軍事合作將止於此。我們接著又拜訪國防武官在其他首都的同事，以及在德里的官員和專家，他們向來不吝於高談闊論大博奕之類的事，特別是談論中國。但是我們卻苦無證據，證明印度後續曾採取任何深思熟慮、縝密計算的行動，儘管印度冀望在中亞有更多選擇權。印度在中亞始終未見理想的成績，雖另闢了一個賽場，在這件事上，似乎又輸給了中國。

* * *

在胡錦濤時代（2002-2012），與中亞的關係大多由上合組織、顏色革命、阿富汗戰爭主導。至於在中亞應該怎麼做，才能協助新疆發展，針對此問題的看法，以及達到這個目標的願景，在二〇〇九年新疆發生暴動之後，中國有了改變。在此之前，中國大多任由新疆地區自力更生，交給鐵腕強人王樂泉統治。二〇一〇年，王樂泉遭解職，之後，中國重新認真經營新疆地區，乃出自於國內利益，並為了鞏固絲綢之路經濟帶。到了二〇一二年習近平掌權，新疆依舊是北京的問題，為了加強直接安全與經濟投資所付出的心力，至今仍未取得冀望的成果。

其實，誠如我們在前面章節所見，情況看來是惡化了，跟新疆有關的事故越來越常在全國各地發生，新疆地區本身的暴力事件也日趨嚴重。習主席深受王緝思的想法所影響，決定將外交政策的主軸定調於讓中國立足於世界，但是從與中國直接相鄰的周邊地區開始，他這一步走得蹣跚。他在二〇一三年十月主辦周邊外交工作座談會（Peripheral Diplomacy Work Conference），揭示了外交政策的這項改變。這是自二〇〇六年以來，首次舉辦關於外交政策的重大工作座談會，由中國最高領導階層參與；而且（根據一些專家所言）這是自一九四九年以來，首次舉辦關於「周邊外交」的座談會。[25]就某程度來看，這無疑在早期便揭示了習主席將與前任主席採取不同的方式來看待外交政策。但是這也清楚表露出他自有一些關鍵原則，用以驅動其外交政策。

習近平的願景是以「中華民族偉大復興」這個概念為中心，這又涉及了他提倡的另一個大理想：「中國夢」（刻意借用「美國夢」的概念來表述）。這個想和美國一較高下的舉動，映照出中國的雄心壯志，冀望在世界上擁有跟美國平起平坐的地位。習近平的目標是達成他所描繪的兩個百年計畫，以復興中華，重現往日榮耀。實現這個願景需要時間與付出，中國首先致力於周邊地區，並認定必須協助開發這些地區，中國本身才能夠發展。[26]習主席所指的「周邊」是哪裡，有點令人費解，不過其他人指出，其實已有某些要角定義了周邊所指為何，例如同為思想家及北京聲望甚高的智庫負責人袁鵬。他在著作中曾定義，所謂周邊可分為「內圈」，即中國直接接壤的十四個國家；「中圈」，由中國的海上邊界所構成，包含印度洋上的海上邊界，以及中亞與俄羅斯未和中國接壤的部分；最後是「外圈」，延伸到世界上許多其他地方。[27]「中國現代國際關係研究院」這個智庫和中國的外部情報機關「國家安全部」有關，而袁鵬身為院長，在中國外交政策思想機構內，位居極具影響力的職務。

中國居於全球秩序的中心，這般想法與中國宏大的願景一致，即中國是世界上卓越超群的強權之一。然而，在習近平上臺之前，公開闡明這個願景，並非中國的作風。中國原本一直謹遵鄧小平所提出的格言，「冷靜觀察，穩住陣腳，沉著應付，韜光養晦，善於守拙，絕不當頭」。在胡錦濤時代，這些格言去蕪存菁，說明了中國看待自身的角色正逐漸改變，而各方專家亦紛紛談論起中國的「和平崛起」。中國在國際事務上的地位正步步攀升，只是還沒坐上主桌，中國一心只想躲在新興發展的布幕之後，一副還在奮力往上爬的樣子。

其實，在胡錦濤時代，來自西方的推力日益增強，推著中國只能往前。時任美國副國務卿的勞勃·佐立克對此闡釋得最清楚，而尤其令人印象深刻的是，他在二〇〇五年九月呼籲中國，「在那個讓中國有機會獲得成就的制度中……做個負責任的利害關係人吧」。[28]他要強調的重點是，北京正得利於中國當前正在打造的這個世界，卻對每個人所仰賴的全球共同公益貢獻甚少。到了二〇〇九年，呼籲演變為憤怒，孔珊（Stephanie Kleine-Ahlbrandt）等分析師便提到，中國「正在搭全球的便車」。[29]中國此刻是經濟巨獸，而且顯然持續成長茁壯，但是，每當有人要求中國承擔一些責任，北京就會起身抗議，一逕地說自己是開發中國家，國內的問題千頭萬緒，無力應付外界的任何狀況。每當中國官員和專家被逼問時，老是會扯說，中國仍存在大量的貧窮人口，佯稱北京的當務之急，是持續解決國內問題，往後才能在大千世界中承擔責任。

到了習近平掌權時，中國已經站上世界舞臺，成為重要的強權。然而，中國卻還是執著於

「和平崛起」的說法，意指中國仍是個怯生生的國家。約莫同一時期，我們和中國的專家對談，留意到他們正苦思著如何把談話主題，從「和平崛起」轉移到伴隨而來的「不干預」外交政策原則。他們認清了中國不再是鄧小平所說的竄升中的國家，而是世界強權，有力量、有聲望、有影響力。他們一致認同，確實是時候開始在世界舞臺上運用這些優勢，這樣中國才配得上中國自己所嚮往的那種強權。某知名專家在北京的晚餐席間輕聲笑著對我們表示，「和平崛起」那套架構不再管用，因為現在「我們已經崛起了」，中國或許有必要開始談論「建設性干預」。[30]中國需要新的說詞架構，來解釋中國如何貢獻於世界。

北京已然決定，這套新的架構和願景應該從中國的周邊展開，再向外延伸出去。北京需要用新的詮釋，向鄰近地區展示力量，接著再以鄰近地區為跳板，進軍全球。北京必須培養不同領域的關係，最終才能促進國內成長，這有賴有一條線，把所有關係綁縛在一起。而且每件事情都必須用更正向的方式清楚表述，一如「建設性干預」這類詞彙所呈現的涵義。中國正在尋找新的外交政策特色和願景。

一帶一路願景終於在此時應運而生，二〇一三年在阿斯塔納和雅加達的兩場演說中闡述後，五月，進入籌備階段，總理李克強造訪伊斯蘭馬巴德，簽署合作備忘錄，內容談及建立「經濟走廊」。同年七月，巴基斯坦總理納瓦茲・夏立夫（Nawaz Sharif）訪問北京，正式列入中巴經濟走廊。[31]僅僅一年多之後，二〇一四年九月，習主席訪問印度，與總理莫迪簽署多項協議，其中一項就是兩國密切合作，重振孟中印緬經濟走廊，[32]讓所有從中國放射出去的走廊，為一帶一路奠定基礎。

除了關於「走廊」的諸多補充討論之外，習主席在雅加達還宣布要設立亞洲基礎設施投資銀行（Asian Infrastructure Investment Bank，簡稱「亞投行」）。這個機構將能解決一些需求，包括北京渴望被視為國際共同利益的淨捐助國，同時有些開發中國家覺得，西方國家霸占國際貸款領域太久了。提議設立一全新的多國貸款機構一事，類似現有的諸多其他開發銀行，但卻不受任何西方國家控制，北京可以藉此成為開發中國家的領頭羊，而中國老早就認為自己理應扮演這個角色了。

中國不只設立亞投行，二〇一四年年底，中國再宣布創立絲路基金，又一個用於一帶一路所提供的商機的融資工具，其目的乃是「促進中國以及與一帶一路有關的其他國家和區域，共同發展繁榮」。[33]亞投行和絲路基金相輔相成，一個用於提供協助，另一個用於商業營利，表達出中國一帶一路的兩面願景。參與設立這兩個機構的一名外交官告訴我們，兩者為「姊妹」關係，能夠協助實現一帶一路。[34]就一帶一路而言，兩者貌似誘人，但其實，其所提供的投資金額，相較於同樣兩面鉅額投資的中國進出口銀行和中國開發銀行等的中國銀行，根本相形見絀。

這一切——諸多開發走廊，以及兩個全新的融資機構——在一帶一路的旗誌下，已準備就緒。由此，更精進了經濟走廊的規畫——從中國發散出去，先延伸到直接相鄰的地區，接著橫越陸地與海洋，最終抵達歐洲，以實現中國遠大的外交政策願景。至於要如何與世界接軌，北京的想法是，完全透過連結與貿易走廊的視角來定義，這將能促進貨物與繁榮雙向流動，促成中國領導人總愛掛在嘴邊的那種和諧「雙贏」。而興建基礎設施，才能達成期盼中的貿易及連結，關於這些，中國在國內進展已久，在鄰近地區探勘興建也有一段時日了。最終目標是要創造一片從中國發散出去的連結網絡，把中國與直接相鄰的周邊地區更加緊密地聯繫在一起；更長期的目標則是恢復中國自認為理所應得的地位，成為新全球秩序的中心。而這一切的關鍵正是中亞。

＊＊＊

然而，雖然人人都說這個新的願景是偉大美好的理想，卻鮮少人詳細談論其中涵義。這個願景經常呈現出一種前後不一致的感覺，只是誇誇其談罷了。二〇一四年七月，我們在北京的上合組織祕書處開會，他們告訴我們，絲綢之路經濟帶「仍舊只是個想法……還沒實現」；他們無法判斷，那是不是「從上海精神或其他東西衍生出來的新哲學」。中國有必要闡明絲綢之路經濟帶的涵義，其他人才有可能加入。再說（此評論或許完全表達了某個俄羅斯對話者的傳統思維），「絲綢之路在中亞的歷史上，可不是一直都享有好名聲，絲路不只用於貿易，也會引發衝突——這條路線是戰爭路線」。[35]

同一年，我們在比什凱克與某親政府的吉爾吉斯智庫開會，我們的疑問是，他們跟中國對口單位針對絲綢之路經濟帶討論過什麼，他們回答說，中國人是這麼答覆的：「你們告訴我們，你們想要怎麼做。」北京看起來是要告訴中亞人，他們應該提出另一種替代方案，而替代方案將成為中亞地區倡議的基礎。

值得注意的是，真有人提出替代方案——而其中最突出的，莫過於哈薩克，他們在二〇一四年十一月宣布興建自己的「光明大道」（Nurly Zhol），這是個大型的經濟發展計畫，直言不諱地談論連結中國的一帶一路。塔吉克和烏茲別克後來也分別提出類似的說法，他們較長期的經濟發展策略，也是跟中國連接在一起。而且這不致令人太意外，畢竟中亞正值發展經濟，而他們緊鄰當代經濟發展最蓬勃的大國，若不想辦法把握這個機會，那才叫反常。

儘管中亞某些地區與中國關係極度緊繃，北京依然提得出中亞樂見並且樂於合作的願景。中亞人有所保留與顧忌，但是機會清楚可見。對他們而言，與中國強化連結，合情又合理——不像俄羅斯人，只想要用大歐亞（Greater Eurasia）之類的概念，或歐亞經濟聯盟之類的方案，將中亞人團團包圍，中國看來是提出了比較適合交易的概念。

唯有時間能夠告訴我們，到底這一切是不是北京想要的。但是在這個階段，中國打著一帶一路的旗幟所提出的合作方案，將能為中亞提供想要且需要的經濟機會。更長期的後果如何，沒有人知道，但是根據中國與中亞鄰國的經濟差異來看，中亞人似乎很清楚，應該善加利用中國的強大經濟動能。雖然西方的疑心日趨強烈，並出手制止中國，但是中國還是向中亞清楚解釋這個願景的邏輯。世界上還有許多其他地區接受這個邏輯，這些地區是一帶一路影響所及之處，向來不太擔心自己喜歡或討厭中國的意識形態（或者自認為必須設法改變中國對待國內人民的方式）。有些案例和企畫確實有問題，而且一旦改朝換代，問題便會浮現，但是世界上大多數的國家，都認為一帶一路是相當中立的概念。

就某些方面而言，這就是一帶一路概念的高明之處。一帶一路是根據在中亞實施了一段時間的模型所創造出來的，其基本概念正是提供基礎設施發展、貿易和投資，以交換擴張中國的存在範圍，這樣的概念多數國家都會願意接受。習近平掌權後，繼承了既定的中亞模型，他再透過華麗的演說，把想法宣傳到世界各地。毫無疑問，中亞地區存在問題，但是經常被強調出來的重大隱憂——如債務陷阱外交的傳言——卻未被明確重視。再者，中國強迫他國放棄基礎設施以換取中國投資一事，偶有所聞，但是否屬實，我們並不清楚。在某些案例中，中國確實曾要求以採礦權做為附帶條件，而且官員可能透過許多工程案，貪墨不可計數的錢財，而這些都是當地政府所做的選擇。有一個案例指出，是中國慫恿他們這麼做，但是否屬實，尚未完全釐清；而且這是否是中國打從一開始的目的，也是尚待釐清。

然而，絲綢之路經濟帶的影響可能比這一切微塵般的細節所暗指的更為深遠，長遠一點的影響是，重新連結中亞地區，讓它跟中國更加密切聯繫，重新定位其未來，未來，不再由莫斯科和西方決定，而是被拉進中國的運行軌道裡。從我們在本書談述的連結網絡來看，絲綢之路經濟帶不只能促進經濟貿易，還會促成更深的連結以及滲透。這是北京透過一帶一路提供的離心力，藉由諸多不同領域的影響力、投資和連結，慢慢引導各國更密切的合作。這顯然帶來好處，也帶來潛在的風險，無論如何，由北京主導推動，顯而易見。中國正在奪回其自認為理當擁有的地位，回歸國際事務的中心。

結語　西進，不經意創造的帝國

理論上，喀喇崑崙公路從中國西部偏遠的新疆省喀什延伸到伊斯蘭馬巴德，但實際上，它像一條緞帶，穿越中國最西邊宛如月球表面的邊境地區，而柏油路面最後在巴基斯坦邊境上的紅其拉甫口岸（Khunjerab Pass）戛然而止。跟大多數國家一樣，中國的外交關係受到國內情勢的影響甚巨。現實情況有多複雜，從喀喇崑崙公路沿路上的眾多站點及多元社群，便可見一斑。中國的內憂絕非單純，而且與鄰國深深糾結在一起。我們在二〇一二年走了一趟這條路線，一探中國和鄰近的中亞地區如何互相牽扯。

我們的旅程從烏魯木齊展開，這座骯髒的首府住著超過三百五十萬人，跟中國其他許多二、三線城市看起來很像。大街道已然塞滿氣勢雄偉的建築物，興建工程卻仍瘋狂進行，這座城市急著興建更多購物商場，以滿足貪得無厭的當地消費者。些許的維吾爾文化依舊可見，卻只是日漸成為商業主義者視線的一隅，而這正是中國現代城市都會的特色。烏魯木齊是自治區首府，新疆維吾爾自治區是中國轄下最大的政治區，蘊藏大量天然資源，吸引鄰近省分的窮人前來追求財富。來自鄰省甘肅的一名計程車司機，大放厥詞地說著烏魯木齊有大把機會，讓他賺得盆滿缽滿，也讓他交了好幾個女朋友，一星期七天，每天都有不同的女朋友陪，他是這麼說的。

在烏魯木齊南方大約一千公里的喀什，我們搭上車，司機說的故事卻是天差地別。他是當地維吾爾人，經營觀光業，雇用了幾個家人，他指著機場周遭顯眼又森嚴的安全措施，忍不住抱怨起當地警察之愚蠢。由於維吾爾人占多數，展露出喀什的特色：隨處可見傳統的維吾爾文化及歷史。艾提尕爾清真寺（Id Kah Mosque）是中國最大的清真寺，坐落在喀什遭遺棄的舊市區邊緣，而一簇擁擠的泥磚屋，不禁讓人想起喀布爾，或塵土飛揚的中亞貿易中心，不過城裡多數地區已徹底重建且現代化。

二〇一二年，我們來到這裡，在離開喀什的喀喇崑崙公路上，親眼目睹在第一段路程上，改造的推力最明顯可見。公路兩側淨是大規模的建築工地，上頭巨幅的廣告看板印有廣州企業的行號，同時宣傳現代奇蹟便呈現在你眼前。其中一座高級住宅，則大力宣傳奢華的體驗，搭配英式管家服務。還有一棟外觀只見人工水泥牆、興建中的購物商城，被即將在此營業的一長串知名的西方品牌團團包圍。我們後來才知道，這些開發商跟我們大約一年後在新疆烏茲別克商品展覽會見到的開發商，可能相似，甚至是同一批人。

在這趟相對長途的旅程中，我們的維吾爾族司機是較為年輕的小伙子，他還在努力在這個世界摸索出路，滿腦子想著這些興建工程可能會帶來的人口改變。這個年輕小伙子滿心憤怒，他跟到機場接我們的那名男子是親戚。根據他提供的數據，預計會有大約六十萬名漢人湧入，超越維吾爾族人口，也將改變喀什的面貌。他擔心競爭以及這其中的意含。他已經感覺到，他在自己的家園日益遭受排擠，越來越多漢人湧入，而他看到的，唯有每下愈況。不論實際數字為何，舉目望去，在這些廣告看板前的，是驢子拉著車，載著農夫及貨物進出這座城市，我們不由得感覺到，巨大的改變正快速進行中。對於從中國內陸或擁擠的南部省分搬來這裡、想要逃離貧窮的漢人，這股改變代表新的開始；對於我們的維吾爾族司機，這股改變是不祥之兆、文化消滅的象徵。

根據和我們對談的新疆中國官員的說法，這些興建計畫的最終目標沒那麼有威脅性，他們當時說（現在還是這麼說），目前政策的目標是，把中國發展比較落後的新疆地區連結到中亞鄰國——希望貿易能帶來繁榮，稍微緩和新疆省各族群間經常出現的緊張關係。這意味著要振興喀什的歷史角色，扮演起舊絲綢之路上的重要貿易中心；喀喇崑崙公路都已經開通三十五年了，能直通巴基斯坦。他們認為，發展新疆和中亞是環環相扣的計畫，不過他們的最終目標終究是維持新疆穩定。

我們繼續沿著這條公路前行，中國的鄰國變得更是清楚可見。「烏帕爾鎮」（Upal）這個小村莊位於喀什西南方約六十公里處，是一處遍地塵土的交叉路口，有水果商販和驢子貨車，名氣主要來自麻赫穆德·喀什噶里（Mahmud al-Kashgari）的陵墓，他在突厥語系世界裡，地位就如同英國的塞繆爾·詹森（Samuel Johnson, 1709-1784）。西元一〇〇五年，喀什噶里出生於喀什，他在巴格達求學，不只編纂第一本突厥語字典，還描繪了史上第一張突厥語民族居住的區域地圖。如今，他在歐寶村主幹道旁的荒僻小徑安息，他的塑像豎立在一座飽經風雨侵蝕的博物館前面。有一名神情嚴肅、低頭編織著毛線的維吾爾守衛，抬起頭來告訴我們不要拍照，所以我們也只能享受著這受到限制的滿足感。喀什噶里的陵墓在一九八〇年代翻修刷白，看守著一處廣闊的泥造公墓。崑崙山脈就在遠方，突然一陣沙塵暴，將之遮蔽，難以看清。

在離開歐寶的那條路上，觸目所及盡是荒蕪的景色，灌木叢和紅土山脈，以及附近露天開採的礦區，彰顯出這個省分蘊藏豐富的天然資源。在此景像之外，一群煤礦工人顯得格外引人注目，他們望著其中一名工人打包行囊準備離開。滿臉的煤灰讓他們看起來很是憔悴。一名身材魁梧的青海人抱怨工作環境很糟，而同時，又有來自雲南的一家子收拾好行李，準備搭公車到喀什，再前往烏魯木齊，他們希望到那裡的生活會好一點。我們的維吾爾族司機也想要離開，他曾想辦法要搬到土耳其，他告訴我們，他希望相同的種族有助於他入境土耳其。然而，他卻很難拿到護照。想方設法擺脫這絕望境地的他，問我們能不能幫幫他，他提到，之前有一些美國顧客說或許幫得上什麼忙。我們也只能委婉拒絕。

約莫在喀什到巴基斯坦邊境的中點，我們來到壯麗的喀拉庫勒湖（Lake Karakul）。湖邊有一間當地吉爾吉斯牧人的小屋，讓我們稍微躲避一下嚎嘯的狂風。我們的司機聽過傳聞，人人都知道這個地區的吉爾吉斯曾幫助主管當局抓到一群維吾爾族通緝犯，他們企圖越過圍繞這座湖的山區邊境。

沿路繼續行駛到塔什庫爾干，他告訴我們，當地的塔吉克族群也同樣的傳聞，並強調在中國的這個地區，諸多族群之間的關係到底有多緊張。這群說波斯語的塔吉克族群住在中國境內，在中國和塔吉克交界附近，但是邊界對面的同種族群卻說著不同的語言。儘管心裡擔憂，他還是帶我們去看塔吉克人所在的一處村莊，村民正聚在一起舉辦慶典，跳著有名的鷹舞。他用混雜的語言和村民溝通，含糊地解釋我們是誰，村民們則聚在我們的車子周圍喋喋交談，迫不及待想帶我們去參觀他們的村莊。

我們離邊界地區越近，司機就越緊張，這個地區有很多不同種族，使用的語言既不是漢語，也不是他的母語維吾爾語。安全問題更是明顯地令人不安，正規軍哨所引人注目地宣示著北京的統治。喀拉蘇鎮（Karasu）尤其空蕩蕩的，就坐落闊勒買口岸的中國端點，是進入塔吉克的關口。一座全新的邊關檢查站正等著啟用，建築裡的大部分設備仍包裹著塑膠膜。這裡的道路每隔一段距離，便設立一座拱形結構，上頭裝設著攝影機——據說是要追蹤沿路車輛行駛狀況，監視是否有人突然消失，或在拱型結構之間停留太久。

在達布達爾鄉（Daptar），我們的司機猶豫著要不要停下來。達布達爾鄉是帕米爾高原上的另一座村莊，位於和阿富汗接壤的中國邊區上，是最後一個有平民居住的地方。遠方山脈有一「V」形山谷，那是瓦赫吉爾山口通往瓦罕走廊、進入阿富汗的地方。當地人顯然高度警戒，一來因為地理位置的關係，二來因為與乾乾淨淨的嶄新喀喇崑崙公路相比，這條通往阿富汗邊境的公路看起來相對貧瘠。這條公路裝設了攝影機，追蹤所有非軍事車輛的行駛狀況。在附近，從公路上就看得到，山丘側坡上有斗大的石刻漢字標語：「保衛邊境；保衛國家；保衛人民。」為了讓我們停下來看看，司機唯一想得出來的辦法就是，把車停到路邊，掀開引擎蓋，假裝引擎出了問題。

而中國境內的喀喇崑崙公路在紅其拉甫口岸戛然而止，在一座小丘頂部，連接巴基斯坦境內一條像是荒廢般的小徑。邊界上豎立著白色標示碑，一座氣勢雄偉的拱門橫跨道路，上頭裝飾著中國共產黨黨徽。大約一年前造訪，有一群中國國內的觀光客，前來探索中國最遙遠的邊境，迫不及待地幫彼此拍照。一名中年婦人想隻身前去探索巴基斯坦，見見巴基斯坦人。這讓一名年輕的軍人不由得焦急了起來，他來自遙遠的中國中部湖北省，本來正在跟我們閒聊，見狀立刻丟下我們，神情激憤地命令婦人回來。未想婦人竟只是向他揮揮手，說「沒關係」，繼續快步走過邊界，好奇地獨自打探。而當她留意到巴基斯坦守衛那天沒有要離開哨所營房，便大失所望地走回中國領土。

當地人告訴我們一些傳聞，說試圖獨自越過邊界的人，大多會走到遺世孤立的山峰之間，在雪地裡迷路。在海拔超過四千公尺的邊界上，看起來可能有更多得以穿越的漏洞。遙長的山谷空無一人，通往崎嶇不平、白雪覆蓋的山脈，沒有明確的圍欄用以分隔兩國。在這段旅途，司機變得更加沉默，也明顯更加緊張，一直到我們回到塔什庫爾干，坐下來吃晚餐，他才完全冷靜下來。回到這裡，在通往巴基斯坦的一座山谷裡，我們來到一處戰略高峰，在這裡比較容易客觀思考喀喇崑崙公路的沿途旅程，沿路的諸多民族聯手修補這條路，讓這兩個親近的盟國能夠聯繫。這條路徑所聯繫在一起的這兩個國家，或許「比山高」（中國和巴基斯坦的外交官員總喜歡用「比山高」來形容兩國的密切關係），但是對於住在山谷裡的人而言，差異仍舊強烈。

中國東部與西部的差距相當大，但是日漸縮小。而新疆名副其實：地處邊疆，是往西進入中亞的門戶。中國中央政府加強發展並掌控新疆，對中亞也是一樣，不過大多是不經意地。中國的未來在西部，雖然東部沿海地區永遠都是重要地區，但是北京在麥金德的格言中領悟了真理，掌控「世界島」，便能掌控大半個世界。而且在現代的意外轉折下，這將有助於北京掌控中國的西部荒野。

＊　＊　＊

我們在二〇一二年踏上這趟旅程時，感覺新疆已比較對外開放。明顯看得出來各族群之間關係緊張，而且極度厭惡彼此，不過安全措施嚴密，儘管雜亂無章。和機場同一規格的柵欄經常被關掉或根本無法運作，安全守衛大多在玩手機，或者漠不關心地呆望遠方。我們抵達邊界後，接著進入守衛的基地，他們一邊用牙籤剔牙，一邊請我們喝茶、吃東西，我們來這裡做什麼，他們倒是不怎麼好奇。

但是，隨著時間過去，情況逐漸改變。後來每次前往新疆，我們都會發現，從北京或上海的機場出發，需要花費更久的時間。直到我們在二〇一五年與一七年造訪時，更是明顯感受到，安全措施又更嚴格了，城鎮裡的每一座清真寺或每一處維吾爾族區，都會在入口處架設大型金屬設施，入口處還有表情嚴肅、武裝齊全的漢人守衛看守警戒。裝甲運輸車部署在重要的交叉路口，並且派駐一隊武裝人員盯哨。劣質的機場柵欄消失了，取而代之的是早期的臉部辨識技術，不論到哪，都會有人搜查行李，要求出示身分證明文件。烏魯木齊彷彿一座被包圍或即將爆發衝突的城市。

結果，這只是剛開始而已。後來的獨立報導（有些造訪過新疆的中國和外國聯絡人證實屬實）指出，新疆成了警察國家，每當維吾爾族表達任何強烈的觀點，談論宗教或維吾爾族，或出言抱怨國家，就會被視為威脅。無疑，我們書寫本書初期，中國境內出現越來越多來自新疆的攻擊和威脅，但是中國對新疆地區的心態，顯然也有所改變。回頭來看，二〇一四年習近平的一次造訪，似乎是中國聚焦於新疆地區的重要轉捩點。習主席一方面心煩新疆的問題揮之不去，一方面憂心萬一阿富汗的問題擴散到新疆，不知道會發生什麼事，因此，便批准國家安全部門加強維安工作。[1]

其實，習主席的強硬路線可以追溯到更早期，二〇一三年十月天安門廣場攻擊事件爆發後，他在那一年發表的演說中，便可以找到蛛絲馬跡。[2]在那場事故中，一戶人家據說因為對於在新疆受到的待遇深感憤怒，就決定在天安門廣場對群眾發動攻擊。當時，一輛車子後頭掛著飄揚的伊斯蘭教旗幟，在廣場上的毛澤東畫像下方起火燃燒，事發後，照片流傳世界各地，令主管當局難堪不已。於是，高階官員遭到解職，中國加強關注維安。習近平的這些聲明產生了什麼影響，實在難以找到相關證據，但是回過頭來看，卻有助於我們釐清當時在北京訪問專家時，當下聽聞的想法。

從北京的觀點來看，那些動亂發生後的那幾年，中國面對維吾爾族激進分子鬧事的問題，反倒日趨嚴重。我們定期會與中國安全專家交流並開會，在會談中，我們注意到，二〇一四到一六年這段期間，他們對恐怖主義的擔憂加劇。二〇一三年在天安門廣場、二〇一四年在昆明、二〇一五年在泰國、二〇一六年在吉爾吉斯，事故頻傳，令他們憂心忡忡，認為必須有因應對策才行。二〇一六年八月，關鍵時刻到來，陳全國被任命為新疆自治區黨委書記。而陳全國不久前鎮壓西藏的歷史，在此應該好好說明清楚。陳廣為人知的事蹟是，他研發諸多手段，在中國認為有安全風險的地區施行，並滲透進家家戶戶，在整個地區布設監控網，尤其是西藏，正是在他治下時才鎮壓下來的。顯然，北京領導階層認為，陳全國有能力鎮壓任何動亂地區。

不久後，新疆受到鎮壓的傳聞逐漸出現（在這之前便時有所聞，不過陳全國掌權後，傳聞指出，鎮壓手段變得遠遠更加有系統）。而我們在北京聽到的說法是，最終目標是要在中國其他的棘手地區，全部建立起結構類似的警察省分。我們問其他人，這種鎮壓可能會持續多久，他們只是一逕地大談必須「嚴格控管」。重點是，北京認定，亂世須用重典。據說有一名被派到新疆的共產黨資深黨員說，必須「徹底消滅他們……剷根除枝」。[3] 對於當下所面對的狀況，北京自有一套見解，甚至有其他人形容得更是赤裸：「如果不根除宗教極端主義思想，」當時一份黨內備忘錄這麼記載，「暴力恐怖行動會像癌細胞一樣，繼續增生。」[4]

如果這真的是他們的看法，那麼我們之後親眼所見的手段，也就合理了。如果一個國家的目標是要把危險根除到這種程度，而且看起來手上有適用的工具，那麼動用任何必要手段，徹底消除危險疑慮，似乎也合情合理。這有一部分有助於說明，為什麼我們後來會在新疆地區目睹到如此極端的情況。北京不只想要控制恐怖分子的問題，或瓦解網路，北京想要的是根除問題，重新教育人民乖乖順從，從更根本的層面，根除分裂主義或極端主義思想，以維持黨對權力的掌控。

不過，雖然強硬的維安手段或許能夠把問題管控下來，但是長期而言，改變新疆的環境，勢在必行。不論想要「嚴格控管」多久，這種手段終究會失效。如今已經看得見裂痕了，我們偶爾會訪問來自新疆的漢人，他們總說，希望永遠不用再回新疆。而大手筆投資就是在這裡發揮作用。北京認為，繁榮才能帶來長期穩定，正因此，中亞才會被列為計畫的一環，不過顯而易見，中亞並非關注焦點。陳全國掌權後，在優先要務報告中，把維安列為主要重點，發展和一帶一路則是次要的。[5]儘管如此，邏輯沒有不同，倘若中國需要新疆繁榮起來，以維持永久穩定，那麼也必須讓廣大的鄰近地區同樣富庶與穩定。

然而，二〇一三年的暴力事件發生後，這如今成了北京次要關注的事情。當務之急是新疆的穩定，因此祭出了所謂的「嚴打」行動，以消滅敵人為目標。在中亞或許能看稍微到這股壓力迴盪，因為武警部隊擴張到中亞地區，這些部隊可是打擊新疆（還有西藏）內部衝突的前線。由於中國新疆的人民可能會跨境與中亞的網絡和團體串聯，因此中國加緊跨境合作，也有其道理。武警也會協助境外的地方維安部隊，並提升能力，成為戰力更強的夥伴，這是額外的好處。

不過長期而言，真正的關鍵始終都是經濟。因此中國冀望上合組織加強推動更有利於經濟的方向，也因此提出了絲綢之路經濟帶的願景。這些較大規模的計畫案都是一項願景的一部分，延伸到遙遠的未來，企圖改造歐亞大陸，最終協助中國達成目標。蘇聯瓦解後，中國打從與中亞五國互動之初，就一直把中亞地區當成振興經濟的機會，一開始是當成有利可圖的地方，商品出口量比較高；接著，想要借助中亞促成新疆繁榮穩定；未來，中國想要藉由控制中亞，將手伸到整個歐亞心臟地帶。

這一切對中亞可能造成的影響，就北京的觀點來看，都不是最重要的。因為重點永遠都是：

中亞發生的事對中國有何助益，其他事都是次要的。不過，由於中國地廣勢大，對鄰近地區造成的影響自然可觀，尤其是對中亞。北京的一舉一動最終取代另一個地區強權——俄羅斯。沒有美國、歐洲國家或其他可靠的國家在，中亞地區門戶大開，中國得以自由進出。北京也逐漸成為中亞的重要戰略競爭者，不論中國對於自身在中亞的角色多麼猶豫不決。而不論北京的思想家怎麼說，中國也可說是被迫接受這個角色，而且很可能隨時間更是無以迴避。

＊＊＊

中國進軍中亞，在許多方面都是伴隨發生的次要結果，中國對新疆的狹隘目標才是首要目的，不過儘管如此，還是改變了中亞地區的遊戲規則。中國進入這些市場、教育制度、安全結構等，都是由絲綢之路經濟帶主導，如此全方位的作法，讓中國得以牢牢抓住中亞地區的社會結構。此外，北京的企業、資金、部隊和設備，重新配製了中亞，等到中亞日漸被吸引向中國，便可一目了然中國對中亞產生的長期影響力。

只是，中國就是個漠然的區域強權，只顧取得經濟利益、對直接的安全威脅能夠掌控並確保邊境安全，中國看起來不太在乎中亞內部的情勢。中國持續謹遵不干預原則，中亞各國政府也大多樂於接受這樣的中國。他們可能會擔心，中國到底在他們的國家做什麼，也擔心自身依賴中國日深，卻看不到政策制定者或規畫者嚴肅看待並擔憂中國入侵一事。反之，他們卻打從心底擔憂俄羅斯對中亞的長期目標。畢竟，他們只消看看俄羅斯在喬治亞和烏克蘭做的事，就能明白俄羅斯干預可能會有什麼下場。

然而，中國的不干預原則會遇到較麻煩的狀況，那就是倘若中亞各國之間出現問題，北京有多大的意願介入，來協助解決。二〇二〇年，吉爾吉斯和塔吉克之間的關係惡化，兩國在起爭議的邊境互相開火，導致雙方都出現傷亡。而吉爾吉斯在另外一邊，也捲入哈薩克的糾紛，因為哈薩克人不滿跨境貨物詐騙一事。根據歐亞經濟聯盟，會確保邊境開放，結果吉爾吉斯竟關閉邊境。在這些情況下，問題是可以由當事國雙方自行解決，但是在吉爾吉斯和塔吉克的衝突中，無法確定兩國政府是否有能力自行解決。這些存在已久的棘手問題，可能會破壞地區貿易，一旦沒有外力介入的話，可能無法改善。此時，外國介入是有幫助的，可以鼓勵雙方進行對話，提供個別意見，協助雙方解決進退兩難的困境。

根據傳統，中亞各國可能會請莫斯科來當和事佬，但是往後可能會期待北京插手干預，畢竟是中國想在中亞興建經濟走廊，理應最在意確保中亞邊境開放和自由運輸。然而，插手干預顯然還不在中國的地緣政治規畫中，上合組織在規章裡已寫明，會員國不得干預彼此的國內事務，在各國政府試圖控管國內政治問題時，這條規定有其道理，不過，一旦牽涉到其他國家，有時外國適時提供協助，可能會對當事國有助益。無論如何，北京沒興趣當和事佬。在鄰近的阿富汗，中國曾經介入，自願擔任各方之間的對話平臺，只是中國也並沒有堅持到底，強迫他們解決歧見。反之，中國至多提供一中立平臺，讓敵對的各方會談。雖然這個角色很重要，但是可能無法實際解決任何根本的衝突，無助於和平。

其實，在整個計畫期間，根據和中亞地區的專家交流，我們始終認為，中國與阿富汗合作，能為北京帶來莫大的機會。寫作之時，阿富汗境內常年的戰爭減緩了，美國終於撤軍了。北京跟歐巴馬執政那幾年期間一樣，對此有所回應，加速合作，建設國防。而且中國這一次看起來更是充滿自信，集中火力攻擊美國在阿富汗的失敗。中國的外交辭令說得更過分，指控美國進入阿富汗，單純是為了操控阿富汗的團體，好攻擊中國。北京不想再跟美國合作，並清楚表態，華盛頓本來就應該滾出中國的後院。但是，我們並不清楚，中國是否認為必須介入，替補美國退出後可能會出現的空缺。我們在北京結識的阿富汗觀察家，相對樂觀看待塔利班重新掌權，反觀我們訪談過的地位較高的阿富汗人，對於在幕後與中國達成的協議，似乎相當滿意。目前不見任何證據指出，中國打算嘗試介入，並解決問題——中國看來比較享受單純地遊走在他人的主動行動背後，袖手旁觀事態發展。

或許是出於西方傲慢的觀點，才會認為國與國之間或國家內部的紛爭必須有外國勢力介入，但是現實有時真必須如此。有些時候，外國干預會讓情況雪上加霜；但有時，調解人是可以扮演好和平掮客的重要角色。對於二〇〇〇年代初期的阿富汗，若沒有外國干預，最糟的情況可能是，如此動盪的國家最終有可能會威脅到其他國家。

中國面對的窘境是，透過一帶一路，在越來越多地方，中國日漸成為當地利益最大且地緣政治影響力最大（或者至少是非常重要）的國家。這個事實有好有壞。有時甚至惹來和他國的衝突，卻也可能會為他國帶來利機。然而，無論如何，中國變得愈來愈重要。倘若北京為鄰國帶來往後所有的經濟機會，而且是透過與政府有關的機構來提供（諸如國家政策性銀行和國營企業），那麼不意外的話，北京總有一天也會成為當地舉足輕重的政治參與者。在某些狀況下，這讓中國可以適得其所地扮演起協調者角色，或者至少是當地局勢的重要參與者。只是，北京似乎對此興趣缺缺。中國反而寧可一副兩袖清風的樣子，持觀望的態度，看誰將站上風頭浪尖，再跟對方進行協議。倘若局勢陷入不穩或混亂，中國索性跟每個人做出協議，並拒絕在當地的參與者之間，判斷何者才是關鍵者，並做出選擇。可惜，中國可謂泱泱大國，這麼做的話，不可能不會產生任何影響。然而，這的確讓中國與各國之間的關係得以繼續下去，不受影響。埃及便是個很好的例子。在埃及，中國原本與穆巴拉克（Mubarak）總統領導的政府維持良好關係，之後，穆斯林兄弟會短暫領導政府，並由穆爾西（Morsi）擔任總統，而中國竟也能遊刃有餘地繼續和穆斯林兄弟會交好；最終，又和今日的塞西（al Sisi）政權建立實質的關係：簡直是完美地從埃及政治光譜的一端，轉移到另一端。

而對於緊鄰中國本土的中亞，北京則是和每一個在喀布爾掌權的人，以及在衝突中的所有敵對派系，一律維持合作關係。只要中國高階官員來訪，他們便會一一與當下最重要的權力掮客合影。中國持續與塔利班互動，一方面直接和塔利班聯繫，一方面透過伊斯蘭馬巴德。中亞五國國內近期未面對類似的衝突，不過就算是近來稍有動亂的吉爾吉斯，也始終與北京維持關係，不論掌權執政者為誰。

北京參與賽局的方針是，誰掌權，就支持誰，不做是非判斷，不管掌權的人有什麼盤算。中國不批評各國，無疑許多國家因此寧可選擇與中國合作，而非成天道德說教的西方——總愛要求各國改變治理及施政方式以符合西方價值準則，但是這些國家或許認為，這些西方價值根本不符合自身背景。西方會提供支援，而唯一的交換條件是，要謹守西方的行事規範。處於開發中國家的他們，怎麼也難以達到這些高標準，因此，他們自然樂見中國加入賽局。

這或許是好事，這些國家確實需要經濟和政治發展。然而，這可能也鼓勵了不良作為。北京無心理會誰掌權，單純著重誰能給中國想要的結果，這樣自然會吸引更是獨裁的領導人，同樣無視民怨，只重視結果。這也是對西方觀點的嚴正挑戰，西方向來認為，各國歷史的情節，多會朝向更民主、更開放。西方協助開發中世界時，經常預想的觀點是，藉由幫助這些國家朝向和西方相同的方向發展，他們最終自然會達到與西方國家相同的民主開放標準。有些人可能會認為，這樣的想法似乎自負傲慢，但其實這正是大多數西方思維的根基：西方民主典範優於其他一切制度，並假定，長期而言，大部分國家都想要效法西方典範。許多西方人對中國原本亦抱持這般憧憬，只是如今看到習近平權勢日增，早已拋開這樂觀態度。

中國對此提出異議的方式是，透過一帶一路，中國根據自身的經驗及其對外投資，展現出根本不需要效法西方典範的態度。北京正提供完整的機會，徹底且聚焦在協助各國發展維持國家地位所需的各種陰謀算計，不需要建立民主政府，不需要向人民保證落實民主體制，確保政府會對人民負責、施行德政。北京認為，所謂治理，是透過經濟機會、安全穩定來實現的，從中國為新疆擘畫的廣大願景，最能清楚看出這一點。要實現新疆的願景，行政透明、依法治理，絕非必要。

不過這也凸顯了中國典範的失敗之處。儘管中國投入大量資金與心力在新疆，北京仍持續面對民眾不滿的問題。雖然中國專家指出，新疆出現新的穩定局勢，不再發生攻擊事件，證明這個作法成效卓越；但是其實，中國必須繼續推動大規模再教育營，將數十萬人關押其中，由此明顯證明了新疆民眾尚未臣服。新疆最近有一些報導指出，新疆地區的警察維安程度可能會降低，主管當局認為已經解決了他們面對的絕大多數問題。只是鮮少證據指出，減少警力部署等同於減弱控制力道。反之，警察控制目前已是無孔不入，主管當局似乎只是認為，沒必要像以前那樣張揚。

一帶一路要世界思考的問題是，中國有多大的野心，企圖在其他地方打造類似的結果或典範。目前還沒有太多證據可以證明這一點，儘管有恐懼、有抱怨，目前中國想方設法強加自身目標在他國上，程度仍十分受限——無可否認，在海外的中國社群，都找得到干預的證據，但是大多是最終和中國直接相關的事務上（如香港、台灣，以及對新疆的治理，或是政治異議人士）。北京目前最常表現出的戰狼心態——來自一系列訴求強硬外交政策的電影《戰狼》，第一集描寫一名英勇的中國軍人，挺身對抗新疆的毒梟；第二集在非洲對抗西方的雇傭兵——讓中國看起來更是擅於和外人逞凶鬥狠。但是實際上，我們不確定，中國對於不致直接威脅到邊境完整性的事務，是否也採取戰狼心態。而且，值得注意的是，北京挑來尋釁的議題，多關乎國家地位及其緊鄰的邊境。

　　而中國外交官卻也就此有了獨特的定調。在中亞，中國駐哈薩克使館發動線上行動，開始在臉書與推特上，積極反駁任何他們所不認同的言論。一旦遭人指控中國網站散播假消息，攻擊哈薩克——例如，哈薩克想要「回歸」中國；新冠病毒來自美國國防部在哈薩克資助的一間生物實驗室（這個傳言來自俄羅斯外交部，中國外交部則助長散播）；或者某種肺炎正在爆發，肆虐哈薩克，比新冠病毒更加致命——中國使館無不全力駁斥，指控西方媒體散播謠言。在塔吉克，我們聽到傳言說，中國大使在杜尚別的外交部開會時，一度對一名當地基層外交官大發雷霆，要求那名外交官當即離開會議現場，全然不顧會議是在該外交官任職的辦公大樓召開。在吉爾吉斯，我們聽說，一名當地知名的中國商人遭殺害後，中國使館竟召見吉爾吉斯外交部部長前來解釋——這完全違反了外交原則，實為前所未聞。這類情事，多發生在中國表露其戰狼心態之前，由此可見，早在近來中國好勇鬥狠的文化盛行之前，中亞的中國外交官便不時展現出行事蠻橫的風格。

雖然從這些事件再再看得出來，中國日益專斷自大，卻看不出來中國有入侵或控制他國的野心。倒不如說，完全表明了中國是個極為苛刻的合作夥伴，自認為身為泱泱大國，這些本是應有的權利。一帶一路對世界帶來的挑戰是，一個新興崛起的國家，正日漸取代目前的秩序，其行事作風將挑戰民主體制的進程，而民主體制正是西方從古至今一直提倡的。中國行事未必會考量當地政治可能會產生什麼後果或結果，僅一心一意致力於自身利益。當地人民並非優先考量的重點，除非他們直接影響到中國的投資或利益，中國過去數十年都是以這種態度對待中亞，現今在一帶一路的推動下，我們更目睹到中國這樣的態度已擴及至全球。中國不再輸出馬克思主義革命，反而展現自己如何行使蠻橫的經濟力量，改變他國，並持續掌握政權。

＊＊＊

在我們書寫本書的最後階段，新冠病毒爆發，肆虐全球。新冠病毒源自中國，而爆發之際，中國與美國正陷入地緣戰略衝突，世界為之震撼。在病毒肆虐全球前不久，在二〇一九年年底，我們遊歷中亞，造訪五座都城。這趟旅行的目的並非聚焦在中國境內，不過在我們所到之處，總會在不同的議題上談及中國或相關的話題。而討論中國在中亞的作為，已不再是研究的附帶議題，而是成了核心。我們第一次出版討論這個主題的著作時，中亞地區的專家深表不耐地全然忽視我們對中國致力於中亞這件事情上的關注，並認為這不過三分鐘熱度。如今，這可是中亞地區的核心話題呢。中亞的生活在許多方面上，都明確牽扯到中國的利益，中國的影響力無所不在，而且明顯易見。中國不再是未來的遙遠國家，時至今日，業已是日漸雄霸一方的玩家。

在這樣的背景下，觀察中亞地區如何討論新冠病毒，著實耐人尋味。其中最引人注目的，莫過於時間軸。一直到二〇二〇年三月，中亞才開始報導出現病例，承認出現病例的三個國家（哈薩克、吉爾吉斯、烏茲別克），都在大約相同的時間點，並且指控首批新冠肺炎病患來自歐洲或沙烏地阿拉伯。事實上，在此之前的兩個月期間，中亞地區便有謠言指出，染疫的中國人把病帶進中亞地區。自遠處觀之，我們目睹社群媒體和當地資訊平台紛紛揭露消息，中國人在市場遭到驅趕，或被攆下火車，人民普遍害怕中國的疾病帶原者。

當地的熟人也提到，有人生病，而醫院擠滿病患。直到二〇二〇年四月中旬，塔吉克才正式承認出現病例（完成本書之際，土庫曼尚未承認出現病例，不過自二〇二〇年二月起，異議媒體平臺就不斷傳出流言），報導指出，中國工人憂心政府處理新冠肺炎的作法，開始出現暴動的跡象，並要求被遣送回中國。但有趣的是，一月和二月期間，當地主管當局曾拒絕承認有任何病例，反而還送救援物資到中國。

而他們一坦承新冠肺炎在國內傳開，形勢立刻完全改變。不久後，來自中國的救援物資紛紛湧入，中國各個地區不斷提供資金、醫生、個人防護裝備等。投資中亞各國的中國企業開始透過當地使館，轉交支票及醫療裝備。人民解放軍送了好幾架飛機的救援物資給友軍，在比什凱克的當地使館援助吉爾吉斯邊境防衛隊（Kyrgyz Border Guard Service），提供保護裝備。馬雲公益基金會也送來好幾架飛機的救援物資到各國，只除了土庫曼。

中國醫生前往各國，根據自身管控新冠病毒的經驗，提供訓練，舉辦網路研討會以及線上看診，讓中亞人能夠向中國醫生直接提問。在苦盞，孔子學院的職員主動與中國的同僚合作，翻譯說明如何控制病毒傳播的手冊。在塔什干，當地使館的公安部代表彙整中國的資料及經驗，與對口單位分享，試圖在塔什干管控隔離。這些事有些在本書前面談論過了，之所以在此又重提，是要強調中國的「醫療」或「口罩」外交有多麼面面俱到。

不過，從許多方面來看，最有趣的莫過於上合組織所扮演的角色，竟逐漸從新冠病毒的餘燼中展現。我們在前面的章節提過，新冠肺炎肆虐期間，新任上合組織祕書長弗拉迪米爾．諾羅夫顯然認為這是絕佳的機會，有助於中國企業全力為中亞地區提供e化產品。上合組織與阿里巴巴密切合作，共同在中亞各地舉辦醫師研討會；偉東雲教育則協助受困在家裡的中亞兒童，在隔離期間繼續進行遠端學習。同時，諾羅夫似乎投入大量時間，推動中國和說俄羅斯語的上合組織會員國，進一步建立電商關係。開設青島上合組織示範區（二〇二〇年年底，中國科技與電子商務企業入駐，在示範區開發計畫案），凸顯了這層連結關係的另一層實質面向。

時間回到二〇一九年中旬，時值國際房地產及財經博覽會（SMART EXPO-2019）期間，阿里巴巴創辦人馬雲和祕書長諾羅夫在重慶會面。這次會面時，他誇談自己的公司在接下來幾年，將在上合組織地區內，創造數億個新工作，幫助大約一千萬家新企業。雖然馬雲當時未提及明確的地點（當然，此時上合組織已經觸及幾乎全球半數人口），緊接著，上合組織和阿里巴巴之間的聯繫及活動激增，由此看得出來，馬雲確實積極支持。根據紀錄，隔年阿里巴巴的高階主管多次拜訪北京的祕書處，上合組織也召開諸多會議，致力於討論阿里巴巴的電子支付和電子商務平臺如何妥善運用在整個上合組織地區。

而祕書長諾羅夫似乎已經決定要更上一層樓，他跟中國其他知名的線上供應商建立關係，如京東集團或求實科技集團（Qiushi Technology）。其總目標看來是要把上合組織穩定地朝加強電子商務的方向推動，最終實現北京長久以來冀望上合組織達成的目標。

新冠肺炎肆虐期間，事實證明，對中亞人而言，俄羅斯根本是失敗至極的夥伴，竟把大批移工遣送回本國，嚴重傷害中亞經濟，因為這些前往俄羅斯工作的人匯回本國的現金，對恢復中亞經濟至關重要。俄羅斯只顧著自救，完全罔顧中亞。又過了一段時間，情況有所好轉，但是同樣也是這段期間，中國和上合組織始終樂於提供援助，並利用這次機會和這些地方經濟體及社會建立起更深的連結。

中國的目標或許仍主要是商業營利，但是最終結果卻是把中亞各國跟中國更加緊密地綁在一起。雖然很難察覺出來，這些電子商務到底對新疆有何益處，但是中國認為，在中亞地區打造更為繁榮穩定的環境，長期而言對新疆絕對是有益無害。至今尚未提到的是，中國企業正在中亞地區取得管道，進行潛在的資料探勘（data mine）。雖然目前沒有證據指出，中國打算惡意使用這些數據，但是這些技術連結讓中國企業能夠史無前例地使用並了解中亞地區的數據。撰寫本書之際，擔憂中國技術一直是新聞界最熱門的議題，所有人無不極端偏執又恐懼。確實，在毫無監督措施的情況下，濫用隱私數據是一大問題，而且已經在西方造成巨大傷害。在全球遭受新冠病毒肆虐之際，中國對中亞大舉進行數位與技術投資，意味著這些遭到新冠病毒襲擊的中亞各國經濟體，自是會分外把握任何有建設性的經濟機會。

長期而言，疫情所造成的全面影響將到什麼程度，仍有待觀察；但是就短期和中期而言，疫情顯然強化了中國在中亞的勢力範圍。中國已經展開長征，經歷了幾次跋涉，目標是在中亞地區打響名聲，從最新一波推進或許可以稍微窺見，中國在全球的勢力範圍，最終將呈現何種樣貌。

中國在中亞不經意建立起來的帝國，將具有地緣政治重要性，畢竟西方對這世界上最重要的地理區域之一仍具有影響力。倘若華盛頓（廣義而言還包括盟國）的對中政策仍只專注於所謂的印度太平洋地區，不僅將輕忽中國在全球更全面的布局，可能不久後甚至會發現，在歐亞大陸越來越多地方，跟中亞各國及其他國家培養關係變得困難許多。從比較廣泛的角度來看上合組織和中國一帶一路的成長，我們發現，多數時候，中亞更像是中國活動的試驗場，供日後中國在世界其他地區發展時的參考。中國或許無意在中亞建立帝國，卻是唯一在此長期且全面積極經營的國家。如果沒有其他國家加入，那麼中國封鎖中亞，排擠他國，將不只是不經意的結果，更是必然的後果。

注釋

引言

1. Xi Jinping, “Promote Friendship Between Our People and Work Together to Build a Bright Future,” Speech by H.E. Xi Jinping, President of the People’s Republic of China at Nazarbayev University, Astana, *Foreign Ministry of People’s Republic of China*, September 7, 2013 https://www. fmprc.gov.cn/mfa_eng/wjdt_665385/zyjh_665391/t1078088.shtml
2. Xi Jinping, “Speech by President Xi Jinping to Indonesian Parliament,” *ASEAN-China Centre*, October 3, 2013 http://www. asean-china-center. org/english/2013-10/03/c_133062675.htm
3. 「一帶一路」（Belt and Road Initiative, BRI）的英文名稱經過多次更改。關於為何會如此的論文已經有很多——我們認為最重要的是，其中文名稱始終保持不變，反映了北京堅定不移的想法。
4. Barack Obama, “Remarks by President Barack Obama at Suntory Hall,” *Obama White House Archives*, November 14, 2009 https://obamawhitehouse.archives.gov/the-press-office/remarks-president-barack-obama-suntory-hall
5. Barack Obama, “Statement by the President on the Signing of the Trans-Pacific Partnership,” *Obama White House Archives*, February 3, 2016 https://obamawhitehouse.archives.gov/the-press-office/2016/02/03/statement-president-signing-trans-pacific-partnership
6. “Grassley, Senators Express Concerns Over China’s ‘Debt Trap’ Diplomacy With Developing Countries,” *Chuck Grassley*

Senate Website, August 10, 2018 https://www.grassley.senate.gov/news/news-releases/grassley-senators-express-concerns-over-china-s-debt-trap-diplomacy-developing

7. "A Conversation with Ambassador Alice Wells on the China-Pakistan Economic Corridor," *Wilson Center*, November 21, 2019 https://www. wilsoncenter.org/event/conversation-ambassador-alice-wells-the-china-pakistan-economic-corridor

8. RFE/RL, "Pompeo Urges Kazakhstan to Press China Over Xinjiang Crackdown," *VOA News*, February 2, 2020 https://www. voanews. com/a/south-central-asia_pompeo-urges-kazakhstan-press-china-over-xinjiang-crackdown/6183571.html

9. 英國地理學家、學者、政治家、地緣政治學和地緣戰略學的奠基人哈爾福德・麥金德爵士（Sir Halford Mackinder）提出了「心臟地帶理論」：誰控制了東歐，誰就控制了從窩瓦河到長江的心臟地帶，以及從喜馬拉雅山到北極——反過來，誰控制了心臟地帶，誰就控制了世界島，即橫跨大西洋和太平洋之間的陸地，從而控制了世界。

美國馬漢將軍在十九世紀的做法強調了海上實力的重要性：美國需要加強海上貿易的控制，以保護其經濟利益。馬漢的理論是，海上力量是英國崛起成為世界強國主要原因，但他忽視了外交和陸上的軍力。它也無法解釋陸地帝國的崛起，例如俾斯麥的德國或俄羅斯帝國。

10. Liu Xiaoming, "New Silk Road is an opportunity not a threat," *Financial Times*, May 24, 2015 https://www.ft.com/content/c8f58a7c-ffd6-11e4-bc30-00144feabdc0

11. 「這是沒有英國講者在場時會發生的情況，」當我們對這個命名暗笑時，一位俄羅斯官員這樣對我們說。

12. Wang Jisi (王緝思), "'西進', 中國地緣戰略的再平衡," ("Going West": China's Rebalancing Strategy), 環球時報 *(Global Times)*, October 17, 2012 https://opinion.huanqiu.com/article/9CaKrnJxoLS

13. Yu Hongjun (于洪君), "阿富汗：名不虛傳的帝國墳場," (Afghanistan: Deservedly Called a Graveyard of Empires), 察哈爾評論 *(Charhar Review)*, March 6, 2020 http://www.charhar.org.cn/newsinfo.aspx?newsid=15791

14. 關於這個概念的討論，見Alexandros Petersen的第一本書, *The World Island: Eurasian Geopolitics and the Fate of the West* (Praeger, 2011)。

第一章

1. *Records of the Grand Historian: Han Dynasty I*, translated by Burton Watson (Columbia University, rev. edn, 1993).
2. Christopher I. Beckwith, *Empires of the Silk Road: A History of Central Eurasia from the Bronze Age to the Present* (Princeton University Press, 2009).
3. *Records of the Grand Historian: Han Dynasty I*, translated by Burton Watson (Columbia University, rev. edn, 1993).
4. Shouyi Bai et al., *A History of Chinese Muslims* (Zhonghua Books, 2003).
5. Wan Lei, "The First Chinese Travel Record on the Arab World: Commercial and Diplomatic Communications during the Islamic Golden Age," Qiraat (King Faisal Center for Research and Islamic Studies, December 2016) https://kfcris.com/pdf/c2508c385dd7671ac18676b7178a955a58e09505 b194a.pdf
6. Wilhelm Baum, *The Church of the East: A Concise History* (Routledge, 2010).
7. Shouyi Bai et al., *A History of Chinese Muslims* (Zhonghua Books, 2003).
8. Shouyi Bai et al., *A History of Chinese Muslims* (Zhonghua Books, 2003).
9. Hasan H. Karrar, *The New Silk Road Diplomacy: China's Central Asian Foreign Policy since the Cold War* (UBC Press, 2009).
10. Svat Soucek, *A History of Inner Asia* (Cambridge University Press, 2000).
11. Sven Hedin, *My Life as an Explorer* (Kodansha, 1996).
12. Owen Lattimore, *Frontier History* (Oxford University Press, 1962).
13. 本書一般使用「俄羅斯」而非「蘇聯」以較確切地反應一九九一年之前，莫斯科殖民式控制中亞的事實。

第二章

1. Wen Jiabao, "Chinese Premier Wen Jiabao's speech at opening session of second China-Eurasia Expo," *Ministry of Commerce of People's Republic of China*, September 3, 2012 http://english.mofcom.gov.cn/article/newsrelease/significantne

ws/201209/20120908320465.shtml

2. 這段總結了此地區一段豐富的歷史。對細節有興趣的讀者，可參見David Brophy的*Uyghur Nation* (Harvard University Press, 2016) or Justin Jacobs' *Xinjiang and the Modern Chinese State* (University of Washington Press, 2017)，也有其他優秀的文本。
3. Hasan H. Karrar, *The New Silk Road Diplomacy: China's Central Asian Foreign Policy since the Cold War* (UBC Press, 2009), p. 36.
4. Dr Yajun Bao, "The Xinjiang Production and Construction Corps: An Insider's Perspective," *Blavatnik School of Government Working Paper Series*, January 2018 https://www.bsg.ox.ac.uk/sites/default/files/2018-05/BSG-WP-2018-023.pdf
5. Wiens, Herold, "Cultivation Development and Expansion in China's Colonial Realm in Central Asia," *Journal of Asian Studies* 26 (1966), p. 1. http://english.mofcom.gov.cn/article/newsrelease/significantnews/201209/20120908320465.shtml
6. Cheng Li, "Hu's Followers: Provincial Leaders with Backgrounds in the Youth League," *China Leadership Monitor*, No. 3, Summer 2002, https://www.hoover.org/research/hus-followers-provincial-leaders-background-communist-youth-league
7. Michael Wines, "A Strongman is China's Rock in Ethnic Strife," *New York Times*, July 10, 2009 https://www.nytimes.com/2009/07/11/world/asia/11xinjiang.html
8. David Holley, "An Islamic Challenge to China: Officials fear the spread of fundamentalism in the westernmost region. They toughen controls on religious life and suppress secessionist activities," *Los Angeles Times*, November 12, 1990 https://www.latimes.com/archives/la-xpm-1990-11-12-mn-3265-story.html
9. Patrick E. Tyler, "Ethnic Muslims Boil Over in Riots and Bombings," *New York Times*, February 28, 1997 https://www.nytimes.com/1997/02/28/world/in-china-s-far-west-tensions-with-ethnic-muslims-boil-over-in-riots-and-bombings.html
10. Xinhua, "Chinese central government to step up support for Xinjiang: senior leader," *People's Daily*, March 31, 2010 http://en.people. cn/90001/90776/90785/6935452.html

11. 作者採訪，上海，二〇一二。
12. 作者採訪，烏魯木齊，二〇一三。
13. Jenni Marsh, "My life: Josh Summers," *South China Morning Post*, June 8, 2014 https://www.scmp.com/magazines/post-magazine/article/1525810/my-life-josh-summers
14. 事實上，一份二〇一五針對整個伊犁州的人口普查顯示，漢人才是最大多數（41.2%），哈薩克人次之（26.8%），維吾爾人第三（17.45%），http://www.xjtj.gov.cn/sjcx/tjnj_3415/2016xjtjnj/rkjy/201707/t20170714_539450.html。
15. Joey Wang, "Shanghai-Volkswagen Starts Work on New Factory in Xinjiang, China," *Car News China*, May 29, 2012.
16. Vicky Xiuzhong Xu, Danielle Cave, Dr. James Liebold, Kelsey Munro, and Nathan Riser, "Uyghurs for sale," *Australian Strategic Policy Institute International Cyber Policy Centre Report*, March 1, 2020 https://www.aspi. org.au/report/uyghurs-sale
17. "Chinese contractor cleared to start next phase of ￡700m Middlewood Locks," *The Construction Index*, September 29, 2021 https://www. theconstructionindex.co.uk/news/view/chinese-contractor-cleared-to-start-next-phase-of-700m-middlewood-locks
18. Vicky Xiuzhong Xu, Danielle Cave, Dr. James Liebold, Kelsey Munro, and Nathan Riser, "Uyghurs for sale," *Australian Strategic Policy Institute International Cyber Policy Centre Report*, March 1, 2020 https://www.aspi. org.au/report/uyghurs-sale
19. "Chinese city bans, destroys matches to fight terror," *Reuters*, July 15, 2014 https://www.reuters.com/article/us-china-xinjiang/chinese-city-bans-destroys-matches-to-fight-terror-idUSKBN0FK0RN20140715
20. Sophie Beach, "In Xinjiang, Household Knives must be ID'd," *China Digital Times*, October 10, 2017 https://chinadigitaltimes.net/2017/10/xinjiang-household-knives-must-ided/
21. Chris Buckley and Austin Ramzy, "China Is Erasing Mosques and Precious Shrines in Xinjiang," *New York Times*, September 25, 2020 https://www.nytimes.com/interactive/2020/09/25/world/asia/xinjiang-china-religious-site.html
22. Adrian Zenz and James Leibold, "Xinjiang's Rapidly Evolving Security State," *China Brief*, March 14, 2017 https://jamestown.org/program/xinjiangs-rapidly-evolving-security-state/

23. "Xinjiang Introduces 'Convenience Police Stations' to Closely Monitor Uyghurs," *Radio Free Asia*, 2017 https://www.rfa.org/english/news/special/uyghur-oppression/ChenPolicy1.html
24. 令人困惑的是，哈薩克的首都近年歷經多次改名。一九九八至二〇一九年（這本書著手研究的大部分時間），這座城市被稱為阿斯塔納。然後在二〇一九年三月，一次眾人意見一致的投票，將這座城市改名為努爾蘇丹，以紀念其領導人Nursultan Nazarbayev。在阿斯塔納之前，這座稱市名為阿克莫拉（Akmola）。
25. Adrian Zenz, "Sterilizations, IUDs, and Mandatory Birth Control," *Jamestown Foundation*, June 2020 https://jamestown.org/press-releases/sterilizations-iuds-and-mandatory-birth-control-the-ccps-campaign-to-suppress-uyghur-birthrates-in-xinjiang/

第二章

1. 作者採訪，二〇二二年八月、十一月、十二月。
2. China Daily, "China, Kazakhstan Discuss Cross-Border Gas Pipeline," *China.org*, August 25, 2004 http://www.china.org.cn/english/BAT/105031.htm
3. Guy Chazan, "Turkmenistan Gas Field is One of the World's Largest," *Wall Street Journal*, October 16, 2008 https://www.wsj.com/articles/SB122409510811337137
4. Song Yen Ling, "Fourth link of Central Asia-China gas pipeline to start construction this year," *S&P Global, Platts*, March 10, 2014 https://www. spglobal.com/platts/en/market-insights/latest-news/natural-gas/031014-fourth-link-of-central-asia-china-gas-pipeline-to-start-con struc tion-this-year
5. 作者採訪，二〇二二年八月、十一月。
6. Alexandros Petersen, "Did China just win the Caspian Gas War?," *Foreign Policy*, July 7, 2010 https://foreignpolicy.com/2010/07/07/did-china-just-win-the-caspian-gas-war/
7. 作者採訪，阿克多比，阿斯塔納，二〇二二年五月。

8. 作者採訪，二〇一三年二月。
9. Wu Jiao, "Deal signed to expand Sino-Kazakh oil pipeline," *China Daily*, April 7, 2013 https://www.chinadaily.com.cn/china/2013-04/07/content_16379084.htm
10. Xinhua, "China-Kazakhstan oil pipeline transports 10.88 mln tonnes in 2019," *Hellenic Shipping News*, January 10, 2020 https://www. hellenicshippingnews.com/china-kazakhstan-oil-pipeline-transports-10-88-mln-tonnes-in-2019/
11. Alexandros Petersen, "Afghanistan has what China wants," *South Asia Channel, Foreign Policy*, April 18, 2013 https://foreignpolicy.com/2013/4/18/afghanistan-has-what-china-wants/
12. Alexandros Petersen, "China's Strategy in Afghanistan," *The Atlantic*, May 21, 2013 https://www.theatlantic.com/china/archive/2013/05/chinas-strategy-in-afghanistan/276052/
13. Erica Downs, "China Buys into Afghanistan," *SAIS Review*, Vol. XXXIII, No. 2 (Summer-Fall 2012) https://www.brookings.edu/wp-content/uploads/2016/06/China-Buys-into-Afghanistan-Erica-Downs.pdf
14. Ayrizek Imanaliyeva, "Kyrgyzstan: Living in the shadow of a sleeping Chinese oil refinery," *Eurasianet*, October 22, 2020 https://eurasianet. org/kyrgyzstan-living-in-the-shadow-of-a-sleeping-chinese-oil-refinery
15. 作者採訪，二〇一三年四月。
16. Ayrizek Imanaliyeva, "Kyrgyzstan: Living in the shadow of a sleeping Chinese oil refinery," *Eurasianet*, October 22, 2020 https://eurasianet. org/kyrgyzstan-living-in-the-shadow-of-a-sleeping-chinese-oil-refinery
17. 作者採訪，比什凱克，二〇一三年。
18. "Chinese-funded project gives Kyrgyzstan its first independent power transmission line," *Asia News*, August 28, 2015 http://www.asianews.it/news-en/Chinese-funded-project-gives-Kyrgyzstan-its-first-independent-power-transmission-line-35168.html
19. Catherine Putz, "China-Kazakhstan Copper Mine Brawl: Food for Thought?," *The Diplomat*, July 14, 2015 https://thediplomat.com/2015/07/china-kazakhstan-copper-mine-brawl-food-for-thought/

20. RFE/RL Tajik Service, "Tajik Police Use Firearms to Disperse Rare Protest by Chinese Workers," *Radio Free Europe/Radio Liberty*, May 22, 2020 https://www.rferl.org/a/tajik-police-use-firearms-to-disperse-rare-protest-by-chinese-workers/30627748.html
21. Dirk van der Kley, "Chinese Companies' Localization in Kyrgyzstan and Tajikistan," *Problems of Post-Communism* , vol. 67, 2020, Issue 3 (published online June 2, 2020) https://www.tandfonline.com/doi/full/10.1080/10758216.2020.1755314
22. Marlene Laruelle and Sebastien Peyrouse, *The Chinese Question in Central Asia: Domestic Order, Social Change, and the Chinese Factor* (Hurst, December 2012).
23. "Tajikistan cedes land to China," *BBC News*, January 13, 2011 https://www.bbc.com/news/world-asia-pacific-12180567
24. Rayhan Demytrie, "Kazakhs protest against China farmland lease," *BBC News*, January 30, 2010 http://news.bbc.co.uk/2/hi/asia-pacific/8489024.stm
25. Mark Vinson, "Tajikistan to Lease 6,000 Hectares of Land to China," *Eurasia Daily Monitor*, vol. 9, Issue 30, February 13, 2012 https://jamestown.org/program/tajikistan-to-lease-6000-hectares-of-land-to-china/

第四章

1. 關於名稱的簡要說明。「一帶一路」這個術語彙集了習主席兩次發表的主要外交政策願景講話。二〇一三年九月，他在阿斯塔納提出了「絲綢之路經濟帶」，一個月後在雅加達提出了「二十一世紀海上絲綢之路」。這兩個詞被統稱為「一帶一路」，儘管這個詞在塵埃落定成這個短句之前，經歷了幾次更迭。最初，它被稱為「One belt, One Road」（這是中文「一帶一路」較忠實的翻譯），但在英語中，這被認為過於限縮。值得注意的是，中文版本始終沒有變過。
2. See, for example, Yun Sun's "March West: China's Response to the U.S. Rebalancing", January 31, 2013 https://www.brookings.edu/blog/up-front/2013/01/31/march-west-chinas-response-to-the-u-s-rebalancing/
3. Liu Xiaoming, "New Silk Road is an opportunity not a threat," *Financial Times*, May 24, 2015 https://www.ft.com/content/

c8f58a7c-ffd6-11e4-bc30-00144feabdc0

4. William H. McNeill, *Plagues and Peoples* (Anchor Books, 1989).
5. Marlene Laruelle and Sebastien Peyrouse, *The Chinese Question in Central Asia: Domestic Order, Social Change, and the Chinese Factor* (Hurst, December 2012).
6. Raffaello Pantucci and Li Lifan, “Decision time for Central Asia: Russia or China?,” *Open Democracy*, January 24, 2013 https://www. opendemocracy.net/en/odr/decision-time-for-central-asia-russia-or-china/
7. Data from Observatory of Economic Complexity (World Bank). https://oec.world/
8. Data from Observatory of Economic Complexity (World Bank). https://oec.world/
9. 作者採訪，比什凱克，二〇一三。
10. Kijin Kim and Paul Mariano, “Trade Impact of Reducing Time and Costs at Borders in the Central Asia Regional Economic Cooperation Region,” *ADBI Working Paper Series*, No. 1106, March 2020 https://www.adb.org/sites/default/files/publication/575606/adbi-wp1106.pdf
11. Catherine Putz, “A New Slowdown at the Kazakh-Kyrgyz Border,” *The Diplomat*, April 8, 2019 https://thediplomat.com/2019/04/a-new-slowdown-at-the-kazakh-kyrgyz-border/
12. “A quick guide to SCO’s interconnectivity,” *CGTN*, June 7, 2018 https://news.cgtn.com/news/3d3d514f3159544f77457a6333566d54/share_p.html
13. 作者採訪，吉爾吉斯斯坦，二〇一九。

第五章

1. 作者採訪，北京，二〇一三年六月。
2. Joseph S. Nye, “Soft Power,” *Foreign Policy* 80 (Autumn 1990), pp. 153–71.

3. 二〇二〇年，反映了全球對孔子學院的抵制，中國國家漢辦被廢棄，後來成立了中國國際教育基金會來管理孔子學院。國家漢辦網站也因此被廢棄。這段話來自舊網站的介紹頁面，仍然可以透過網絡檔案找到：http://web.archive.org/web/20200118050700/http://english.hanban.org/node_7719.htm。
4. 在我們的研究過程中，多次聽說納倫（Naryn）有一間孔子學院分支機構；但我們無法得到孔子學院工作人員的確認，無法前往參觀，也無法在國家漢辦網站上找到太多證據。
5. "Chinese Universities Compile the First New Crown Prevention Manual for Tajikistan," *news.sciencenet.cn*, April 15, 2020.
6. Raffaello Pantucci and Alexandros Petersen, "Beijing Lays the Groundwork in Tajikistan: A View from the Ground," *China Brief*, vol.12, Issue 11, May 25, 2012 https://jamestown.org/program/beijing-lays-the-groundwork-in-tajikistan-a-view-from-the-ground/
7. "Chinese aid to Kyrgyzstan bus handover ceremony was held in Bishkek," *YaXing Press Release*, September 3, 2009 (original link dead, webarchive retained the release: http://web.archive.org/web/20101017203542/http://www.yaxingkeche.com.cn:80/en/News.aspx?i d=9e5e7e19-76cc-47e5-8e8b-7d16ab378210)
8. "China to provide $14.3 million to Kyrgyzstan for implementation of specific projects," AKIpress News Agency (Kyrgyzstan), June 20, 2011
9. "Chinese Red Cross Society Allocates Humanitarian Aid to Kyrgyzstan in Sum of $200,000," AKIpress News Agency (Kyrgyzstan), Tuesday, April 16, 2013.
10. Interview: "Kyrgyzstan-China Agricultural Cooperation Flourishing: Minister," *Xinhua General News Service*, Monday 9:47a.m. (EST), May 30, 2016.
11. http://www.cablegatesearch.net/cable.php?id=10BISHKEK56
12. 作者採訪，奧什，二〇一四。
13. Tatiana C. Gfoeller, "Chinese soft power in Kyrgyzstan," *US State Department Diplomatic Cable*, January 22, 2010 released by

Wikileaks: https://wikileaks.org/plusd/cables/10BISHKEK56_a.html

14. Dirk van der Kley, "Chinese Companies' Localization in Kyrgyzstan and Tajikistan," *Problems of Post-Communism*, vol. 67, 2020, Issue 3 (published online June 2, 2020) https://www.tandfonline.com/doi/full/10.1080/10758216.2020.1755314
15. "Uyghurs," *World Directory of Minorities and Indigenous Peoples,* Minority Rights Group International, June 2015 https://minorityrights.org/minorities/uyghurs-2/
16. 作者採訪，阿斯塔納，二〇一二。
17. Marlene Laruelle, Gerard Toal, John O'Loughlin, and Kristin M. Bakke, "Kazakhs are wary of neighbours bearing gifts," *Open Democracy*, April 30, 2020 https://www.opendemocracy.net/en/odr/kazakhs-are-wary-neighbours-bearing-gifts/
18. Brian Spegele and Lukas I. Alpert, "Jennifer Lopez Turkmenistan Gig Shines Light on Chinese Oil Firm," *Wall Street Journal*, July 1, 2013 https://www.wsj.com/articles/SB10001424127887324251504578579484286462430
19. "Xi Jinping and President Emomali Rahmon of Tajikistan jointly attend the groundbreaking ceremony of China-Tajikistan electricity and China-Central Asia natural gas pipeline cooperative projects stressing to carry forward the spirit of the Silk Road, construct the monument of friendship and build the bond of cooperation," *Foreign Ministry of People's Republic of China*, September 14, 2014 https://www.fmprc.gov.cn/mfa_eng/topics_665678/zjpcxshzzcygyslshdsschybdtjkstmedfsllkydjxgsfw/t1191503.shtml
20. "Confucius Institute," the introduction is no longer available on the University website, but can be found through the WayBack Machine, http://web.archive.org/web/20200814230723/http://cie.upc.edu.cn/admission_en/About_Us/Confucius_Institute.htm
21. Joseph S. Nye, "Soft Power," *Foreign Policy* 80 (Autumn 1990), pp. 153–71.
22. 作者採訪，塔什干，二〇一一。

第六章

1. "Shanghai Cooperation Organisation: A Vehicle for Human Rights Violations," *FIDH*, September 3, 2012 https://www.fidh.org/IMG/pdf/sco_report.pdf
2. "Shanghai Cooperation Organisation: A Vehicle for Human Rights Violations," *FIDH*, September 3, 2012 https://www.fidh.org/IMG/pdf/sco_report.pdf
3. Peter Brookes, "Club for Dictators: An ugly agenda for Asia," *Commentary, Heritage Foundation*, June 12, 2006 https://www.heritage.org/defense/commentary/club-dictators-ugly-agenda-asia
4. Alexander Cooley, "The League of Authoritarian Gentlemen," *Foreign Policy*, January 30, 2013 https://foreignpolicy.com/2013/01/30/the-league-of-authoritarian-gentlemen/
5. "Kazakhstan proposes to establish cyber-police within SCO," *Intellinews*, April 25, 2012.
6. Xinhua, "Chinese Premier addresses Uzbekistan Parliament," *Xinhua*, April 19, 1994.
7. RFE/RL, "Russia, China, Kazakhstan, Kyrgyzstan and Tajikistan Sign Treaty," *Radio Free Europe/Radio Liberty*, April 9, 1996 https://www.rferl. org/a/1080434.html
8. "Li Peng Meets Participants of International Symposium," *Xinhua*, *FBIS-CHI*, May 9, 1996, p. 1.
9. "Declaration on the establishment of the Shanghai Cooperation Organization," *Xinhua*, May 28, 2003 http://www.chinadaily.com.cn/en/doc/2003-05/28/content_239254.htm
10. Melissa Akin, "Shanghai Give Lure Yeltsin to Bishkek," *Moscow Times*, August 24, 1999.
11. Aleksandr Chudodeyev, "Boris Yeltsin Rehearses 'Primakov U-Turn' and is ready to do battle with 'Westerners'," *Current Digest of the Post-Soviet Press*, No. 34, vol. 51, September 22, 1999 https://dlib.eastview.com/browse/doc/19928150
12. Author interview, Shanghai, 2012.
13. Bates Gill, "Shanghai Give: An Attempt to Counter US Influence in Asia?," *Brookings Institute*, May 4, 2001 https://www.

brookings.edu/opinions/shanghai-five-an-attempt-to-counter-u-s-influence-in-asia/

14. Yury Sigov and Sergei Guly, "The Five Diluted by the Addition of Islam Karimov," *Current Digest of the Post-Soviet Press* , No. 24, vol. 53, July 11, 2001 https://dlib.eastview.com/browse/doc/19930649
15. "Commentary: 'Shanghai Spirit' – New Banner of International Cooperation," *People's Daily*, June 15, 2001 http://en.people.cn/english/200106/15/eng20010615_72746.html
16. "Commentary: 'Shanghai Spirit' – New Banner of International Cooperation," *People's Daily*, June 15, 2001 http://en.people.cn/english/200106/15/eng20010615_72746.html
17. "Shanghai Summit Concludes with 'Moscow Nights'," *Current Digest of the Post-Soviet Press*, No. 24, vol. 53, July 11, 2001 https://dlib.eastview. com/browse/doc/19930546
18. Zhao Huasheng, "The Shanghai Cooperation Organization at 5: Achievements and the Challenges Ahead," *The China and Eurasia Forum Quarterly* 4/3 (2006), pp. 105–23.
19. 作者採訪，倫敦，二〇〇九。
20. "Third SCO Summit Meeting Held in Moscow," *Foreign Ministry of the People's Republic of China*, May 30, 2003 https://www.fmprc.gov.cn/mfa_eng/topics_665678/hjtcf_665940/t23117.shtml
21. 作者採訪，上海，二〇一三。
22. "Billions involved in new projects in China-SCO demonstration zone," *Xinhua*, November 20, 2020 http://www.xinhuanet.com/english/2020-11/20/c_139531322.htm
23. 作者採訪，北京，二〇一二。
24. 作者採訪，上海，二〇一二。
25. 作者採訪，北京，二〇一一。
26. 作者採訪，烏魯木齊，二〇一二。

27. 作者採訪，北京與上海，二〇一二。
28. 作者採訪，北京，二〇一三。
29. 作者採訪，上海，二〇一二。
30. “China, Kyrgyzstan Pledge Cooperation in Fighting ‘Three Evil Forces,’” *Xinhua*, May 20, 2014.

第七章

1. Thomas Nilsen, “78-years old former Russian navy captain, now professor on Arctic, accused of working for Chinese intelligence,” *Barents Observer*, June 15, 2020 https://thebarentsobserver.com/en/2020/06/78-years-old-former-russian-navy-captain-now-professor-arctic-accused-working-china
2. Thomas Grove, “A Spy Case Exposes China’s Power Play in Central Asia,” *Wall Street Journal*, July 10, 2019 https://www.wsj.com/articles/a-spy-case-exposes-chinas-power-play-in-central-asia-11562756782
3. RFE/RL Kazakh Service, “Kazakh Sinologist Jailed for Treason, Stripped of Citizenship,” *Radio Free Europe/Radio Liberty*, October 15, 2019 https://www.rferl.org/a/kazakh-sinologist-jailed-for-treason-stripped-of-citizenship/30217549.html
4. Kyrgyz visit to National Institute for Strategic Studies (NISS), Ministry of Economy, Ministry of Foreign Affairs, 2011.
5. Reuters, “China to build outposts for Tajik guards on Tajikistan-Afghanistan border,” *South China Morning Post*, September 26, 2016 https://www.scmp.com/news/china/diplomacy-defence/article/2022718/china-build-outposts-tajik-guards-tajikistan
6. “Rivals for Authority in Tajikistan’s Gorno-Badakhshan,” *Crisis Group Briefing No. 87*, March 14, 2018 https://www.crisisgroup.org/europe-central-asia/central-asia/tajikistan/b87-rivals-authority-tajikistans-gorno-badakhshan
7. Gerry Shih, “In Central Asia’s forbidding highlights, a quiet newcomer: Chinese troops,” *Washington Post*, February 18, 2019 https://www. washingtonpost.com/world/asia_pacific/in-central-asias-forbidding-highlands-a-quiet-newcomer-chinese-troops/2019/02/18/78d4a8d0-1e62-11e9-a759-2b8541bbbe20_story.html

8. Craig Nelson and Thomas Grove, "Russia, China Vie for Influence in Central Asia as US Plans Afghan Exit," *Wall Street Journal*, June 18, 2019 https://www.wsj.com/articles/russia-china-vie-for-influence-in-central-asia-as-u-s-plans-afghan-exit-11560850203
9. Angela Stanzel, "Fear and loathing on the New Silk Road: Chinese security in Afghanistan and beyond," *European Council on Foreign Relations Policy Brief*, July 12, 2018 https://ecfr.eu/publication/new_silk_road_chinese_security_in_afghanistan_beyond/and July 2018 meetings with Academy of Military Sciences (AMS) in Beijing.
10. Sebastien Peyrouse, "Military Cooperation between China and Central Asia: Breakthrough, Limits, and Prospects," *China Brief* 20/5 (March 5, 2010).
11. "China to Give 1.3 Million Dollars in Military Aid to Kyrgyzstan," *AFP*, March 15, 2002.
12. Sebastien Peyrouse, "Military Cooperation between China and Central Asia: Breakthrough, Limits, and Prospects," *China Brief* 20/5 (March 5, 2010). https://jamestown.org/program/military-cooperation-between-china-and-central-asia-breakthrough-limits-and-prospects/
13. Sebastien Peyrouse, "Military Cooperation between China and Central Asia: Breakthrough, Limits, and Prospects," *China Brief* 20/5 (March 5, 2010). https://jamestown.org/program/military-cooperation-between-china-and-central-asia-breakthrough-limits-and-prospects/
14. Temur Umarov, "China Looms Large in Central Asia," *Carnegie Moscow Center*, March 30, 2020 https://carnegiemoscow.org/commentary/81402
15. 有一些少數報導，包括一份俄羅斯媒體的一篇文章：〈中國透過貸款加強對中亞的影響〉*Nezavisimaya Gazeta*，2007年十一月二十八日，引用土庫曼國防部長的話說，該國收到一筆三百萬美元的貸款。
16. Sebastien Peyrouse, "Military Cooperation between China and Central Asia: Breakthrough, Limits, and Prospects," *China Brief* 20/5 (March 5, 2010). https://jamestown.org/program/military-cooperation-between-china-and-central-asia-breakthrough-limits-

and-prospects/

17. 例如，二〇〇七年十一月，中國公安部部長程勝會見吉爾吉斯國家安全委員會祕書托孔・馬米托夫（Tokon Mamytov），並移交了400萬元人民幣，和「通訊設施、電腦設備」，以及更多「吉爾吉斯將獲得價值五十萬美元的中國軍事援助」，Kabar.kg，二〇〇七年十一月十二日。
18. "Kyrgyzstan Receives Military Aid from China," *24.kg*, November 12, 2013.
19. "People's Liberation Army of China to Allocate 100mn Yuan for Needs of Kyrgyzstan's Armed Forces," *AKI Press*, September 4, 2014; "China's Defence Minister to Pay Official Visit to Tajikistan," *Asia-Plus*, March 28, 2014.
20. "China Promises Multimillion Military-Technological Aid Package to Tajikistan," *Interfax*, March 31, 2014.
21. "People's Liberation Army of China to Allocate 100mn Yuan for Needs of Kyrgyzstan's Armed Forces," *AKI Press*, September 4, 2014.
22. "Chinese, Kyrgyz Armies to Step Up Cooperation in Regional Security Issues," *Interfax*, March 22, 2017.
23. "China, Kyrgyzstan to enhance security cooperation," *Xinhua*, September 8, 2018 http://www.xinhuanet.com/english/2018-09/08/c_137454384.htm
24. "Tajikistan: new military vehicles for GKNB border troops," *Global Defense Security*, December 11, 2018 https://www.armyrecognition. com/december_2018_global_defense_security_army_news_industry/tajikistan_new_military_vehicles_for_gknb_border_troops.html
25. "China to Provide Police Equipment to Interior Ministry," *AKI Press*, May 14, 2019.
26. Ma Yao, "In-depth: How China becomes third-largest supplier of weap-ons worldwide," *China Military Online*, February 27, 2018 http://english. chinamil.com.cn/view/2018-02/27/content_7953754.htm
27. Catherine Putz, "Kazakhstan Wants to Sell You an Armoured Vehicle," *The Diplomat*, December 9, 2015.
28. Almas Zheksenbekov, "Nursultan Nazarbayev: KADEX 2018 has become a global-scale event," *KazInform*, May 23, 2018

https://www. inform.kz/qz/nursultan-nazarbayev-kadex-2018-has-become-a-global-scale-event_a3262191

29. "Kazakhstan Unveils New 'Pterodactyl' Unmanned Combat Aerial Vehicle at KADEX 2016," *Defence-blog.com*, August 22, 2016. https://defence-blog.com/news/kazakhstan-unveil-new-chengdu-pterodactyl-unmanned-combat-aerial-vehicle-at-kadex-2016.html

30. "Kazakhstan Receives First Y-8 Military Transport Aircraft from China," *Defence-blog.com*, September 23, 2018. https://defence-blo g.com/news/kazakhstan-receives-first-y-8-military-transport-aircraft.html

31. "Military Parade Reveals Turkmenistan's New Chinese-Built UAVs," *IHS Jane's Defence Weekly*, November 2, 2016.

32. Joshua Kucera, "Turkmenistan Shows Off New Chinese Rockets," *The Bug Pit*, April 2, 2016. https://eurasianet.org/turkmenistan-shows-off-new-chinese-rockets

33. "New Chinese-Built MANPADS Has Entered Service with Turkmenistan Army," *Defence-blog.com*, January 16, 2018. https://defence-blog.com/army/new-chinese-built-manpads-has-entered-service-with-turkmenistan-army.html

34. Sebastien Peyrouse, "Military Cooperation between China and Central Asia: Breakthrough, Limits, and Prospects," *China Brief* 20/5 (March 5, 2010).

35. 這則消息在軍事部落格上被報導，還有一張臉書頁面從二〇一八年烏茲別克的電視上截取到這張照片。（https://www.face- book.com/pladupdate/photos/a.1017098351660426/1896705360366383/? type=1&theater）這些可能銷售的稍早報導，可參見：Joshua Kucera, "Has China Made Its First Big Military Sale in Central Asia?," *The Bug Pit*, February 6, 2015. https://eurasianet.org/has-china- made-its-first-big-military-sale-in-central-asia。

36. "Uzbekistan Purchases Military Drones from China," *AKI Press*, June 5, 2014.

37. "China to Help Uzbekistan Manufacture Drones," *Trend*, July 5, 2018.

38. Huawei since 1999 (https://www.huawei.com/uz/about-huawei/local-states) and ZTE since 2004 (http://zte.ru/company/zte-in-uzbekistan/).

39. "ZTE Corporation Expands Cooperation with Uzbekistan," *Oreanda News*, November 8, 2011.
40. "ZTE Opens Plant on Mobile Handsets Production in Uzbekistan," *UzDaily.com*, March 7, 2013. https://www.uzdaily.uz/en/post/23782
41. "Uzbekistan, China's Huawei to Produce CDMA-450 Phones," *China Telecoms Newswire*, July 6, 2006.
42. "Tajik President Has Highly Appreciated the Huawei Project 'Safe City,'" *Asia-Plus*, September 3, 2015.
43. Dipanjan Roy Chaudhury, "Huawei Under Radar of Many Countries Fearing Espionage," *Economic Times*, February 1, 2019.
44. Niva Yau, "China taking Big Brother to Central Asia," *Eurasianet*, September 6, 2019 https://eurasianet.org/china-taking-big-brother-to-central-asia
45. Sébastien Peyrouse, "The Central Asian Armies Facing the Challenge of Formation," *The Journal of Power Institutions in Post-Soviet Societies*, Issue 11, 2010 https://journals.openedition.org/pipss/3799
46. https://jamestown.org/program/military-cooperation-between-china-and-central-asia-breakthrough-limits-and-prospects/
47. "10 Kyrgyz Border Guards to Receive Training in China Annually," *AKI Press*, December 25, 2008.
48. "China Plans to Train Tajik Border Guards," *Asia-Plus*, July 26, 2006.
49. Sébastien Peyrouse, "Military Cooperation between China and Central Asia: Breakthrough, Limits, and Prospects," *China Brief* 20/5 (March 5, 2010). https://jamestown.org/program/military-cooperation-between-china-and-central-asia-breakthrough-limits-and-prospects/
50. Dirk van der Kley, "China's Security Activities in Tajikistan and Afghanistan's Wakhan Corridor," in Nadège Rolland (ed.), *Securing the Belt and Road Initiative: China's Evolving Military Engagement along the Silk Roads*, Special Report No. 80, September (National Bureau of Asian Research, 2019). https://www.nbr.org/wp-content/uploads/pdfs/publications/sr80_securing_the_belt_and_road_sep2019.pdf
51. 作者採訪，上海，二〇一八。

52. Umida Hashimova, "Uzbekistan Looks to China for Policing Experience," *The Diplomat*, September 10, 2018 https://thediplomat.com/2018/09/uzbekistan-looks-to-china-for-policing-experience/

53. Raffaello Pantucci, "Beijing Binds: COVID-19 and the China-Central Relationship," *Central Asia Program*, June 19, 2020 https://www.centralasiaprogram.org/archives/16339

54. Alzhanova Raushan, "Delegation of Chinese People's Armed Police arrives in Kazakhstan," *KazInform*, September 5, 2014 https://www. inform.kz/en/delegation-of-chinese-people-s-armed-police-arrives-in-kazakhstan_a2694022; "China, Kazakhstan start joint border law enforcement," *China Military*, October 14, 2016 http://eng.chinamil. com.cn/view/2016-10/14/content_7301841.htm; Xinhua, "China, Kyrgyzstan conclude joint counter-terrorism drill," *Global Times*, August 14, 2019 https://www.globaltimes.cn/content/1161381.shtml; Li Jiayao, "Uzbekistan, China wrap up joint anti-terror drills," *Xinhua*, May 17, 2019 http://eng.chinamil.com.cn/view/2019-05/17/content_9505397.htm

55. Lianyungang Forum, "Forum Introduction," http://www.lygforum. gov.cn/js

56. Thomas Grove, "A Spy Case Exposes China's Power Play in Central Asia," *Wall Street Journal*, July 10, 2019 https://www.wsj.com/articles/a-spy-case-exposes-chinas-power-play-in-central-asia-11562756782

57. Niva Yau and Dirk can der Kley, "The Growth, Adaptation and Limitations of Chinese Private Security Companies in Central Asia," *The Oxus Society*, October 13, 2020 https://oxussociety.org/the-growth-adaptation-and-limitations-of-chinese-private-security-companies-in-central-asia/

58. Austin Ramzy and Chris Buckley, "'Absolutely No Mercy': Leaked Files Expose How China Organized Mass Detentions of Muslims," *New York Times*, November 16, 2019 https://www.nytimes.com/interactive/2019/11/16/world/asia/china-xinjiang-documents.html

第八章

1. Austin Ramzy and Chris Buckley, "'Absolutely No Mercy': Leaked Files Expose How China Organized Mass Detentions of Muslims," *New York Times*, November 16, 2019 https://www.nytimes.com/interactive/2019/11/16/world/asia/china-xinjiang-documents.html
2. Erica Downs, "China Buys into Afghanistan," *SAIS Review*, Vol. XXXIII, No. 2 (Summer-Fall 2012) https://www.brookings.edu/wp-content/uploads/2016/06/China-Buys-into-Afghanistan-Erica-Downs.pdf
3. Raffaello Pantucci, "China's Non-Intervention in Afghanistan," *Oxus Society*, November 18, 2020 https://oxussociety.org/chinas-non-intervention-in-afghanistan/
4. "Utilisation of certain idle proceeds raised from IPO for temporary supplementation of working capital," *Metallurgical Corporation of China Ltd. Press Release*, March 29, 2016 https://www1.hkexnews.hk/listedco/listconews/sehk/2016/0329/ltn201603291303.pdf
5. Michael Wines, "China Willing to Spend Big on Afghan Commerce," *New York Times*, December 29, 2009 https://www.nytimes.com/2009/12/30/world/asia/30mine.html
6. Erica Downs, "China Buys into Afghanistan," *SAIS Review*, Vol. XXXIII, No. 2 (Summer-Fall 2012) https://www.brookings.edu/wp-content/uploads/2016/06/China-Buys-into-Afghanistan-Erica-Downs.pdf
7. Andrew Small, "Tea with the Taliban," *The China-Pakistan Axis: Asia's New Geopolitics* (Oxford University Press, 2014).
8. Hannah Bloch, "Mega Copper Deal in Afghanistan Fuels Rush to Save Ancient Treasures," *National Geographic*, September 15 https://www. nationalgeographic.com/magazine/article/mes-aynak-buddhist-archaeology-afghanistan
9. Mohsin Amin, "The Story Behind China's Long-Stalled Mine in Afghanistan," *The Diplomat*, January 7, 2017 https://thediplomat.com/2017/01/the-story-behind-chinas-long-stalled-mine-in-afghanistan/
10. 作者採訪，Kabul, 2013. Mohsin Amin, "The Story Behind China's Long-Stalled Mine in Afghanistan," *The Diplomat*, January

7, 2017 https://thediplomat.com/2017/01/the-story-behind-chinas-long- stalled-mine-in-afghanistan/

11. "Afghan Taliban offer security for copper, gas projects," *Reuters*, November 29, 2016 https://www.yahoo.com/news/afghan-taliban-offer-security-copper-gas-projects-105029614.html?ref=gs
12. 作者採訪，北京，二〇一五。
13. Vanda Felbab-Brown, "A BRI(dge) too far: The unfulfilled promise and limitations of China's involvement in Afghanistan," *Brookings Institution*, June 2020 https://www.brookings.edu/research/a-bridge-too-far-the-unfulfilled-promise-and-limitations-of-chinas-involvement-in-afghanistan/
14. 作者採訪，喀布爾，二〇一三。
15. 作者採訪，北京，二〇一五。
16. "Utilisation of certain idle proceeds raised from IPO for temporary supplementation of working capital," *Metallurgical Corporation of China Ltd. Press Release*, March 29, 2016 https://www1.hkexnews.hk/listedco/listconews/sehk/2016/0329/ltn201603291303.pdf
17. Andrew Small, "Tea with the Taliban," *The China-Pakistan Axis: Asia's New Geopolitics* (Oxford University Press, 2014), p. 137.
18. Michael Martina and Mirwais Harooni, "Slow road from Kabul highlights China's challenge in Afghanistan," *Reuters*, November 23, 2015 https://www.reuters.com/article/us-afghanistan-china-road-idUSKBN0 TB0X520151122
19. 作者採訪，北京，二〇一五。
20. Andrew Small, "Tea with the Taliban," *The China-Pakistan Axis: Asia's New Geopolitics* (Oxford University Press, 2014), p. 129.
21. "Huawei's Link to Taliban Groundless," *China Daily*, December 14, 2001 http://www.china.org.cn/english/FR/23721.htm
22. Afghan Communication Ministry, "Chinese Companies Sign Agreement," *BBC Summary of World Broadcasts*, Friday, August

22, 2003.

23. "Afghanistan to Roll Out CDMA Network," *2.5-3G*, September 2007.

24. "Afghan Telecom Signs Agreement of GSM and 3G Equipment with ZTE Company," *Ministry of Communications and Information Technology of Afghanistan*, November 20, 2012 https://www.mcit.gov.af/en/afghan-telecom-signs-agreement-gsm-and-3g-equipment-zte-company-0

25. Nick Paton Walsh, "Uzbekistan kicks US out of military base," *Guardian*, August 1, 2005 https://www.theguardian.com/world/2005/aug/01/usa. nickpatonwalsh

26. Andrew Kuchins and Zhao Huasheng, "China and Afghanistan: China's Interests, Stances, and Perspectives," *CSIS Russia and Eurasia Program*, March 2012 https://csis-website-prod.s3.amazonaws.com/s3fs-public/legacy_files/files/publication/120322_Zhao_ChinaAfghan_web.pdf

27. "China appoints special envoy for Afghanistan," *Reuters*, July 18, 2014 https://www.reuters.com/article/us-china-afghanistan-idUSKBN0 FN11Z20140718

28. "Afghanistan's new president starts landmark China visit," *BBC News*, October 28, 2014 https://www.bbc.com/news/world-asia-29803768

29. 作者採訪，北京，二〇一五。"China Favours Role in Afghan Peace Talks, Appreciates Pakistan's Efforts," *Dawn*, August 15, 2015 http://www.dawn.com/news/1200627

30. Edward Wong and Mujib Mashal, "Taliban and Afghan Peace Officials Have Secret Talks in China," *New York Times*, May 25, 2015 https://www.nytimes.com/2015/05/26/world/asia/taliban-and-afghan-peace-officials-have-secret-talks-in-china.html

31. Jon Boone, "Afghanistan and Taliban peace talks end with promise to meet again," *Guardian*, July 8, 2015 https://www.theguardian.com/world/2015/jul/08/afghanistan-and-taliban-peace-talks-end-with-promise-to-meet-again

32. "Afghan, Taliban delegates attend Oslo talks on ending conflicts," *Reuters*, June 16, 2015 https://www.reuters.com/article/us-

norway-afghanistan-idUSKBN0OW17B20150616

33. 作者採訪，北京，二〇一五年七月。
34. 作者採訪，北京與倫敦，二〇一六。維吾爾武裝分子的存在事實，已由許多來源得到印證，包括當時在阿富汗境內的其他外國武裝分子。
35. Mullah Abdul Salam Zaeef, *My Life with the Taliban* (C. Hurst Ltd, 2011).
36. 作者採訪，塔什干，二〇一九年三月。
37. 作者採訪，德里，二〇一四。
38. 作者採訪，德里，二〇一四。
39. http://eng.mod.gov.cn/DefenseNews/2016–08/04/content_4707451.htm
40. 作者採訪，比什凱克，二〇一五。
41. 作者採訪，莫斯科，二〇一七。
42. 作者採訪，北京，二〇一七。

第九章

1. Wang Jisi, "Marching Westwards: The Rebalancing of China's Geostrategy," *International and Strategic Studies Report*, No. 73, October 7, 2012 http://en.iiss.pku.edu.cn/research/bulletin/1604.html (it was first laid out in Chinese: Wang Jisi (王緝思), "'西進', 中國地緣戰略的再平衡," ("Going West": China's Rebalancing Strategy), 環球時報 *(Global Times)*, October 17, 2012 https://opinion.huanqiu.com/article/9CaKrnJxoLS).
2. Wang Jisi, "Marching Westwards: The Rebalancing of China's Geostrategy," *International and Strategic Studies Report*, No. 73, October 7, 2012. http://en.iiss.pku.edu.cn/research/bulletin/1604.html
3. Wang Jisi, "Marching Westwards: The Rebalancing of China's Geostrategy," *International and Strategic Studies Report*, No.

73, October 7, 2012. http://en.iiss.pku.edu.cn/research/bulletin/1604.html

4. Hillary Clinton, "America's Pacific Century," *Foreign Policy,* October 11, 2011 https://foreignpolicy.com/2011/10/11/americas-pacific-century/
5. "Li Peng Addresses Uzbek Parliament on China's Relations with Central Asia," *Xinhua*, 北京・19 April, 1994 (as reported on *BBC Monitoring*, April 22, 1994).
6. "China Wants to Promote Relations with Central Asian States," *TASS*, April 27, 1994.
7. "Uzbekistan-China: 'Silk Road' Neighbours Sign Major Loan Agreement," *IPS-Inter Press Service*, April 19, 1994.
8. "China-Japan to Study New Gas Pipeline," *Reuters*, February 17, 1993.
9. "China-Turkmenistan Joint Statement Issued," *Xinhua*, July 6, 2000.
10. "Kunming Initiative," signed in Kunming, China, on August 17, 1999.
11. *People's Daily*, June 19, 1999.
12. Wang Jisi, "Marching Westwards: The Rebalancing of China's Geostrategy," *International and Strategic Studies Report*, No. 73, October 7, 2012. http://en.iiss.pku.edu.cn/research/bulletin/1604.html
13. Halford John Mackinder, "The Geographical Pivot of History," *The Geographical Journal* 170/4 (1904), pp. 298 321; Peter Frankopan, *The Silk Roads: A New History of the World* (Bloomsbury Publishing, 2018).
14. Hillary Rodham Clinton, "Remarks on India and the United States: A Vision for the 21st Century," *US Department of State*, July 20, 2011 https://2009-2017.state.gov/secretary/20092013clinton/rm/2011/07/168840.htm
15. Hillary Rodham Clinton, "Remarks on India and the United States: A Vision for the 21st Century," *US Department of State*, July 20, 2011 https://2009-2017.state.gov/secretary/20092013clinton/rm/2011/07/168840.htm
16. "Putin Warns of Losing Far Eastern Region to the Orient," *Agence France Presse*, July 21, 2000.
17. Vladimir Putin, "A New Integration Project for Eurasia: The Future in the Making," *Izvestia*, October 3, 2011.

18. 作者採訪，莫斯科，二〇一五。
19. Wang Jisi, "Marching Westwards: The Rebalancing of China's Geostrategy," *International and Strategic Studies Report*, No. 73, October 7, 2012. http://en.iiss.pku.edu.cn/research/bulletin/1604.html
20. Alexei Anishchuk and Timothy Heritage, "China's new leader welcomes Russia's Putin as a friend," *Reuters*, March 22, 2013 https://www.reuters. com/article/us-china-russia/chinas-new-leader-welcomes-russias-putin-as-a-friend-idUSBRE92L0KE20130322
21. Marlene Laruelle, Gerard Toal, John O'Loughlin, Kristin M. Bakke, "Kazakhs are wary of neighbours bearing gifts," *Open Democracy*, April 30, 2020 https://www.opendemocracy.net/en/odr/kazakhs-are-wary-neighbours-bearing-gifts/
22. "Xi Jinping Holds Talks with President Vladimir Putin of Russia," *Foreign Ministry of the People's Republic of China,* May 8, 2015 https://www.fmprc. gov.cn/mfa_eng/topics_665678/xjpcxelsjnwgzzsl70znqdbfelshskstbels/t1263258.shtml
23. "Address by Prime Minister Ryutaro Hashimoto to the Japan Association of Corporate Executives," July 24, 1997 https://japan.kantei.go.jp/0731douyukai.html
24. "Address by Prime Minister Ryutaro Hashimoto to the Japan Association of Corporate Executives," July 24, 1997 https://japan.kantei.go.jp/0731douyukai.html
25. Michael D. Swaine, "Chinese Views and Commentary on Periphery Diplomacy," *China Leadership Monitor*, Issue 44, Summer 2014 https://www. hoover.org/research/chinese-views-and-commentary-periphery-diplomacy
26. "Important Speech of Xi Jinping at Peripheral Diplomacy Work Conference," *China Council for International Cooperation on Environment and Development*, October 30, 2013 http://www.cciced.net/cciceden/NEWSCENTER/LatestEnvironmentalandDevelopmentNews/201310/t20131030_82626.html
27. Cited in: Michael D. Swaine, "Chinese Views and Commentary on Periphery Diplomacy," *China Leadership Monitor*, Issue 44, Summer 2014 https://www.hoover.org/research/chinese-views-and-commentary-periphery-diplomacy

28. Robert Zoellick, "'Whither China? From Membership to Responsibility," *National Committee on US-China Relations*, September 21, 2005 https://www.ncuscr.org/sites/default/files/migration/Zoellick_remarks_notes06_winter_spring.pdf
29. Stephanie Kleine-Ahlbrandt, "Beijing, Global Free-Rider," *Foreign Policy*, November 12, 2009 https://www.crisisgroup.org/asia/north-east-asia/china/beijing-global-free-rider
30. 作者採訪，北京，二〇一六。
31. "Premier Li Keqiang Arrives in Islamabad for Official Visit to Pakistan," *Foreign Ministry of the People's Republic of China,* May 22, 2013 https://www.fmprc.gov.cn/mfa_eng/wjb_663304/zzjg_663340/yzs_663350/gjl b_663354/2757_663518/2759_663522/t1044069.shtml
32. "Xi Jinping Holds talks with Prime Minister Narendra Modi of India Building Closer Partnership for Development and Achieving Peaceful Development and Cooperative Development Together," *Foreign Ministry of the People's Republic of China,* September 18, 2014 https://www.fmprc. gov.cn/mfa_eng/topics_665678/zjpcxshzzcygyslshdsschybdtjkstmedfsllkydjxgsfw/t1193332.shtml
33. Raffaello Pantucci, "China's development lenders embrace multilateral co-operation," *Beyond BRICS Financial Times,* November 1, 2016 https://www.ft.com/content/a3192fa0-c59a-30cc-968a-6651ca9310b9
34. 作者採訪，德里，二〇一五。
35. 作者採訪，上海合作組織祕書處，二〇一四。

結語

1. Austin Ramzy and Chris Buckley, "'Absolutely No Mercy': Leaked Files Expose How China Organized Mass Detentions of Muslims," *New York Times*, November 16, 2019 https://www.nytimes.com/interactive/2019/11/16/world/asia/china-xinjiang-documents.html

2. James Leibold, "The Spectre of Insecurity: The CCP's Mass Internment Strategy in Xinjiang," *China Leadership Monitor*, March 2019 https://www.prcleader.org/leibold
3. Austin Ramzy and Chris Buckley, "'Absolutely No Mercy': Leaked Files Expose How China Organized Mass Detentions of Muslims," *New York Times*, November 16, 2019 https://www.nytimes.com/interactive/2019/11/16/world/asia/china-xinjiang-documents.html
4. James Leibold, "The Spectre of Insecurity: The CCP's Mass Internment Strategy in Xinjiang," *China Leadership Monitor*, March 2019 https://www.prcleader.org/leibold
5. James Leibold, "The Spectre of Insecurity: The CCP's Mass Internment Strategy in Xinjiang," *China Leadership Monitor*, March 2019 https://www.prcleader.org/leibold

Sinostan: China's Inadvertent Empire
Raffaello Pantucci and Alexandros Petersen 2022
Complex Chinese Translation copyright © 2023 by Rye Field Publications,
a division of Cité Publishing Ltd.
This edition published by arrangement with Oxford Publishing Limited through
Andrew Nurnberg Associates International Limited.
All Rights Reserved.

國家圖書館出版品預行編目（CIP）資料

中國斯坦：不經意創造的中亞帝國／拉菲羅．龐圖奇（Raffaello Pantucci），亞力山卓司．皮德森（Alexandros Petersen）著；高紫文譯. -- 初版. -- 臺北市：麥田出版，城邦文化事業股份有限公司出版：英屬蓋曼群島商家庭傳媒股份有限公司城邦分公司發行，2023.10
面；　公分
譯自：Sinostan : China's inadvertent empire
ISBN 978-626-310-537-9（平裝）
1.CST: 中國外交　2.CST: 中亞　3.CST: 絲路
574.18　　112013349

中國斯坦

不經意創造的中亞帝國

Sinostan: China's Inadvertent Empire

作　　者／拉菲羅．龐圖奇（Raffaello Pantucci）、亞力山卓司．皮德森（Alexandros Petersen）
翻　　譯／高紫文
特約編輯／劉懷興
主　　編／林怡君

國際版權／吳玲緯　楊靜
行　　銷／闕志勳　吳宇軒　余一霞
業　　務／李再星　陳美燕　李振東
編輯總監／劉麗真
發 行 人／凃玉雲
出　　版／麥田出版
10483臺北市民生東路二段141號5樓
電話：(886)2-2500-7696　傳真：(886)2-2500-1967
發　　行／英屬蓋曼群島商家庭傳媒股份有限公司城邦分公司
10483臺北市民生東路二段141號11樓
客服服務專線：(886) 2-2500-7718、2500-7719
24小時傳真服務：(886) 2-2500-1990、2500-1991
服務時間：週一至週五09:30-12:00．13:30-17:00
郵撥帳號：19863813　戶名：書虫股份有限公司
讀者服務信箱E-mail：service@readingclub.com.tw
麥田網址／https://www.facebook.com/RyeField.Cite/
香港發行所／城邦（香港）出版集團有限公司
香港灣仔駱克道193號東超商業中心1/F
電話：(852)2508-6231　傳真：(852)2578-9337
馬新發行所／城邦（馬新）出版集團 Cite (M) Sdn Bhd
41, Jalan Radin Anum, Bandar Baru Sri Petaling, 57000 Kuala Lumpur, Malaysia.
Tel: (603)90563833　Fax: (603)90576622　Email: services@cite.my

封面設計／倪旻鋒
印　　刷／前進彩藝有限公司

■2023年10月　初版一刷

定價：500元
ISBN 978-626-310-537-9
著作權所有．翻印必究（Printed in Taiwan.）
本書如有缺頁、破損、裝訂錯誤，請寄回更換。

城邦讀書花園 www.cite.com.tw
書店網址：www.cite.com.tw